21世纪普通高等院校系列教材

汽车保险与理赔

QICHE BAOXIAN YU LIPEI

（第二版）

主　编　肖俊涛　王秀丽

西南财经大学出版社
中国·成都

图书在版编目(CIP)数据

汽车保险与理赔/肖俊涛,王秀丽主编 .—2 版.—成都:西南财经大学出版社,2018. 8(2020. 7 重印)
ISBN 978-7-5504-3641-1

Ⅰ. ①汽… Ⅱ. ①肖…②王… Ⅲ. ①汽车保险—理赔—中国—高等学校—教材 Ⅳ. F842. 634

中国版本图书馆 CIP 数据核字(2018)第 174411 号

汽车保险与理赔(第二版)

主　编:肖俊涛　王秀丽

责任编辑:李晓嵩

助理编辑:雷静

封面设计:杨红鹰　张姗姗

责任印制:朱曼丽

出版发行	西南财经大学出版社(四川省成都市光华村街 55 号)
网　　址	http://www. bookcj. com
电子邮件	bookcj@ foxmail. com
邮政编码	610074
电　　话	028-87353785
照　　排	四川胜翔数码印务设计有限公司
印　　刷	郫县犀浦印刷厂
成品尺寸	185mm×260mm
印　　张	15
字　　数	339 千字
版　　次	2018 年 8 月第 2 版
印　　次	2020 年 7 月第 2 次印刷
印　　数	2001— 3000 册
书　　号	ISBN 978-7-5504-3641-1
定　　价	35. 00 元

前 言

汽车保险与理赔是汽车产业链条中的一个重要环节，已经渗透到人们的日常生产生活之中。就社会和经济发展而言，其对汽车保险理赔人才的需求不断增加，尤其是对高层次、高素质、高技能的人才需求更加旺盛。然而，当前高校中主要是高职院校培养这方面的人才，本科院校培养的力度相对较小，硕士研究生层面则更加缺乏，这就使得汽车保险理赔业高水平人才缺乏，不适应这一行业的发展需求。就人们的日常生活而言，汽车已经进入了千家万户，有的家庭甚至已经拥有2辆以上的汽车，截至2017年年底，我国的汽车保有量已经超过了2.17亿辆，有汽车驾驶人员3.42亿人，广东、山东、河南、江苏、河北、浙江、四川、云南、广西等省份的机动车保有量超过1 000万辆。汽车已经不仅仅是人们生活的代步工具或生产的使用工具，更是人们生活的组成部分。然而，并非每一位车主或汽车驾驶者均知悉如何给汽车购买保险，以及出现事故后如何进行理赔。人们在驾车出行中时刻面临着出现交通事故的风险，也随处可见交通事故的发生。2016年，我国报道的交通事故有864.3万起，同比上升16.5%，其中涉及人员伤亡的道路交通事故212 846起，造成63 093人死亡，226 430人受伤，直接财产损失12.1亿元。我国汽车保有量约为世界的2%，但交通事故伤亡人数却占到了世界的20%左右。人们对汽车保险理赔知识的需求大幅度提升。

《汽车保险与理赔》一书具有以下几个特点：

一是将汽车保险理赔知识与案例紧密结合。本书共七章，每一章知识阐述完毕后附有大量的案例，在对这些案例解析的过程中均结合了该章的知识点，使读者通过对案例的学习进一步掌握相关的知识，进而增进解决实际问题的能力。

二是汽车保险理赔知识的全面性。本书全面阐述了汽车保险与理赔的基础知识、汽车保险的原则、汽车保险合同、汽车保险产品、汽车保险实务、汽车理赔实务、汽车保险理赔欺诈的识别与防范等内容，几乎涵盖了汽车保险理赔的各个环节。阐述的角度也是多样的，既有国家政策法律方面的阐述，又有保险公司制度规定方面的说明，还有投保人、被保险人如何选择汽车保险产品、如何进行理赔、如何最大限度维护自身合法权益的分析。

三是汽车保险理赔知识的研究性。本书除了汽车保险理赔知识的介绍外，还就相关问题进行了研究分析，如对汽车保险业在我国汽车产业发展中的作用进行了分析，对当前我国汽车保险业现状及存在的问题进行了分析，对国外汽车保险制度进行了分析，提出了加快我国汽车保险服务业发展的对策建议，还对汽车保险理赔欺诈的成因及防范措施进行了分析等。将这些研究成果融于本书有助于读者更加深刻理解相关知识，把握汽车保险业发展脉络与改革方向。

四是案例分析的实用性。本书所选取的案例均是实例，且具有较强的针对性和实用性。在对案例解析的过程中，既注重对保险理赔知识的运用，又注重结合实际情况进行深入分析，给读者以提示和启发。

本书引言、第一章和第四章由湖北汽车工业学院肖俊涛编写，第五章和第六章由湖北汽车工业学院王秀丽编写，第二章和第三章由湖北汽车工业学院徐海涛编写，第七章由湖北汽车工业学院科技学院黄爱琴编写，全书由肖俊涛统稿。

本书是高校汽车保险理赔课程的教材，适用于车辆工程专业、交通运输专业、汽车服务工程专业、市场营销专业、工商管理专业等诸多专业的本科、专科及高职学生。本书对车辆购买者、使用者以及从事汽车保险与理赔的工作人员也是非常有益的，可以作为开展汽车保险理赔培训业务的教材。

当然，由于编者水平有限，对某些内容的理解可能存在偏差，对案例的分析也可能不完全准确，书中难免有错误之处，恳请读者及同行人士批评指正。同时，由于时间仓促，编者在引用案例时，未对其出处进行一一标注，在此对相关作者表示感谢。

编　者

2018 年 8 月

引言

——汽车保险与理赔课程若干问题的探讨

据中国汽车工业协会发布的数据显示：2017 年我国汽车产销量分别为 2 901.54 万辆和 2 887.89 万辆，连续多年居全球第一。截至 2017 年年底，我国机动车保有量约为 3.1 亿辆，其中汽车为 2.17 亿辆。随着我国汽车产销量和保有量的不断增加，汽车保险业正飞速发展，2017 年全国 85 家财产险公司（中资保险公司 63 家，外资保险公司 22 家）原保险保费收入 10 541.38 亿元，首次突破万亿大关，其中车险占 70%左右，且财险保费收入的增长主要得益于车险的快速增加。为适应汽车保险业的发展，急需汽车保险与理赔人才，这对汽车保险与理赔课程的教学提出了挑战。

一、汽车保险与理赔课程的适用对象

汽车保险与理赔既可以作为汽车市场营销、汽车服务工程、交通运输等专业的专业课程，还可以作为汽车相关专业的选修课程。不同专业，该课程的教学重点不同：就汽车服务工程专业而言，该专业会有不少毕业生从事汽车保险与理赔的职业，故教学的重点应放在汽车理赔上；就汽车市场营销专业而言，汽车保险知识是汽车营销所必不可少的，故教学的重点在于汽车保险；就汽车相关专业而言，掌握汽车保险与理赔的基本知识是有益的补充，故教学的重点是兼顾而不宜深入。当然，随着家用轿车的普及化，所有购车者均应了解一些汽车保险知识。就此意义而言，汽车保险与理赔课程又是通识教育的选修课程之一。

二、汽车保险与理赔课程的主要内容

汽车保险与理赔相关教材的版本较多。如由李景之、赵长利主编，机械工业出版社出版的《汽车保险与理赔》；由隗海林、李仲兴主编，人民交通出版社出版的《汽车保险与理赔》等。不同版本教材的内容有所差异，笔者认为，该门课程的教材的主要内容应当有以下几个方面：

第一章为概述，包括汽车保险与理赔的基础知识、什么是风险、什么是保险、什么是汽车保险、汽车保险发展的简史、汽车保险市场等；

第二章为汽车保险的原则，包括保险的原则和汽车保险的原则，具体为诚信原则、保险利益原则、近因原则、补偿原则、权益转让原则（代位原则）、分摊原则等；

第三章为汽车保险合同，包括汽车保险合同的定义、组成、特征、主体、内容、形式、订立、生效、变更、解除、履行、终止、解释等；

第四章为汽车保险产品，包括汽车交强险产品与汽车商业险产品，汽车商业险产品有基本险与附加险两大类，基本险有车损险、第三者责任险、车上人员险、全车盗抢险等，附加险则种类较多；

第五章为汽车保险实务，内容包括汽车保险的展业、汽车投保实务、汽车核保实务、汽车保险单的签发、续保和批改等；

第六章为汽车理赔实务，包括理赔的流程（报案、受理案件、现场查勘、损失确定、赔款理算、核赔、赔付结案、理赔监管、保险索赔等）和理赔种类（交强险的理赔、商业险的理赔、互碰自赔等）；

第七章为汽车保险理赔欺诈的识别与防范。

本书就是按照这一篇章结构进行编排和案例解析的。

三、汽车保险与理赔课程的特点

汽车保险与理赔这门课程具有如下几个特点：

第一是该门课程涵盖的知识面较广，不仅涵盖保险学的知识，还涵盖了一定汽车构造等工科方面的知识。在解决实际问题的过程中，不仅需要各种相关的法律知识，还需要数学等知识。

第二是该门课程理论与实践高度结合。这一特点主要体现在两个方面：一方面，“纸上得来终觉浅，绝知此事要躬行”。在理论教学的基础上，还应当安排一定学时的实践教学，安排学生在汽车保险公司或汽车修理店实习一段时间，除将所学知识运用于实践外，更要在实践中继续学习。另一方面，即使在理论教学中也应当紧密结合实际，结合实例进行教学，在教学过程中做到理论知识、社会实际、科学研究的统一与兼顾，尤以解决社会实际问题为主。

第三是该门课程的知识点处于不断更新中。随着国家相关法律、法规、规章、制度的变化，也随着汽车保险公司保险产品和费率的变化，该门课程的知识点也处于不断变化中，这就要求教学内容不断更新，做到与时俱进。

四、汽车保险与理赔课程的教学方法

汽车保险与理赔课程可综合运用多种教学方法达到教书与育人相统一的教学效果。这些教学方法有：项目教学法、案例教学法、角色扮演法、课堂讲授法、社会实践法等。其中，案例教学法具有易于组织、参与面广、效果显著等优势，故在教学中被广泛采用。正是基于这一点，本书根据各章节的知识点收集案例，并解析案例，引导读者将汽车保险和理赔的知识应用到实际。

案例教学法起源于古希腊、古罗马时代的“启发式问答法”，兴起于美国哈佛大学法学院，其目的是对典型案例进行剖析，从而掌握法学的基本知识和理论。后来案例教学法被哈佛商学院运用于工商管理硕士教学，取得了成功。当今已被广泛应用于课堂教学中。就汽车保险与理赔这门课程而言，案例教学法有两种方式可以选择采用：一种方式是在已掌握一些知识基础上进行案例分析。其具体过程为知识讲授—布置案例—案例讨论—教师点评—升华提高。另一种方式是在先导入案例的基础上学习相关知识。其具体过程为导入案例—学生学习—案例讨论—教师点评—升华提高。

第一种方式是传统的案例教学方法，要求的重点是学生运用知识分析和解决问题的能力。在逻辑上是先学习和储备知识，再通过案例或实例将所学知识加以运用。第二种方式是改进后的案例教学方法，不仅要求学生运用知识去分析和解决问题，还要求学生针对案例去发现和自学相关的知识点，更加强调学生学习的自觉性和主动性。在逻辑上是先提出问题，通过学生的自学掌握相应的知识点，最后通过这些知识点的运用去分析和解决案例中的问题。当然，无论采用哪种方式，都需要教师进行总结、点评、升华和提高。

需要注意的是，案例教学中并非将案例分析完毕即告终结。案例分析完毕后至少还有以下几项教学任务需要完成：

第一，案例的引申。通过条件的变换，引申案例，引导学生继续思考，达到举一反三的效果。

第二，知识点的升华。可结合当前国内外的实际情况和科研成果进一步分析案例所涉及知识点的内容，使学生了解其有此规定的原因及将来发展变化的趋势。

第三，对此次案例教学的反思。案例的选取是否合适，教学的组织是否妥当，教学的效果是否达到，有哪些环节需要改进等。

五、汽车保险与理赔课程的网络教学

当前，汽车保险与理赔课程的教学模式是教师课堂集中授课的模式，这一模式的过程是学生选课、教师在规定的时间和地点授课、考试考核、学生获得学分、教师依据选课人数和课时完成工作量获得课时津贴。随着计算机及网络技术的迅猛发展，传统的教师课堂集中授课模式将会被改变，网络课堂会被普遍认可并广泛采用。教师的教学将会被做成视频传送到网上，学生可以随时随地进行学习。教师的角色也会发生重大变化，教师已不再是教学的主导者，而是学生学习的辅导者，教师和学生除了能进行面对面的辅导与交流外，更多的可能是进行网络上的辅导与交流，考试的方式也会发生重大变化。为适应这些变化，汽车保险与理赔这门课程将尽快完成课堂视频的

制作，进入到网络课堂的行列。同时我们还将结合本书的案例，制作一个案例解析的视频，作为该课程的配套组成部分。当然，网络教学的局限性也不容忽视，与此相比，面对面的集中教学有自己怕优势。因此，无论何种方式，关键是要调动学生学习的主动性和自觉性。

汽车保险与理赔这一课程无论是高职院校还是普通本科院校均已开设多年，实践证明，这一课程不仅必要，而且取得了良好的效果。当前，需要研究的是如何改革这一课程的教学，使其发挥更大的作用。

目录

第一章　汽车保险与理赔概述

本章的知识点主要包含如下内容：汽车保险与理赔的基础知识、风险的基本知识、保险的基本知识、汽车保险的基本知识、汽车保险发展简史、汽车保险市场、国外汽车保险制度简介等。

第一节　汽车保险与理赔的基础知识

我们学习和研究汽车保险与理赔应当至少将其置于两个背景之下：一是保险业的背景；二是汽车产业发展的背景。汽车产业的发展又涉及何谓汽车、何谓汽车产业、当前我国汽车产业发展的现状等问题。

一、汽车与机动车的概念及分类

（一）汽车的概念及分类

1. 汽车的概念

何谓汽车？《现代汉语词典》的解释为："一种交通工具，用内燃机做发动机，主要在公路上或马路上行驶，通常有四个或四个以上的轮子。"① 英文中的"汽车"即"Automobile"是由"Auto（自己）"和"Mobile（会动的）"构成，其意思是"自己会动的"，即自动汽车。以上对汽车定义的表述虽然不完全相同，甚至不够完整和严谨，但这并不妨碍人们对汽车的认识和将汽车与其他产品相区别。事实上，通常人们对汽车的认识有以下三个层次：

一是对汽车这一产品本身的认识。无论怎样的描述，是一种交通工具。

二是人们赋予汽车个性和美的内涵，称其为流动的空间。这就将汽车从一种交通工具上升为具有文化内涵的事物，反映着人们的喜好。

三是汽车成为一种象征。外观、品牌与技术的完美组合，使汽车成为了一种尊贵、荣耀与地位的象征。这种象征更多的是价值观念上的，一种观念一旦被众多的人所认同则易形成一种价值追求。

可见，对汽车的认识有三个层次，即工具—文化—价值。

2. 汽车的分类

标准不同，汽车的分类也不相同。以用途为标准，可将汽车简单地分为轿车、客

① 中国社会科学院语言研究所词典编辑室．现代汉语词典［M］．6版．北京：商务印书馆，2012：1028.

车、货车和特种车四大类；按照我国的汽车分类新标准，可将汽车分为载货汽车、越野汽车、自卸汽车、牵引车、专用汽车、客车、轿车、半挂车 8 种。根据《道路车辆类型术语和定义》（ISO 3833）修订本的规定，将汽车分为两大类，即乘用车和商用车。其中，对乘用车的定义为，就其设计和技术特性而言，主要用于运载人员及其行李或偶尔运载物品，包括驾驶员在内，最多为 9 座的汽车，它可以牵引挂车。根据这一定义，我们通常所说的轿车、吉普车、某些多用途车辆（MPV）等都属于此范畴。商用车指的是除乘用车以外，主要用于运载人员、货物以及牵引挂车的汽车。商用车又分为客车和货车两大类。商用车在设计和技术特征上是用于运送人员和货物的汽车，并且可以牵引挂车。商用车包含了所有的载货汽车和 9 座以上的客车。在旧分类中，整车企业外卖的底盘是列入整车统计的，在新分类中将底盘单独列出，分别为客车非完整车辆（客车底盘）和货车非完整车辆（货车底盘）。因此，商用车又可分为客车、货车、半挂牵引车、客车非完整车辆和货车非完整车辆 5 类。

（二）机动车的概念及分类

机动车一般是指本身具有动力装置，可以单独在公路及城市道路行驶，并完成运载任务的车辆。根据国家有关机动车辆安全检验标准的规定，机动车类型可分为大型汽车、小型汽车、专用汽车、特种车、有轨电车、无轨电车、电瓶车、三轮摩托车、二轮摩托车、轻便摩托车、四轮农用运输车、三轮农用运输车、大型方向盘式拖拉机、小型方向盘式拖拉机、手扶拖拉机、轮式自行专用机械、全挂车、半挂车 18 种。

可见，机动车的范畴要大于汽车。一些教材以“机动车保险与理赔”命名，另一些教材以“汽车保险与理赔”命名，虽各有其道理，但研究对象越具体，范围越窄，越利于掌握，且就数量而言，汽车是构成机动车的主体，因此主要研究汽车的保险与理赔是适宜的。

二、汽车产业的涵义及汽车产业发展现状

（一）何谓汽车产业

简言之，汽车产业是指汽车及零部件的设计、生产、制造、销售及汽车后产业所形成的链条和体系。汽车的生产和制造构成了汽车工业，汽车后产业主要是指汽车服务行业，如汽车维修、汽车美容、汽车保险、汽车金融、汽车文化、汽车租赁、汽车电影、汽车餐厅等。汽车销售既可以纳入汽车工业之中，因为汽车及零部件生产制造的目的就是销售，单纯的生产是没有意义的。但是，汽车及零部件的销售又是一个复杂的系统，特别是整车的销售涉及面更广，受到众多法律、法规、规章和制度的制约，因此汽车的销售已上升为汽车的营销，汽车的营销又可以作为汽车产业中一个相对独立的环节。汽车产业的各个环节构成了产业的链条，而这一链条恰好是汽车产业的本身。需要指出的是，并非汽车产业链条中的一个环节或一个节点对应着一类企业，一类企业中可以有多个汽车产业链的环节，如汽车生产企业可同时具有汽车销售（营销）环节、汽车维修环节、汽车保险环节、汽车金融环节等。

（二）当前我国汽车产业发展现状

当前我国汽车产业发展现状具有以下几个特点：

1. 汽车年产销量持续增长，已连续9年全球第一

2009年我国汽车产销量分别为1 379.1万辆和1 364.5万辆，同比分别增长48.3%和46.15%；2010年我国汽车产销量分别为1 826.47万辆和1 806.19万辆，同比分别增长32.44%和32.37%；2011年我国累计生产汽车1 841.89万辆，同比增长0.8%，销售汽车1 850.51万辆，同比增长2.5%；2012年我国汽车产销量分别为1 927.18万辆和1 930.64万辆，同比分别增长4.6%和4.3%；2013年我国汽车产销量分别为2 211.68万辆和2 198.41万辆，同比分别增长14.76%和13.87%；2014年我国汽车产销量分别为2 372万辆和2 349万辆，同比分别增长7.3%和6.9%；2015年我国汽车产销量分别为2 450.33万辆和2 459.76万辆，同比分别增长3.3%和4.7%；2016年我国汽车产销量分别为2 811.88万辆和2 802.82万辆，同比分别增长14.63%和13.65%；2017年我国汽车产销量分别为2 901.54万辆和2 887.89万辆，同比分别增长3.19%和3.04%。在全球汽车产销量处于微增长的情况下，我国的汽车产销量却呈现快速增长的趋势，已经是名副其实的汽车大国。

2. 市场集中度较高

截至2011年年底，我国共有4 491家汽车生产企业，包括整车制造企业3 551家和改装车制造企业940家。目前我国有120家汽车整车生产企业，其中有33家轿车生产企业。此外，每年汽车销量排名前10位企业集团的销量占全国总销量的80%~90%，如2015年排名前10的汽车企业的销量占汽车总销量的89.5%，2016年排名前10的汽车企业的销量占汽车总销量的88.34%，2017年排名前10的汽车企业的销量占中国品牌汽车销售总量的79.76%。

3. 自主品牌（或中国品牌）汽车的市场占有率不高

事实上，自主品牌与中国品牌二者是有区别的，主要体现在合资自主品牌上。由于合资企业是中国企业，故合资企业创设的品牌也是中国品牌，但合资自主品牌并非民族自主品牌，合资自主品牌的发达并不意味着我国民族汽车工业的强大。因此中国品牌的市场占有率也不高：2014年自主品牌市场占有率为38.44%，2015年自主品牌市场占有率为41.30%，2016年自主品牌市场占有率为43.20%，2017年自主品牌市场占有率为43.9%。

4. 新能源汽车产业发展尚处于成长初期

我国汽车工业的快速发展，也带来了环境污染、能源消耗、交通拥堵等难题，汽车由“改变世界的机器”变成了“破坏世界的机器”。解决这些难题的有效方法是大力发展新能源汽车产业。我国的《节能与新能源汽车产业发展规划（2012—2020年）》指出，到2015年，纯电动汽车和插电式混合动力汽车累计产销量力争达到50万辆；到2020年，纯电动汽车和插电式混合动力汽车生产能力达200万辆，累计产销量超过500万辆。2015年我国新能源汽车生产340 471辆，销售331 092辆，同比分别增长3.3倍和3.4倍，新能源汽车累计产销量接近50万辆，基本实现2015年目标。2016年新能源汽车生产51.7万辆，销售50.7万辆，比上年同期分别增长51.7%和53%。2017年，新能源汽车产销量分别完成79.4万辆和77.7万辆，同比分别增长53.8%和53.3%。我国新能源汽车虽然增速较快，但是存在着续航能力较弱、基础设

施建设不普及、安全性能待提高、智能网联化不够等不足，每年新能源汽车的销量仅占全部汽车销量的2%~3%，我国新能源汽车产业发展尚处于成长初期。

5. 汽车产业结构不合理

汽车产业跨第二和第三产业，当前我国汽车产业的主要利润来源于第二产业，即来源于汽车产品销售的利润，而汽车服务业的利润所占比例不高。汽车服务业中的维修、检测、评估、美容等行业不够规范，汽车服务业中的金融、保险等行业还有较大发展潜力。

6. 汽车产品质量不高

我国实行汽车召回制度以来，已累计召回缺陷汽车 3 859 万辆。从 2013 年开始，缺陷汽车召回数量大幅增加。2013 年至 2015 年每年都突破 500 万辆大关，到 2016 年突破了 1 000 万辆大关，达到了 1 133 万辆。2017 年，我国汽车市场发起的召回事件共计 251 次，涉及车辆总数达到 2 004. 8 万辆，同比增长 77%。2004 年至 2017 年的汽车召回数量详见图 1. 1。2017 年国产汽车（含合资品牌）召回 106 次，占总次数的 42. 6%，涉及车辆 1 823. 7 万辆，占总数量的 91%。2017 年召回的缺陷汽车产品中，气囊和安全带总成的召回数量最多，涉及车辆 1 063. 8 万辆，占召回总数量的 53. 1%；第二是发动机总成，涉及车辆 409. 6 万辆，占召回总数量的 20. 4%；第三是转向系统总成，涉及车辆 175. 7 万辆，占召回总数量的 8. 8%；第四是电气设备总成，涉及车辆 165. 5 万辆，占召回总数量的 8. 3%；第五是车身总成，涉及车辆 80. 5 万辆，占召回总数量的 4%。此外，还有大量问题不是通过召回解决的，而是通过售后服务的方式加以解决的。

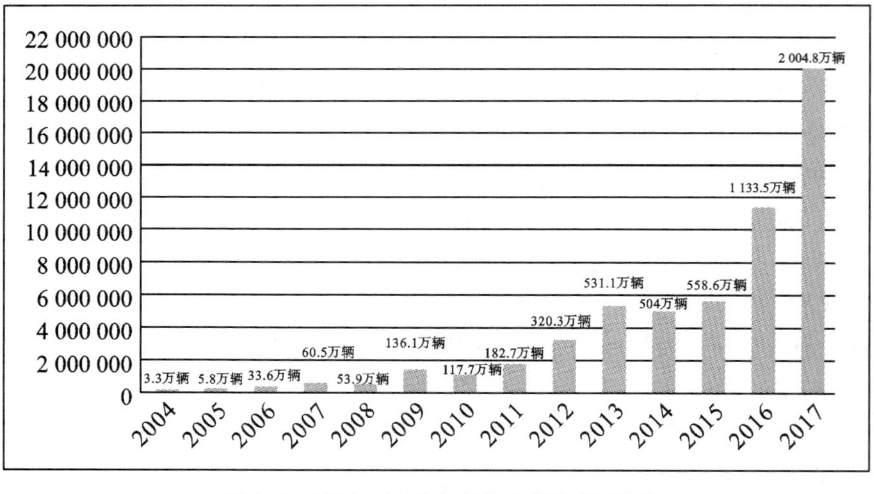

图 1. 1　2004—2017 年的汽车召回数量图

7. 自主创新能力不强

“中国制造”远多于“中国创造”。多年来，中国大多数汽车企业在引进国外技术后只是简单地模仿运用，不注重消化吸收，更没有进行积极地再创新。没有主动地学习和再创新，随外资引进的技术自然不会扩散和升级。这就导致了我国汽车产业在技术先进性方面止步不前，一直走不出“引进—消化—吸收—再引进”的怪圈。因此，我国虽然是汽车大国，但远非汽车强国。

8. 汽车产业的各类规范众多，但仍需进一步完善

就横向而言，汽车产业链条的各个环节（准入—生产—销售—使用—报废—回收）均有相应的规范和标准；就纵向而言，法律、法规、规章、规定、政策等各种形式均有体现。近年来，对汽车产业的宏观管理和引导进一步强化，尤其是在汽车使用方面，《机动车强制报废标准规定》《缺陷汽车产品召回管理条例实施办法》《家用汽车产品修理、更换、退货责任规定》《汽车维修技术信息公开实施管理办法》《车船税管理规程》《乘用车燃料消耗量限值》《乘用车燃料消耗量评价方法及指标》《汽车品牌销售管理办法》《乘用车企业平均燃料消耗量与新能源汽车积分并行管理办法》等相继出台，汽车行业的各类标准更是层出不穷。这些规范和标准对汽车产业的科学健康发展提供了保障。尽管如此，仍需出台一些新的法律法规，仍需完善一些规范和标准，特别是关于新能源汽车的规范和标准及与汽车相关的排放、环保规范和标准需进一步加强。

9. 汽车产业进入新常态，亟须转型升级

当前，我国汽车产业发展进入新常态。新常态的主要体现是汽车产销量的增幅放缓，整车利润降低，零部件和汽车服务业利润所占比重增加，行业间的渗透和竞争加剧，互联网和移动互联网将对汽车产业的发展将产生巨大的影响。智能化、车联网、大数据、自动驾驶等技术，在深刻改变汽车产品形态的同时，也将丰富汽车发展的商业模式，从研发、生产、物流、营销到后端市场各个环节，汽车发展的生态圈也将重构汽车产业，汽车产业进入结构调整期。新常态下，我国汽车产业面临诸多挑战，转型升级是必要的，而汽车产业的转型升级应是系统化的，应综合考虑政府、企业、协会、高校、科研院所及其他社会组织等主体作用的协同发挥；从整车、零部件、装备制造等不同类型的汽车企业考虑如何转型升级；从政策和市场机制考虑促进整个汽车产业如何转型升级；从汽车产业链条的各环节考虑如何进行转型升级；从培养和储备怎样的人才考虑汽车产业应当如何进行转型升级。汽车产业的转型升级还应当与我国正在实施的“工业转型升级战略”和“汽车强国战略”相结合，通过创新驱动，实现转型升级。我国汽车产业的转型升级还应当与世界汽车产业的发展相接轨，在接轨中提升竞争力。

三、汽车保险业在我国汽车产业发展中的作用

汽车保险业作为汽车产业的重要组成部分，对汽车产业发展的促进和保障作用是不言而喻的，具体作用如下：

（一）汽车保险解除了人们的后顾之忧，扩大了对汽车的需求，促进了汽车产业的发展

汽车保险的重要功能是对汽车的被保险人提供保险服务，从而分担风险，解除了汽车购买者在使用汽车过程中可能出现的风险担心。这在一定程度上提高了消费者购买汽车的欲望，扩大了对汽车的需求。汽车需求的增加，促进汽车产销量的增长，进而促进汽车制造业的发展。此外，一些新的汽车保险产品的开发，如新增加设备损失险可以间接促进与汽车配套产业的发展。当前，车载音频、视频播放器（车载 MP3、车载 DVD）、车载冰箱、车内装饰品、倒车雷达、车载定位系统等相关产业发展势头良好，这些产业也是汽车产业的重要组成部分，它们也在汽车保险范畴之列。

（二）促进了汽车安全性能的提高

在汽车保险业务中，经营管理与汽车维修行业及其价格水平密切相关。原因是在汽车保险的经营成本中，事故车辆的维修费用是其重要的组成部分，同时车辆的维修质量在一定程度上体现了汽车保险产品的质量。保险公司出于有效控制经营成本和风险的需要，除了加强自身的经营业务管理外，必然会加大事故车辆修复工作的管理，一定程度上提高汽车维修质量管理的水平。同时，汽车保险的保险人从自身和社会效益的角度出发，联合汽车生产厂家、汽车维修企业开展汽车事故原因的统计分析，研究汽车安全设计新技术，并为此投入大量的人力和财力，从而促进了汽车安全性能方面的提高。

（三）有助于形成汽车保险产业链，丰富汽车产业链的构成

围绕着汽车保险业可形成“汽车保险产业链”，即以汽车保险为中心，由不同业态的主体组成产业链条，包括产业链前端的汽车厂商、汽车销售商、各保险专业和兼业代理机构、经纪公司，以及产业链后端的保险公估公司、律师行和汽车修理商等。在汽车产业发达国家，汽车保险业都拥有较完整的产业链，建立起了紧密协作、相互促进的产业链发展机制。汽车保险产业链的建立，可以密切与汽车生产厂家和汽车修理厂家的关系，甚至有的汽车保险公司和汽车修理厂就是汽车生产厂家投资设立的，这不仅可以丰富汽车产业链的构成，还可以促进汽车产品一条龙服务的形成，更好地满足顾客的需求。

（四）有助于汽车产业人才的培养与安置

中国工程院院士、湖南大学校长钟志华认为，改革开放 30 多年，对我国汽车工业而言，最大的成就就是培养了一支队伍。但就我国汽车产业发展现状而言，最急需的仍是人才。无论是高层次人才，还是熟练的技术工人都比较缺乏。据不完全统计，汽车产业发展引发人才缺口达 30 万人之多。就汽车保险业而言，更加缺乏高素质的复合型人才，他们既要懂得汽车的相关技术，又要懂得汽车保险的知识，更要具备优良的道德品质，培养和吸纳人才已成为汽车保险业面临的重要课题。事实上，汽车保险业的发展，需要将大量的技术人才转型为服务人才，汽车服务水平的提升也会促进汽车质量的提高，从而使得汽车产业的发展更加科学合理。

第二节　风险的基本知识

我们面临着诸多风险，人们在使用汽车的过程中亦是如此。什么是风险？如何认识风险？如何采取措施减少或分担风险造成的损失？这些是本节阐述的主要内容。实际上，保险是分担风险损失的一种方法，汽车保险则是分担汽车及汽车导致的人身、财产损害的一种方法。

一、风险的涵义及要素

风险是指社会和自然客观存在的（客观方面），人们时刻警惕和忧虑的（主观方面），可能造成社会财富损毁或危及人身安全的随机现象（可能性和不确定性）。可见，

风险具有三层含义：一是风险是客观存在的；二是风险是一种随机现象，其发生的时间、伤害与损失的大小具有不确定性；三是风险发生会造成物质损失或人身伤害，物质损失包括财产损失、收入损失、责任损失、额外损失等，人身伤害包括身体的损害和精神的损害。风险具有客观性、普遍性、损失性、不确定性、可测性、发展性、社会性等特征。

风险具有三要素，即风险因素、风险事故、风险损失。风险因素是指促使或引起风险事故发生及风险事故发生时致使损失增加、扩大的条件，又称为风险条件。风险事故也称风险事件，是指可能引起财产损失或人身伤亡的偶然事件，是造成风险损失的直接外因。风险损失是指非故意的、非预期的和非计划的经济价值的减少，是风险事故的直接结果。风险因素、风险事故、风险损失之间的关系是：风险因素可能引起风险事故，风险事故可能导致风险损失，有风险损失必然存在风险事故，有风险事故就有风险因素。

二、风险的种类

标准不同，风险的分类也就不同，具体有以下几种分类：

（一）按风险损害的对象（风险的损失形态）可将风险分为人身风险、财产风险、责任风险和信用风险

人身风险是指在日常生活以及经济活动过程中，人的生命或身体遭受各种形式的损害，造成人的经济生产能力降低或丧失的风险，包括死亡、残疾、疾病、生育、年老等损失形态。简言之，人身风险是指导致人的伤残、死亡、丧失劳动能力以及增加费用支出的风险。财产风险是指因发生自然灾害、意外事故而使个人或单位占有、控制或照看的财产遭受损失、灭失或贬值的风险。责任风险是指因个人或团体的疏忽或过失行为或侵权行为，造成他人的财产损失或人身伤亡，按照法律、契约应负法律责任或契约责任的风险。信用风险又称违约风险，是指借款人、证券发行人或交易对方因种种原因，不愿或无力履行合同条件而构成违约，致使银行、投资者或交易对方遭受损失的可能性。

（二）按风险发生的原因可将风险分为自然风险、社会风险、政治风险和经济风险

自然风险是指因自然力的不规则变化产生的现象所导致危害经济活动、物质生产或生命安全的风险，如地震、水灾、火灾、风灾、雹灾、冻灾、旱灾、虫灾以及各种瘟疫等自然现象。在各类风险中，自然风险是保险人承保最多的风险。社会风险是一种导致社会冲突，危及社会稳定和社会秩序的可能性。更直接地说，社会风险意味着爆发社会危机的可能性，其是否发生及对人类社会财富和生命安全是否造成损失和损失程度具有客观不确定性。一旦这种可能性变成了现实性，社会风险就转变成了社会危机。政治风险是指因种族、宗教、利益集团和国家之间的冲突，或因政策、制度的变革与权利的交替造成损失的风险。经济风险是指因经济前景的不确定性，各经济实体在从事正常的经济活动时，蒙受经济损失的可能性。

（三）按风险的性质（风险是否有获利的机会）可将风险分为纯粹风险和投机风险

纯粹风险是指只有损失机会，而无获利可能的风险。这种风险可能造成的结果通

常只有两种，即有损失或者没有损失。投机风险指既可能产生收益也可能造成损失的不确定性的风险。这类风险的结果通常有三种，即没有损失、有损失、盈利。纯粹风险具有可保性，投机风险不具有可保性，因此纯粹风险又称之为可投保风险，投机风险又称之为不可投保风险。

（四）按影响的结果可将风险分为基本风险和特定风险

基本风险指非个人行为引起的风险，它对整个团体乃至整个社会产生影响，而且是个人无法预防的风险，其范围是不特定的。特定风险是指个人行为引起的风险，它只与特定的个人或部门相关，不影响整个团体和社会。

三、风险管理的涵义

风险的存在是客观的、普遍的，当人们去从事某种行为或从事某个项目时，势必要对风险进行识别、评估、分析，并采取一些措施去规避风险、减少风险、分担风险造成的损失。行为主体通过对风险的识别、评估、分析，采取最佳风险政策和措施，以达最大安全保障之目的的过程就是风险管理。因此，风险管理是一个风险识别（分析风险产生的原因）、风险评估（对风险事故发生的概率和损失评估）、风险措施（采取哪些措施）、效果评价（达到怎样的效果）的过程。风险管理的本质是在安全保障和措施成本之间进行权衡，即在可能发生的损失与减少这些损失采取措施的成本之间进行权衡。风险管理的主要目的是实现最大安全保障。保险是风险管理的措施之一，通过保险可以转移风险损失的承担。虽然风险管理与保险两者都是研究风险的，但是风险管理源于保险，保险作为一门学科先于风险管理，保险作为风险管理的一种方法（或措施）促进风险管理发展。当然，不是所有的风险都可以承保，可承保的风险至少应当具备以下条件：

第一，是纯粹风险而非投机风险；

第二，风险事故损失的发生具有意外性，而非人的故意行为；

第三，风险事故的损失具有可确定性；

第四，风险损失幅度在一定范围内，通常不得超过保险公司的承受能力，超过的部分应当办理再保险；

第五，符合存在大量独立的同质风险单位，即符合大数法则。

第三节　保险的基本知识

汽车保险属保险中财产保险的一种，因此汽车保险应当遵循保险的基本原则。保险的基本知识通常情况下适用于汽车保险，学习汽车保险，应当首先掌握保险的基本知识。

一、保险的概念

不同的教材对保险概念的阐述不完全相同，《中华人民共和国保险法》（以下简称《保险法》）第二条将保险的定义为投保人根据合同约定，向保险人支付保险费，保险人对于合同约定的可能发生的事故因其发生所造成的财产损失承担赔偿保险金责任，或者当被保险人死亡、伤残、疾病或者达到合同约定的年龄、期限等条件时承担给付保险金责任的商业保险行为。

对以上概念可以进行如下分析：

第一，保险的当事人有投保人、保险人、被保险人、受益人等。投保人是指与保险人订立保险合同，并按照保险合同负有支付保险费义务的人。保险人是指与投保人订立保险合同，并承担赔偿或者给付保险金责任的保险公司。被保险人是指其财产或者人身受保险合同保障，享有保险金请求权的人，投保人可以为被保险人。受益人是指人身保险合同中由被保险人或者投保人指定的享有保险金请求权的人，投保人、被保险人可以为受益人。

第二，保险的标的，即保险权利和义务共同指向的对象，可以是财产、与财产有关的利益或责任、人的生命或身体。

第三，维系保险的是合同，因此保险的本质既是一种经济制度又是一种法律关系。

第四，保险成立的前提是投保人向保险人缴纳保险费。保险费简称保费，是投保人为转嫁风险支付给保险人的与保险责任相应的金额。

第五，保险公司承担赔偿保险金责任的限额是保险金额，故保险金额是指保险人承担赔偿或者给付保险金责任的最高限额。保险金额不得超过保险价值，超过保险价值的，超过的部分无效。保险金额低于保险价值的，除合同另有约定外，保险人按照保险金额与保险价值的比例承担赔偿责任。保险标的的保险价值可以由投保人和保险人约定并在合同中载明，也可以按照保险事故发生时保险标的的实际价值确定。

第六，《保险法》中规定的保险通常是指商业保险行为，商业保险具有自愿性，与商业保险相对应的是社会保险，社会保险具有强制性。

二、保险的分类

按照不同的标准，保险可以有不同的分类：

（一）按保险实施的方式可将保险分为自愿保险与强制保险

自愿保险也称任意保险，是指保险双方当事人通过签订保险合同，或是需要保险保障的人自愿组合、实施的一种保险。强制保险又称为法定保险，是由法律规定必须参加的保险。

（二）按保险标的或保险承保对象可将保险分为财产保险、责任保险、信用保险、人身保险

财产保险有广义与狭义之分，广义财产保险是指以财产及其有关的经济利益和损害赔偿责任为保险标的的保险；狭义财产保险则是指以物质财产为保险标的的保险，在保险实务中，狭义财产保险一般也称为财产损失保险。责任保险是指以保险客户的法律赔偿风险为承保对象的一类保险，按业务内容可分为公众责任保险、产品责任保险、雇主责任保险、职业责任保险和第三者责任保险五类业务。信用保险是指以信用风险为保险标的的保险，具体而言，信用保险是权利人要求保险人承保对方信用的一种保险。人身保险是指以人的寿命和身体为保险标的的保险。

（三）按保险的性质可将保险分成商业保险、社会保险和政策保险

商业保险是指通过订立保险合同运营，以盈利为目的的保险形式。社会保险是一种为丧失劳动能力、暂时失去劳动岗位或因健康原因造成损失的人口提供收入或补偿的一种社会和经济制度，社会保险不以盈利为目的。政策保险是指政府由于某项特定政策的目的以商业保险的一般做法而举办的保险。

（四）按保险人承担保险责任的次序可将保险分为原保险、再保险

原保险是保险人与投保人之间直接签订保险合同而建立保险关系的一种保险。再保险也称分保险，是保险人在原保险合同的基础上，通过签订分保合同，将其所承保的部分风险和责任向其他保险人进行再次保险的行为。

（五）按风险转嫁方式可将保险分为足额保险、不足额保险和超额保险

足额保险是指保险金额与保险价值相等的保险。不足额保险是指保险金额低于保险价值的保险。超额保险是指保险金额超过财产价值的保险，对保险金额中超过财产价值的部分保险人无赔偿义务。

（六）按保险价值在合同中是否确定可将保险分为定值保险和不定值保险

定值保险是指保险合同双方当事人事先确定保险标的的价值，并在合同中载明以确定保险金最高限额的财产保险。不定值保险是指双方当事人在订立保险合同时只列明保险金额，不预先确定保险标的的价值，当保险事故发生后，再行估计其价值而确定其损失的保险。不定值保险中保险标的的损失额以保险事故发生之时保险标的的实际价值为计算依据，通常的方法是以保险事故发生时，当地同类财产的市场价格来确定保险标的价值。

第四节　汽车保险的基本知识

汽车保险虽然遵循保险的基本原则，然而由于汽车面临风险的不同，汽车保险有其特殊性，其也具有不同于其他财产保险的概念、特征和分类。

一、汽车保险的概念

汽车保险，简称车险，是指对汽车由于自然灾害或意外事故所造成的人身伤亡或财产损失负赔偿责任的一种保险。这一概念包含着以下几个要素：

第一，汽车保险是混合险。汽车保险既包括具有自愿性的商业保险，又包括具有强制性的机动车交通事故责任强制保险，简称交强险。

第二，汽车保险的对象是汽车以及由汽车带来的人身和财产损害。汽车自产生以来，人们首先感受到的是汽车带来的危险，其次才是汽车本身的损害。

第三，导致保险事故发生的原因是自然灾害或意外事故。虽然并非所有的自然灾害或意外事故都属于保险的范畴，但是排除了人为的故意行为。

第四，汽车保险既是财产损失保险范畴，又属责任保险范畴，其保险标的是汽车及其引起的其他财产损失与人身损害。

二、汽车面临的风险

汽车面临的风险主要有两类：一是财产损失风险，既包括车辆本身的损坏、灭失风险，也包括车上财产（如车装的货物，其特点是不永久固定于车上）和车下财产（不在车上的财产）的损坏、灭失风险；二是人员伤亡风险，包括驾驶员伤亡的风险、车上其他人员伤亡的风险、车下人员伤亡的风险等。针对以上不同的风险产生了对应的汽车保险产品。

三、汽车保险的特征

就投保标的而言，汽车保险既是财产保险，又是责任保险，但就保费统计口径和习惯而言，人们又将汽车保险作为财产保险的一种。虽然保险的基本特征汽车保险一般也具有，但是此处所阐述的汽车保险的特征是指汽车保险区别于其他财产保险之处。就此而言，汽车保险具有广泛性、差异性、可流动性、出险率高、实行绝对免赔与无赔款优待等特点。

（一）广泛性

只要有汽车就有汽车保险。交强险更是具有强制性，只要汽车上路就应购买交强险。由于汽车属于高速运动的运输工具，其出现风险事故的概率大，为尽量减少风险事故造成的损失，为汽车及第三者购买相应的汽车保险是每一个投保人的选择。因此，汽车保险具有广泛性或普遍性。

（二）差异性

差异性主要体现在两点：一是保险公司推出的汽车保险产品具有差异性；二是投保人购买汽车保险产品具有选择性。尤其是在附加险、第三者责任险的选择上差异性较大。不同的投保人购买的汽车保险产品是不同的。

（三）可流动性

这是指保险标的具有可流动性。这是汽车保险区别于其他财产保险的另一个重要特点，这也是由汽车本身的用途和特性决定的。通常情况下，国内保险公司对汽车承保的区域是我国境内。针对这一特点，汽车保险条款一般规定，若非指定驾驶人，不仅被保险人本人使用车辆时发生保险事故保险人要承担赔偿责任，凡是被保险人允许的合格驾驶人使用车辆时也视为其对保险标的具有保险利益，如果发生保险单上约定的事故，保险人同样要承担事故造成损失的赔偿责任。

（四）出险率高

这是指保险标的出险率高。汽车是陆地的主要交通工具，由于其经常处于运动状态，总是载人或货物不断地从一个地方开往另一个地方，很容易发生碰撞及其他意外事故，造成人身伤亡或财产损失。又由于汽车数量的迅速增加，交通设施及管理水平跟不上车辆的增长速度，再加上驾驶人的疏忽、过失等人为原因，交通事故发生频繁，汽车出险率高。

（五）实行绝对免赔与无赔款优待

为了促使被保险人注意维护、保养车辆，使其保持安全行驶技术状态，并督促驾驶人注意安全行车，以减少交通事故，保险合同上一般规定：驾驶人在交通事故中所负责任、车辆损失险和第三者责任险在符合赔偿规定的金额内实行绝对免赔额或绝对免赔率。保险车辆在保险期限内无赔款，续保时可以按保险费的一定比例享受无赔款优待。

四、汽车保险的分类

按照险种分类，我国汽车保险可以分成交强险和商业险两大类。按汽车保险产品是否可以独立购买又可将商业险分成基本险和附加险。

（一）交强险

交强险的全称是“机动车交通事故责任强制保险”，是由保险公司对被保险机动车发生道路交通事故造成受害人（不包括本车人员和被保险人）的人身伤亡、财产损失，在责任限额内予以赔偿的强制性责任保险。交强险是中国首个由国家法律规定实行的强制保险制度。其保费是实行全国统一收费标准的，由国家统一规定的，但是不同汽车型号的交强险价格不同。交强险具有强制性，机动车必须在车主购买交强险才能够上路行驶、年检、上户，并且在发生损失需要理赔时，须先按交强险赔付，再按汽车商业险赔付。

（二）商业险

1. 基本险

基本险是指可以独立存在的保险产品，投保人可以单独购买，包括车辆损失险、第三者责任险、全车盗抢险、车上人员（司机和乘客）责任险等。车辆损失险是指保险车辆遭受保险责任范围内的自然灾害或意外事故，造成保险车辆本身损失，以及所发生的施救等费用，保险人依照保险合同规定给予赔偿。第三者责任险是指以被保险人在使用保险车辆过程中发生意外事故应该承担的民事赔偿责任作为保险标的的险种。机动车交通事故责任强制保险是指由保险公司对被保险机动车发生道路交通事故造成本车人员、被保险人以外的受害人的人身伤亡、财产损失，在责任限额内予以赔偿的强制性责任保险。有的学者将交强险（即机动车交通事故责任强制保险）也纳入广义的第三者责任险范畴。交强险具有强制性，投保人必须购买之后机动车才能够上路行驶、年检、上户，且在发生损失需要理赔时，须先按交强险赔付，再按汽车商业险赔付。全车盗抢险是指机动车全车被盗窃、被抢劫、被抢夺造成的车辆损失以及在被盗窃、被抢劫、被抢夺期间受到损坏或车上零部件、附属设备丢失需要修复的合理费用等依法由保险人承担的险种。车上人员责任险是指被保险人允许的合格驾驶员在使用保险车辆过程中发生保险事故，致使车内乘客人身伤亡，依法应由被保险人承担的赔偿责任，保险公司会按照保险合同进行赔偿的险种。

2. 附加险

附加险是指不能独立存在的保险产品，投保人只有购买基本险后才可以购买的保险产品，如玻璃单独破碎险、车身划痕损失险、自燃损失险、车辆停驶损失险、新增加设备损失险、车上货物责任险、车载货物掉落责任险、交通事故精神损害赔偿险、全车盗抢附加高尔夫球具盗窃险、随车行李物品损失险、保险事故附随费用损失险、系安全带补偿特约险、指定专修厂特约险、多次事故免赔特约险、基本险不计免赔险、附加险不计免赔险等。对于附加险需注意两点：一是不同的保险公司推出的附加险产品有所不同；二是附加险依附于基本险（主险），不同的主险有不同的附加险，一种附加险可能是两种或两种以上主险的附加险，即使是附加险也可能有附加险，即附加险的附加险。

关于商业险的基本险和附加险有几点补充说明。①关于基本险和附加险的种类，目前并不统一，有的将交强险、第三者责任险和车辆损失险作为基本险，将盗抢险、车上人员险（司机）、车上人员险（乘客）等作为附加险。《中国保险行业协会机动车综合商业保险示范条款》将商业基本险划分成机动车损失保险、机动车第三者责任保险、机动车车上人员责任保险、机动车全车盗抢险等四种商业基本险（主险）。②近几年，各保险公司关于附加险种类进行了调整，如中国人民财产保险公司（简称“中国人保”）、平安保险公司的附加险有玻璃单独破碎险、自燃损失险、新增加设备损失险、车身划痕损失险、发动机涉水损失险、修理期间费用补偿险、车上货物责任险、精神损害抚慰金责任险、不计免赔率险、机动车损失保险无法找到第三方特约险、制定修理厂险等。③除基本险和附加险外，一些保险公司还推出了一些相关的服务，如免费非事故道路救援服务、酒后代驾服务、车辆安全监测服务、代理车辆年检、免费的轮胎保障服务等，这些服务虽然不是具体的险种，但却有效地促进了基本险与附加险产品的销售，为客户提供了更为周到的服务。

第五节 汽车保险的起源和发展

汽车保险的起源与发展包括世界汽车保险的起源和发展、我国汽车保险的产生和发展两部分。了解汽车保险的历史，有助于把握汽车保险业发展现状与发展趋势，更好地学习汽车保险与理赔知识。

一、世界汽车保险的起源和发展

1886 年 1 月 29 日被誉为汽车诞生日，那一天，41 岁的德国人卡尔·本茨为他所研制的装有卧置单缸二冲程汽油发动机的三轮汽车取得了第 37435 号帝国专利证书，该车被誉为“奔驰 1 号”，其 16 千米的时速成为“奔驰”的最初速度。也是在这一年，几十千米之外的 51 岁的德国工程师戈特利布·戴姆勒，把他与好友——著名发明家威尔赫姆·迈巴赫合作研制的汽油发动机安装在妻子的马车上，创造出了世界上第一辆四轮汽车，该车时速为 14.5 千米。本茨和戴姆勒不约而同地拉开了世界汽车文明的序幕，40 年后他们两人创立的汽车公司联起手来，创立了享誉全球的戴姆勒—奔驰汽车公司。

第一辆汽车面市的第二年，劳合社就为其设计了盗窃险，开出了世界上第一份盗窃险保单。

追求速度是人类古老的愿望。汽车的发明，首先让欧洲人尝到了甜头。但是速度带来的财产损失和人身意外也让他们忧心忡忡——汽车保险有了市场的需求。我们现在能看到的最早的汽车保险信息，是第一辆汽车诞生后的 10 年。1896 年 11 月，在当时世界保险中心英国，苏格兰雇主保险公司发行的一份保险小报中刊登了《汽车保险费年率》。1898年2月12日，人类历史上第一起汽车车祸在英国发生，亨利·林德菲尔德丧生轮下。这起车祸更触动了汽车保险的起步。次年，英国法律意外保险有限公司率先推出了汽车第三者责任保险和车损险。

紧随英国，美国汽车产业的快速起步也带动了其最初的汽车保险。1898年，美国旅行者保险公司签发了第一份汽车人身伤害责任保险。1899年，美国汽车碰撞损失险保单问世。1902年，美国开办了汽车车身保险业务。第一份正规的汽车险保单是劳合社于1901年签发的。它借鉴海上保险的做法，将汽车视为在陆地上行驶的船，保费按汽车马力的大小来确定，每一马力收取1英镑保费。

20世纪初期，汽车保险业在欧美得到了迅速发展。1903年，英国创立了汽车通用保险公司，并逐步发展成为一家大型的专业化汽车保险公司。1908年，美国福特公司推出T型汽车，由于采用了流水线生产方式，大幅度降低了生产成本，揭开了大规模生产汽车的序幕。随着汽车产量和使用量的增加，由此产生的交通事故促使汽车保险不断完善，从单一的第三者责任险发展到车身险，车身险也由单纯的火险、碰撞损失险发展到综合性风险保障。1913年，汽车保险已扩大到了20多个国家，汽车保险费率和承保办法也基本实现了标准化。1927年是汽车保险发展史上的一个重要里程碑，美国马萨诸塞州制定的举世闻名的强制汽车责任保险法的颁布与实施，表明了汽车第三者责任保险开始由自愿保险方式向法定强制保险方式转变。1930年的《美国公路交通法》规定，从1931年1月1日起在全国范围内实行汽车第三者责任强制保险。随后，新西兰、英国、德国、法国效仿之，第三者责任强制保险很快波及世界各地。第三者责任强制保险的广泛实施极大地推动了汽车保险的普及和发展。车损险、盗窃险、货运险等业务也随之发展起来。自20世纪50年代以来，随着欧、美、日等地区和国家汽车制造业的迅速扩张，机动车辆保险也得到了快速的发展，并成为各国财产保险中最重要的业务险种。当前，机动车保费收入占财产保险的比例不断增加，美国约为45%，德国约为42%，而我国则达到了70%左右。

汽车改变了人类。世界上第一位使用流水线大批量生产汽车的人——亨利·福特说过："汽车的平民化缩小了阶层之间的差异，有利于社会进步。"如今在世界70亿人群中，有10亿辆汽车在穿行，汽车不仅拉近了人与人之间的关系，而且大大促进了人类技术的进步。作为汽车文明发展的有力支点，汽车保险如影相随，随同汽车的普及而壮大，成为财产保险的第一大险种。一个国家财产保险的水平，在很大程度上由汽车保险的高低来衡量。

二、我国汽车保险的产生和发展

（一）我国汽车保险的产生

虽然早在新中国成立之前，我国就已开展了汽车保险业务，但是那时我国的保险市场处于外国保险公司的垄断与控制之下，提供的汽车保险主要是公众责任险，属于运输工具保险的附加险，且汽车工业不发达，我国的汽车保险虽然产生，但其作用与地位却十分有限。

（二）我国汽车保险的发展

新中国成立之后，1949 年 10 月中国人民保险公司成立，提供的主要保险就是汽车保险。但是不久就出现对此项保险的争议，有人认为汽车保险以及第三者责任保险对于肇事者予以经济补偿，会导致交通事故的增加，对社会产生负面影响。于是 1954 年停办汽车公众责任险，1959 年后国内保险业务全面停办。直到 20 世纪 70 年代中期，为了满足各国驻华使领馆等外国人拥有的汽车保险需求，开始办理以涉外业务为主的汽车保险业务，主要承保的是各国驻华使领馆的汽车。

1980 年中国人民保险公司恢复汽车保险业务，1983 年将汽车保险改为机动车保险，使其承保范围扩大，1985 年我国首次制订了机动车辆保险条款。2003 年 1 月 1 日开始在全国实行机动车保险费率市场化改革，机动车辆保险由“监管部门制定条款与费率并监督其实施”向“保险公司自主开发机动车辆保险产品和自主厘定费率，向保监会报批”转变。2003 年 10 月 28 日，《中华人民共和国道路交通安全法》（以下简称《道交法》）颁布，并于 2004 年 5 月 1 日实施，《道交法》中规定了机动车第三者责任强制保险。2003 年 12 月 11 日，中国保险监督管理委员会（以下简称保监会）根据中国入世承诺，允许外资财产保险公司经营除法定保险业务外的全部非寿险业务。自此，中国保险市场进入了一个新的时期。2006 年 3 月 21 日，国务院颁布了《机动车交通事故责任强制保险条例》，该条例于 2006 年 7 月 1 日实施。该条例的实施，意味着交强险的全面铺开。2006 年同时推出商业险的 A、B、C 三套主险条款，各保险公司可从中选择一套执行，附加险则由各保险公司自行开发。2007 年 4 月，我国保险业协会对商业主险的 A、B、C 三套条款进行了完善，且对主要的附加险在费率上也进行了统一。2008 年 2 月我国对交强险进行了修订，降低了费率，提高了责任限额。2009 年 10 月我国修订了《保险法》，《保险法》的修订对汽车保险有着重大的影响。2012 年，保监会相继出台《机动车辆保险理赔管理指引》《车险理赔管理及服务质量监管和评价指标体系》《关于加强机动车辆商业保险条款费率管理的通知》等一系列规范性文件，进一步强化了对汽车保险业发展的监管。

我国的汽车保险业虽然有效发展时间不长，但发展速度很快。截至 2012 年，我国内资财产保险公司有 41 家，外资保险公司有 21 家，总计 62 家，保费收入 55 298 817 万元。[①] 2013 年，我国保险业共实现保费收入 1.72 万亿元，同比增长 11.2%。其中，64 家财产险公司实现保费收入 6 481.16 亿元，同比增长 17.2%；70 家寿险公司实现保费 1.07 万亿元，同比增长 7.86%。2014 年从事财险的保险公司达到了 65 家，其中中资 43 家，外资 22 家，65 家财产险公司的原保险保费达到了 7 544.40 亿元。在财产险保费收入中，汽车险保费收入占 70%左右。

2014 年 7 月，保监会向各财险公司发布了《关于深化商业车险条款费率管理制度改革的指导意见（征求意见稿）》，拟将商业车险费率分为基准纯风险保费、基准附加费用、费率调整系数三个部分计算，并要求保险行业协会按照大数法则，建立商业车

① 李静平. 我国汽车保险的相关业务问题研究. 企业导报 [J]. 企业导报，2013（11）：93-94.

险损失数据的收集、测算、调整机制，动态发布商业车险基准纯风险保费表。2015 年 6 月 1 日，商业车险改革试点在黑龙江、山东、广西、重庆、陕西、青岛六个地区全面落地，保险公司开始销售新的商业车险产品，执行新的商业车险条款费率管理制度。2016 年 1 月 1 日起，改革试点增加天津、内蒙古、吉林、安徽、河南、湖北、湖南、广东、四川、青海、宁夏、新疆 12 个地区。2016 年 6 月，商车改革在全国范围内实施。2017 年 6 月，保监会宣布进一步扩大保险公司自主定价权，下调商业车险费率浮动系数下限，通过市场化手段进一步降低商业车险费率水平。此次改革的主要内容包括：在全国范围内扩大保险公司自主费率调整系数的下浮空间，并在费率特别高的地区进一步扩大其下浮空间。在目前全国范围内自主核保、自主渠道系数浮动区间分别为 0.85~1.15、深圳地区为 0.75~1.25 的基础上，深化改革后自主渠道系数下限下调到 0.70~0.75，自主核保系数下调到 0.70~0.85。考虑到各地区的实际情况多有不同，改革并未执行一刀切的方案，而是综合考虑各地车险市场现状等因素，因地施策。据不完全统计，改革实施后，大部分地区驾驶习惯良好的低风险车主享受商业车险最低折扣率由目前的 0.4335 下调至 0.3375，下降幅度达到 22%。2018 年 3 月 8 日，中国保监会发出通知，内容如下：①在四川保监局辖区，自主核保系数调整范围为［0.65-1.15］，自主渠道系数调整范围为［0.65-1.15］。②在山西、福建、山东、河南、厦门保监局辖区，自主核保系数调整范围为［0.70-1.15］，自主渠道系数调整范围为［0.70-1.15］。③在新疆保监局辖区，自主核保系数调整范围为［0.75-1.15］，自主渠道系数调整范围为［0.75-1.15］。

综上，近几年我国汽车保险业经过大力度改革，取得了显著的成效：①解决了长期以来“高保低赔”“无责不赔”“家庭成员人身伤害不赔”等长期以来车险产品中争议最大、矛盾最突出的问题，提高了条款的公平性、合理性和严谨性。②在费率方面，改革引入“渠道费率调整系数”和“自主核保调整系数”，赋予保险公司更多调价权，理论上对同一辆车，不同公司可给出相差 1.83 倍的报价，使保费得到了较大幅度的降低。对车损险保费定价，由按保额或新车购置价厘定转为按车型、车价、安全性和维修经济性等综合因素确定。此外，费率浮动机制的实施，使得低风险客户保费更低（详见表 1.1：某公司费改前后汽车出险频次对应汽车保险费率对比表），充分发挥了车险定价奖优罚劣的机制优势，对于增强安全驾驶意识、改善驾驶行为、促进道路交通安全具有积极作用，使得车险的社会管理职能得到进一步增强。③在条款方面，扩大了车险综合示范条款保障范围，将“倒车镜车灯单独损坏”等 5 个附加险责任、家庭成员人身伤害和台风冰雹等自然灾害责任并入主险责任范围，并配套实施了规范相关单证、简化理赔流程、增加车损险代位追偿约定等措施，“机动车钥匙丢失或损失费用补偿保险”和“机动车油污责任险”等两个条款已获保监会批复。④在监管方面，建立了商业车险费率回溯修订机制、现场检查与非现场测评联动工作机制，仅 2016 年就累计下发 181 份监管提示函，责令 39 家次保险公司停用或修改条款费率。

表 1.1　　某公司费改前后汽车出险频次对应车险费率对比表

出险频次	费改前	费改后
连续三年不出险	0.7	0.43
连续两年不出险	0.8	0.51
前一年不出险	0.9	0.61
行车	1	1
前一年出险 1 次	1	0.72
前一年出险 2 次	1	0.9
前一年出险 3 次	1.1	1.08
前一年出险 4 次	1.2	1.28
前一年出险 5 次及以上	1.5	2

第六节　我国汽车保险业现状

汽车保险业是汽车产业的重要组成部分，汽车保险业的科学规范发展可以促进汽车产业的发展。把握我国汽车保险业的现状，重点是把握当前我国汽车保险业发展的特征、存在哪些问题、应当如何加以应对等。

一、我国汽车保险业发展特征

我国汽车保险业经过 30 余年的发展，已经具备了相当的规模，归纳起来主要有如下几个特征：

（一）法规和制度逐步健全

在法规方面，规制我国汽车保险的法律和法规主要有《保险法》《道交法》《机动车辆保险条款》《机动车交通事故责任强制保险条例》等。在制度方面，确立了保监会监管与各保险公司自主开发保险产品和自主厘定费率的格局。在监管方面，保监会要负责审核各保险公司上报的保险产品和保险服务，以批复的形式下达并公告，如关于开设新的机动车保险产品和电话营销专用机动车保险条款的批复等。此外，就保险市场的规范性而言，保监会通常以通知的形式下达，并要求各保险公司遵守相应的规定，如《关于发布〈机动车保险数据交换规范〉行业标准的通知》《关于进一步加强机动车交通事故责任强制保险及商业机动车保险管理工作的通知》《关于加强机动车辆保险监管有关问题的通知》等。

（二）发展速度快

这主要体现在车险保费的收入上，由图 1.1 可知，2001 年我国汽车保费的收入为 422 亿元，2012 年车险保费收入为 4 005.17 亿元，接近 2001 年的 10 倍。特别是 2007

年车险电销专用产品推出后，国内保险新渠道业务发展迅猛，连续多年实现高速增长。2011 年，全行业实现车险电销保费收入超过 440 亿元，同比增长 130%，占车险总保费的 12.5%左右。与此同时，网销业务也开始呈现出势不可挡的势头，2011 年网销保费收入已达 50 亿元左右，增速之高更甚于电销。2014 年我国车险保费收入达到 5 516 亿元，同比增长 16.84%。2015 年我国车险保费收入为 6 028 亿元，比上年增加 9.28%。2016 年我国车险保费收入为 6 834.55 亿元，同比增长 10.25%。2017 年我国车险保费收入为 7 521.07 亿元，同比增长 10.0%。

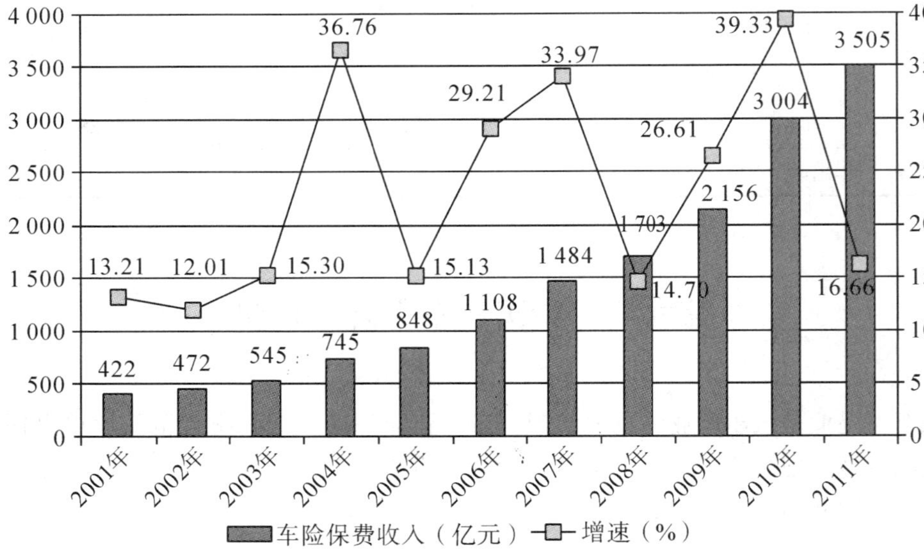

图 1.1　2001—2011 年我国车险保费收入及增速图

数据来源：杨国县. 我国车险发展现状及趋势分析［N］. 中国保险报，2013-02-27.

（三）保险产品丰富，保险公司保险产品定价权进一步加大

2002 年以前，我国机动车保险只有 2 个主险和 5 个附加险种，且各保险公司的保险产品几乎没有差异，投保人几乎没有选择。2003 年车险改革后，各保险公司为适应市场的需求纷纷推出新的车险产品，提高公司业绩，如中国人民财产保险公司有 8 个主条款和 11 个配套条款，天安保险公司新推出 7 个车险新产品和 13 个附加险产品，大众保险公司的车险产品由原来的 5 种增加到 14 种，并且将非寿险精算技术引入到车险产品的设计开发中，提高了产品的技术含量。① 2007 年 4 月 1 日，我国正式启用新版商业车险。新版车险行业条款进一步扩大了覆盖范围，涵盖了车辆损失险、商业三者险、车上人员责任险、盗抢险、不计免赔率特约险、玻璃单独破碎险、车身划痕损失险和可选免赔额特约险 8 个险种，进一步标准化车险产品，同时也推动了车险保费的上升。当前，各保险公司都推出了自己的机动车辆保费厘定办法，费率的制定不仅考虑到车辆的状况，还考虑到了地区差异和驾驶人的情况。保险的服务水平也大幅度提升，一

① 汪莹. 汽车保险改革后的市场现状分析［J］. 合肥工业大学学报：社会科学版，2005（4）：54-58.

些专业化的汽车保险公司将汽车保险、汽车理赔、汽车公估、汽车维修等业务融为一体，极大地便利了客户。2013 年和 2014 年监管部门确定了渐进式分步实施的改革方向和原则，并于 2015 年 6 月启动一次费改，2017 年 6 月启动二次费改。差异进一步扩大了保险公司自主渠道系数和自主核保系数的下浮空间，使车险价格更低，保险公司获得了更大定价空间，加强了保险公司之间的竞争，倒逼保险公司降低经营成本，提高服务品质。

（四）汽车保险市场发展不平衡

2005 年 5 月底，经营机动车保险业务的中资保险公司有 15 家，在市场上占垄断地位的是中国人民财产保险公司、太平洋财产保险公司和平安财产保险公司三大保险公司。它们约占机动车保险保费收入的 84%，其他 12 家只占 16%。2006 年，随着保险公司数量的增加，尤其是外资保险公司的加入，汽车保险市场份额被更多的保险公司所享有，出现了三大战略群组：一是领导型战略群组，市场份额占到 80%以上，有人保、太平洋、平安等保险公司，其中人保的市场份额达到了 60%左右，太平洋、平安占 10%左右；二是增长型战略群组，年增长率 100%以上，有中华联合、天平、天安、永安等保险公司，这些保险公司汽车保险业务增长较快，市场占有率在 5%~10%；三是追随型战略群组，有华泰、东京日动上海、美亚上海等，其特点是市场份额在 5%以下，增长率在 100%以内（详见图 1.2）。

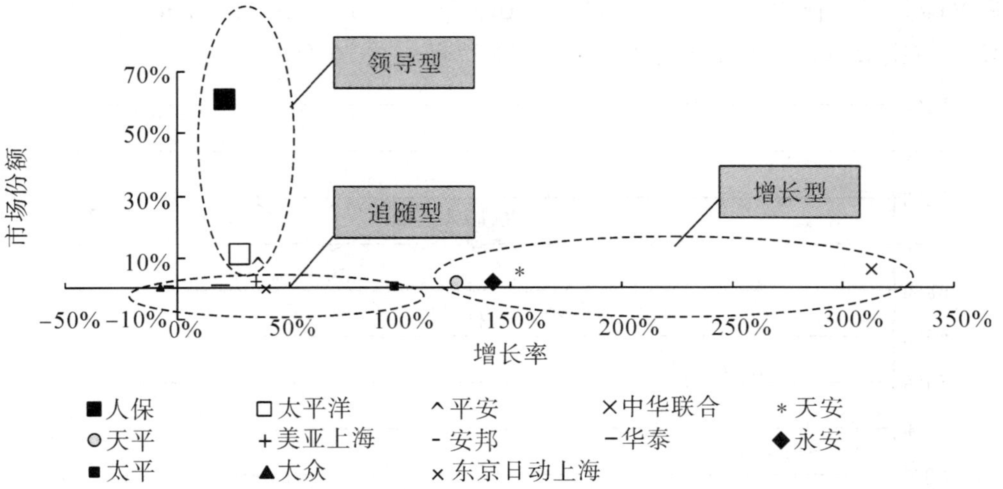

图 1.2　2006 年车险市场战略群组分析

数据来源：孙琪. 中国机动车辆保险市场发展和问题分析［J］. 汽车与配件，2007（20）：41.

2007 年以后，汽车保险竞争更加激烈，汽车保险市场的垄断局面有所打破，截至 2012 年，从事汽车保险的公司已达 62 家，汽车保险市场的集中度出现了波动，如图 1.3 所示。2012 年至今，情形有所改观，但没有出现根本性变化，2012 年前 3 家财险公司车险市场份额接近 68%，2013 年约为 67.2%，2014 年约为 66.8%，2015 年约为 66.2%，2016 年约为 65.8%，2017 年约为 66.4%。

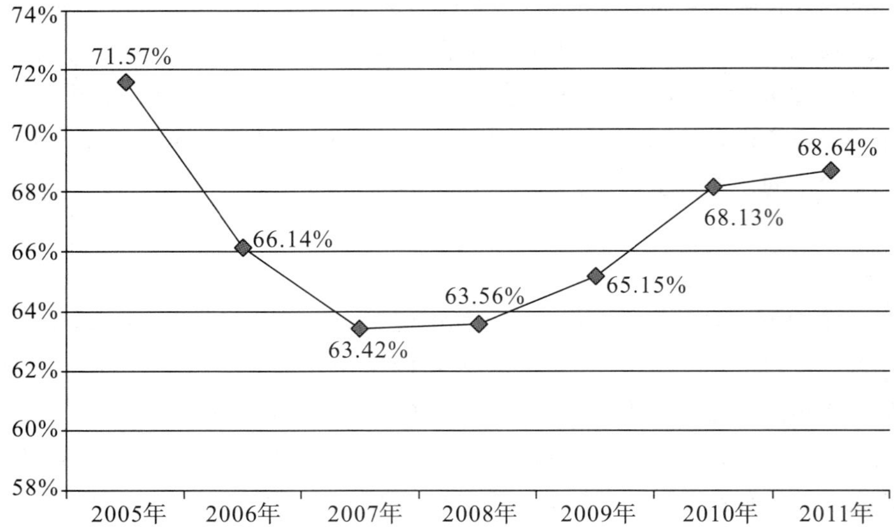

图 1.3　2005—2011 车险市场集中度情况图

数据来源：杨国县. 我国车险发展现状及趋势分析［N］. 中国保险报，2013-02-27.

（五）车险保费收入是财产保险保费收入的主要来源

自 2006 年以来，车险占财产险总保费的比例始终在 70%左右，随着汽车产销量及保有量的增加，汽车保险对财产险增加的贡献度越来越大（见图 1.3）。2012 年，车险占财产险公司总保费的比例约为 72%，2013 年占比 69.22%，2014 年占比 76.58%，2015 年占比 75.4%，2016 年占比 78.3%，2017 年占比 76.5%。

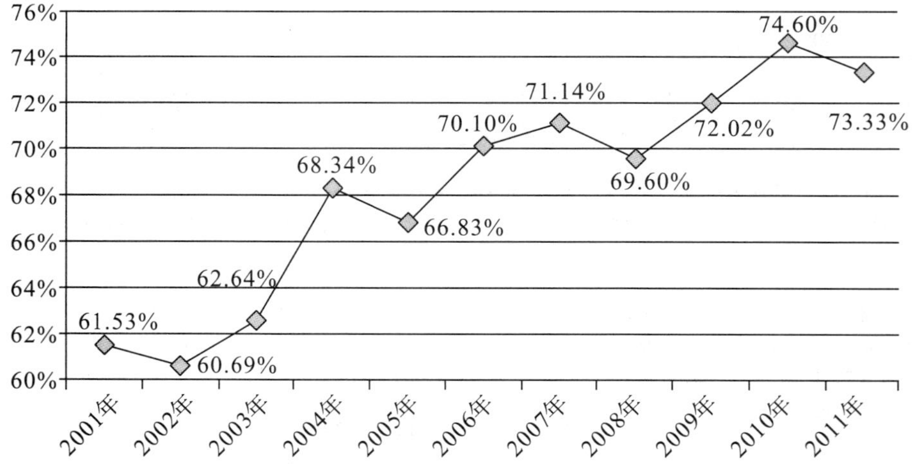

图 1.4　2001—2011 车险占财产险总保费的比例图

数据来源：杨国县. 我国车险发展现状及趋势分析［N］. 中国保险报，2013-02-27.

（六）保险公司与车商合作进入转型期

保险公司与车商的合作主要经历了三个阶段：第一阶段是统一标准，即统一配件、工时价格等维修标准，以及定损、理算等理赔标准，避免因流程、标准等不统一而将纠纷转嫁给客户的问题产生。第二个阶段是资源互换，特点是围绕三率，即新保率、续保率、事故车送修率，实现保费资源和送修资源的互换，这也是目前所处的阶段。随着汽车市场销量低迷和利润下降，以及车险市场零整比发布、商业车险改革等新情况的出现，在汽车行业和车险行业均进入变革期的大背景下，双方合作的契合点和利益诉求更容易达成一致，合作模式也出现了新的趋势。第三阶段的特点将是客户留存。之前的合作主要是围绕保险公司和车商的利益，保险公司和车商之间博弈大于合作，客户成为博弈的筹码，新阶段将是合作大于博弈，将更多的关注客户利益，共同提高客户满意度和客户留存率，在满足客户利益的基础上实现合作双方的利益。

（七）互联网车险发展潜力大

汽车保险投保的途径有电话投保、营业厅投保、汽车经销店内（4S店）投保、保险中介代理投保、保险公司网站投保、手机APP投保等多种方式。2012年至2015年互联网车险保费收入和业务占比持续提高，但2016年开始有所下滑。2016年互联网车险保费收入和业务占比为5.8%，较之2015年的11.5%几乎降低了50%。2017年互联网车险保费收入和业务占比则没有达到5%。与此同时，车商、个人代理等中介渠道则发展较快。2015年10月1日，《互联网保险业务监管暂行办法》正式实施，对互联网保险业务的经营主体、经营条件、经营区域、信息披露、监督管理等方面，明确了基本的经营规范和监管要求。同时，首次将第三方网络平台纳入监管范围。可以预见，虽然近几年互联网车险发展不稳定，但未来网络销售渠道将呈现保险公司官网和第三方平台双轮驱动的格局，而网络将不仅是一个销售渠道，更将成为一种新的客户体验方式，以及搭建从投保到理赔、从售前到售后的全链条服务模式的平台。在国家大力推动“互联网+”战略的形势下，互联网保险将成为最具发展潜力的渠道，成为行业发展新的驱动力。

二、我国汽车保险业存在的主要问题

我国的汽车保险业由汽车保险主体、汽车保险市场、汽车保险业务等要素构成。三者之间的关系是主体提供服务（业务），业务的开展形成市场，业务同时也在市场上开展。目前，我国汽车保险服务业主要存在以下问题：

（一）汽车保险业务渠道复杂，交易费用较高

目前我国车险产业链结构由五个主体部分构成，除财产保险公司和车险用户外，还包括上游的汽车制造商、金融公司，下游渠道中的专业、兼业代理者和其他服务提供商（保险公估、维修点等）。汽车保险业务的开展渠道如图1.5所示。

提供车险的保险公司，其业务主要来自于直属展业，约占50%，剩下的大部分都来自于保险中介，包括专业分销机构和兼业分销机构。专业分销机构为保险经纪公司和代理公司，但保险经纪公司的车险业务较少。保险代理公司在车险业务开拓上暂不具备优势，主要还是依托与企业和政府的良好关系获取客户，但这需要较高的费用支出。而且保险代理公司由于运营尚不规范，容易造成保险公司的应收账款。兼业分销机构主要是4S店（包含专车销售、零配件、售后服务、信息反馈的四位一体的汽车特许经营模式，以下简称4S店）和维修店。4S店的汽车保险业务增长很快，由于有大量的保源，4S店成了各家保险公司争夺的重要渠道。正因为如此，不少4S店向保险公司

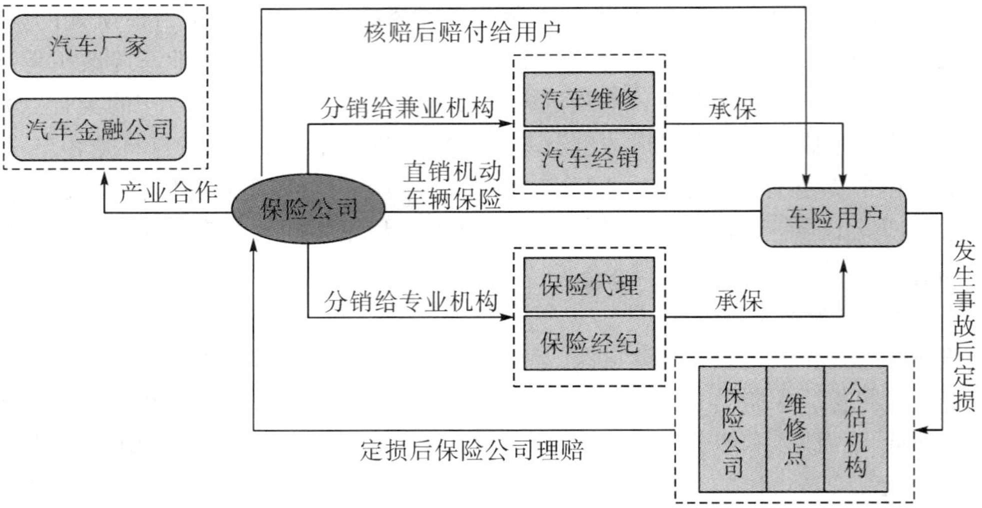

图 1.5　汽车保险业务的开展渠道

收取高额佣金，曾经一度高达 30%～50%。此外，保险公司大多保护直属展业，补贴大量的手续费，造成保险中介不满，而保险公司又希望保险中介为其提供大单，发展业务。保险公司和中介未能形成合理的战略合作，直接造成了渠道混乱，合作和管理不力，使得交易费用较高。事实上，车险中的盈利险种商业险 70%的业务来自于中介代理商，每笔业务都需要支付一定的中介费用。如此一来，保险公司车险业务有大约 30%的利润以各种形式被转让给了中介渠道，就保险公司而言，传统渠道的车险利润已经相当低。

（二）理赔漏洞大，车险赔付率过高，赔付成本过大

高保费收入、高理赔是我国汽车保险业的特点之一。近几年，我国汽车保险业务保险赔款及给付金额不断上升。2011 年我国汽车保险业务保险赔款及给付金额仅为 1 750.92 亿元；到 2016 年，我国汽车保险业务保险赔款及给付金额突破 4 000 亿元，达到 4 093.82 亿元，同比增长 9.4%。赔付率过高的主要原因如下：

1. 保险公司业务员把关不严，承保条件宽松

有的承保员对承保车辆缺乏检验，甚至不进行检验，通常表现为先出险后投保或加保。对有的已经达到甚至超过报废标准的车辆仍给予投保，这自然加大了理赔的风险。

2. 定损、报价环节缺乏必要的监督，增加了赔付成本

一些修理厂为招揽客户、中饱私囊，从保险公司获得更多的修理费用，与定损员、客户相勾结，虚报修理费用或加大修理费用，损害保险公司的利益。

3. 激烈的竞争导致以高赔付率吸引投保人

保险公司为了提高被保险人对自己的满意度，默许把宽松理赔作为一种竞争手段。但是，由此带来的副作用也会非常明显，那就是赔付额度大幅度上升。

4. 保险诈骗和欺诈行为，增加了赔付成本

在保险公司现有的理赔机制下，保险诈骗和欺诈行为时有发生，保险公司不仅要

承担比原来高得多的赔付支出，管理成本也会大幅度增加。据不完全统计，在全部理赔费用中约20%属于保险欺诈的赔付。

（三）保险市场竞争不充分，外资保险公司对中国车险市场的参与不足

由于外资保险公司不得经营法定险，即交强险，因此其经营车险业务面临先天不足。调查显示，绝大多数客户不愿意将一份保单分成两部分，即在内资保险公司投保交强险，在外资保险公司投保商业车险。因此，外资保险公司对中国车险市场的参与不足，外资保险公司长期在国外经营车险的经验和技术优势不能引入中国车险行业，也造成中国车险行业竞争不充分。

（四）汽车保险产品不够丰富，保险服务质量不高

2003 年 4 月 1 日起原机动车辆保险统颁条款费率退出市场，各保险公司自主制定机动车辆保险条款费率，各个保险公司开始重视汽车保险产品开发。但是，目前已经推出的汽车保险产品仍不够丰富，保险费率考虑从人、从地的因素仍不够细致，且各个保险公司的产品雷同率高，国内各家保险公司的险种相似率达到 90% 以上。这种缺乏有效竞争的状况已经影响了保险产品的开发，有的汽车保险产品尚未开发，有的保险产品细分不够。汽车保险服务质量也有待改善，国内保险公司对汽车保险服务重视不够，尤其对于减少汽车事故发生率方面的服务不够。如国外常见的汽车出险后的替代车服务、为修理厂提供培训服务等，在国内尚未全面开展。此外，专门针对新能源汽车和智能网联汽车的保险产品开发不够。

（五）我国汽车保险中介组织不发达，没有起到应有的作用

保险中介组织主要是保险代理人、保险经纪人、保险公估人。汽车保险中介组织是汽车保险市场不可或缺的组成部分。汽车保险中介组织具有社会服务面广、服务成本低、服务效率高、技术水平高等优势。然而，当前汽车保险中介所从事的工作，如汽车保险产品营销、汽车保险公估等，主要是保险公司在做，尤其是保险公估业务，其与理赔密切相关。保险中介业务，汽车保险中介组织却做得较少，汽车保险中介普遍面临业务量不足的困境。汽车保险中介具有加快汽车保险产品开发、改进汽车保险服务质量、拓宽汽车保险覆盖面、降低汽车保险产业风险、更好地保护消费者权益等作用。然而，汽车保险中介组织不发达，使得以上功能得不到充分发挥。

（六）汽车保险人才相对缺乏

从事汽车保险服务的人员既要懂得保险的相关知识，又要具备汽车的专业技术知识，懂得汽车检测、维修等技能，还得具有优良的品质。因而，汽车保险业务对人才素质要求较高，且是复合型的人才。目前，汽车保险的专业人才缺乏，专业人才的缺乏带来一系列问题。例如，新的保险产品难以开发，新的保险服务，特别是汽车保险风险控制的服务难以开展，保险公估随意性大，保险理赔漏洞多等。汽车保险的专门人才仅靠高校保险专业或汽车相关专业的培养是不够的。目前，越来越多的汽车保险公司需求大量的汽车专业的技术人才，这些人才经过在职保险知识的培训后，能够很快地适应岗位需求。

（七）汽车强制保险制度不够完善

2004 年 5 月 1 日实施的《中华人民共和国道路交通安全法》（简称《道交法》）规

定了机动车第三者责任强制保险制度。这是我国首个由国家法律规定实行的强制保险制度。2006 年 7 月 1 日实施的《机动车交通事故责任强制保险条例》使交强险得以全面铺开。根据规定，交强险设立的根本目的主要是为了使得交通事故受害人获得及时救助，也使机动车所有者和驾驶者通过保险方式转移自身的经济赔偿风险。可见，交强险除了有强制性的特点外，还具有一定的社会性和公益性。但是，该条例自 2006 年 7 月 1 日实施以来，不断引发争议。无责赔偿不合理、费率厘定不透明、暴利的呼声不绝于耳。2007 年 11 月底，交强险第一个年度报告显示，全国首年交强险业务保费收入合计 507 亿元，交强险首年实际赔款 44 亿元，各类经营费用合计 141 亿元，交强险首年竟然亏损 39 亿元，运营费用是实际赔偿数额的 3.2 倍。巨额运营费用、较低的赔付率违背了交强险的初衷，没有达到为救助交通事故受害人而设立的基本目标。

2007 年 12 月召开交强险听证会，会上 90%听证代表都强烈提出医疗费用太低，要求提高医疗费用限额，与伤残死亡赔偿金设为同一限额。然而，最终的方案却没有接纳大多数代表的意见，仅从原方案的 8 000 元增加到 10 000 元；对于车主关注的“无责财产赔偿”，由原方案的 400 元下降到 100 元。2008 年 2 月 1 日，我国开始实施新版《机动车交通事故责任强制保险费率方案》。按照新方案，保险金总责任限额从原先的 6 万元提高至 12.2 万元。尽管如此，很多受害方拿不到这么多赔偿金，尤其是医疗费用保险金较低。而且《机动车交通事故责任强制保险条例》规定，强制险金额分为死亡伤残赔偿金、医疗费用赔偿金和财产损失赔偿金三大类，每类赔偿金之间不能相互使用。尽管保险金总责任限额达到了 12.2 万元，但财产损失赔偿限额仍是 2 000 元，医疗费用类保险金也只有 1 万元。在大多数情况下，因交通事故引起的伤残医疗费用远不止 1 万元。当然，车主可以通过投保商业险实现增加医疗保障的目的。

截至 2011 年年底，全行业共有 36 家公司经营交强险业务，2011 年交强险共承保机动车 1.14 亿辆（次），却经营亏损 92 亿元，严重入不敷出。实际上，交强险的非盈利性应当使得交强险的收入与支出是平衡的，收入过分大于支出说明交强险的费率过高，收入过分小于支出，说明交强险的保障作用发挥不够。交强险运营费用过大，表面上看是管理问题，实质上是制度本身及实施问题，不断完善交强险制度已是刻不容缓。

（八）保险公司盈利状况分化严重，中小保险公司发展乏力

据统计，2016 年仅 14 家财险公司实现车险盈利，数量占比为 23%。2017 年，汽车保险市场前三大主体市场集中度再次提高，并超过了 2015 年的水平，达到了 66.4%。行业普遍认为商业车险的费改对大公司更加有利，对中小保险公司而言竞争更加激烈，经营更加困难。

三、加快我国汽车保险服务业发展的对策

为加快我国汽车保险服务业发展，可以借鉴国外成熟汽车保险市场的经验，结合我国汽车保险业发展的实际，进行自主创新。

（一）丰富保险产品，考虑多种因素自主厘定费率

保险公司应加强独自开发新的车险产品、提高相关服务的能力。可以借鉴美国等

机动车辆保险的险种构成，在传统汽车保险产品的基础上，开发新的产品。如可建立汽车及货车长期租赁保险、汽车及货车出租保险、汽车经销商综合保险（具体险种包括建筑物与物品保险、车库与操作责任保险、车库保管员及经销商财产损失保险等）、自动洗车服务保险（通常承保洗车过程中面临各种风险）、全保性保险（不管汽车因何原因造成损失都可以获得赔偿）、租车补偿保险（给付投保人汽车不能使用时租车费用）、高速车及赛车保险等新的险种。我国保险公司自主厘定费率时不仅要依据从车因素和从人因素，还要依据地区因素。将投保额度综合考虑驾驶员的驾驶记录、年龄、家庭成员和地区环境等因素计算。用投保人的驾驶纪录控制续保时费率的幅度，如投保人在往年投保期间发生理赔事故，则上调其保险费率，而幅度依事故的大小、投保人应承担责任的轻重、被罚款的多寡而定。如今，我国家庭一辆车往往是几个人共同驾驶的，因此保险公司可以按照家庭成员拥有驾照的人数厘定保险的费率。同样，年龄的计费方式可以通过不同的年龄段实现。一般青年人发生交通事故的概率高于中年人，因此在其他条件完全相同的情况下，保险公司对中年人收取的保险费可略低。

（二）拓宽车险销售渠道，降低代理成本

目前机动车辆保险主要依靠4S店等汽车经销商作为兼业代理销售，保险公司车险业务的80%来自汽车经销商的代理。因此，给汽车经销商一个有吸引力的手续费一直是保险公司抢夺市场的主要手段。这就增加了车险的代理成本。据统计，汽车经销商赚取30%的保费是相当普遍的。这就说明保险公司车险业务有大约30%的利润以各种形式被转让给了中介渠道。就保险公司而言，传统渠道的车险利润已经相当低，目前直接到保险公司购买车险的比例约10%。只要车险通过汽车经销商代理销售的销售渠道没有重大的变化，保险公司受制于汽车经销商的局面就不会改变。因此，汽车保险公司应当拓宽车险销售渠道，采用网上投保、电话直销、银行代理等多种渠道开展车险业务，降低代理成本，从而降低车险费率，增加保险公司利润。例如，在目前电话直销模式的基础上，保险公司可建立免费的全国统一投保电话，以加大电话直销车险的力度。目前，互联网非常发达，利用网络开展投保业务是今后的主要渠道。银行的网点遍布全国各地，由银行代理车险业务不仅方便购车者，还可节约代理费用，同时银行还可以开展代扣车险业务。美国的汽车保险业务中代理人业务、电话业务、互联网业务分别占67.5%、21.5%、0.9%。我国在车险销售渠道上有着广阔的空间。

（三）完善汽车经销商代理模式，降低代理费用

应该讲，汽车经销商代理模式是比较好的代理模式之一，目前对这种模式非议较多的是代理费用较高。因此，首先要降低代理费用。其次，汽车经销商要进一步加强与品牌汽车经销商结盟。汽车保险协会成员公司可以与品牌汽车经销商结盟，构建车险大超市。协会各成员将各自公司开办的险种、保障范围、费率、售后服务等个性化的保险产品推荐给汽车经销商，汽车经销商再向购车者推销。最后，各保险公司还应在服务上推陈出新，遵循“以人为本，服务至上”的市场原则，从价格竞争转向产品与服务的竞争。在服务过程中做到汽车销售、汽车保险、汽车修理、汽车美容与装饰一条龙服务。

(四) 车险实行理赔社会化和专业化

就世界范围内汽车保险的发展趋势而言，国外的一些大型保险公司基本上不直接从事车险理赔业务，而是委托给专业车险公估公司实施。例如，韩国《保险法》明确规定，保险公司应聘用理赔公估人员对保险事故的损失及保险金额进行公估，或者委托从事理赔公估事务的专业人才担任此项工作。这些做法不仅降低了不合理的赔款，而且也给客户提供了公平、高效、优质的服务。避免了保险公司既当“运动员”又当“裁判员”的不合理现象。

(五) 规范发展汽车保险中介机构

目前，汽车保险市场发展的趋势是汽车保险公司应当大力谋求与中介机构的全方位合作，逐渐把营销剥离给经纪公司、代理公司，把理赔剥离给公估公司，同时精简保险公司内部的营销人员，不再招收理赔和公估人员，或者将已有的公估人员剥离给专业的公估公司，以降低保险公司的成本。前已述及，目前汽车保险业的问题之一是代理费用过高，如果汽车保险业务大量地依靠经纪公司、代理公司，是否仍然会维持目前较高的代理费用呢？这就需要汽车保险中介机构的规范化以及竞争的充分化，只有这样才能消除不必要的代理费用，同时满足保险中介机构的利益需求。当然，保险中介机构的业务也应当拓展，可以开展咨询服务、交通事故预防与控制服务等业务。汽车保险中介机构的人员应当运用自己具有专业知识的优势，与客户进行良好的沟通，培训客户如何保养汽车以及减少事故损失的方法，教育客户采取必要的安全措施减少事故的发生。

(六) 进一步开放汽车保险市场

虽然目前外资保险公司可以从事汽车保险业务，但是受到较大的限制。我国汽车保险产业风险集中度高的一个主要原因是高水平的保险公司数量缺乏，尤其是外资保险公司在中国市场上受到一些限制。因此，应积极引入外资保险公司，使之享有与中资保险公司相同的权利，可以开展相同的业务，而且允许外资保险公司进入内地，在内地开展业务。通过外资保险公司和外资中介机构的引进，提高国内汽车保险市场的竞争度，分散产业风险，提高服务水平，改善服务产品，促进汽车保险业的发展。

(七) 加强对汽车保险理赔人才的培养

汽车保险业缺乏的人才是同时掌握保险知识与汽车知识的人才。因此，汽车保险业人才的培养主要有以下三个途径：

1. 通过学校培养汽车保险人才

具有汽车类专业的高校可依托已有的车辆工程、汽车服务工程、交通运输等相关专业，培养专门的汽车保险人才；具有保险类专业的高校可开设汽车保险方向的学历教育，其办学特色应突出汽车的专业特点，主要面向汽车保险公司和汽车保险中介机构培养专业人才。当然，高校培养的人才是多层次的，包括高等职业教育、本科教育和研究生教育等。

2. 在汽车保险公司和汽车保险中介建立和完善继续教育体系

汽车保险公司或开展汽车保险业务的保险公司应当注重对汽车保险和理赔业务的培训，深入研究市场状况，开发新的产品，提供新的服务，增强员工的素质和技能。

我国已建立了汽车保险代理人、汽车保险经纪人、汽车保险公估人资格认证制度。认证制度的实施不仅要求准入时需要进行考核，准入后更要进行培训，每年只有经过培训才能上岗。有条件的汽车保险中介组织应建立培训中心，对员工定期培训。汽车保险行业更应承担起培训的任务，确保汽车保险服务人员的知识和水平随着汽车保险业的发展而提高。

3. 汽车经销商也应担负起汽车保险人才培养的重任

汽车经销商，尤其是品牌经销商的主要业务之一是对汽车的维修。发生保险事故，车辆的定损、维修和理赔主要在汽车经销商处实施，因此汽车经销商也应当有自己负责保险和理赔的专业人员，或者应当与保险公司密切合作，联合培养汽车保险理赔人员。

（八）进一步完善汽车的强制保险

前已述及，交强险的主要目的是发生交通事故时，受害者得到及时的救助，真正减轻车主与受害者的经济负担。在车主无责任时，通过购买交强险，在对交通事故受害者进行合理救助的同时，被保险人无需承担额外的经济责任。虽然交强险的调整离车主的期望还有较大的差距，但是交强险在实施一年后就进行了调整，这也说明法律在不断完善。由于交强险的责任限额上调，原来由商业三责险承担的部分保险责任转由交强险承担。因此，自 2008 年 2 月 1 日起，与交强险相配套的商业三责险也进行不同程度的降价，费率综合平均下调 17%。该调整对车主实际支付商业三责险保费的影响并不大，但对于保险公司而言，交强险责任限额的提高，连同商业三责险费率的下调，经营压力有所增加。笔者认为，交强险今后改进的重点如下：第一，提高医疗费用类保险金额，切实保障受害人得到更多的救助；第二，取消“无责也要赔偿”的规定，大力推行“互撞自赔”的处理方式；第三，提高财产损失赔偿限额；第四，降低交强险的运营管理费用，加强监管，建立交强险无事故降低保费的机制，鼓励人们遵守交通规则，降低交通事故发生率。

（九）以供给侧改革化解当前矛盾，促进车险改革不断深化

随着商业车险改革的深化和消费者结构的改变，社会公众多样化保险需求与保险行业有效供给不足的矛盾，以及业务规模的不断扩大与服务能力滞后的结构性矛盾日益突出，加强车险市场供给侧改革成为深化商业车险改革的重要任务。因此，建议实行“一抓一放”。所谓“抓”，是指把佣金水平管起来，设置上限水平，从制度层面减少非理性竞争行为，保护消费者权益。当前的佣金水平已经严重偏离和错位，基于现阶段市场实际，依靠保险主体自觉自发进行规范，即使能见效，其周期会较长，代价会很大，最终还是要由消费者买单。所谓“放”，是指对真正有价值、有可行性的新产品、新模式要进一步鼓励，通过创新释放市场活力，满足客户需求，化解行业矛盾。同时，针对改革后客户对小额案件逐步开始不索赔的情形，可考虑建立绝对免赔额和小额案件补偿机制。

（十）针对汽车产业新发展，开发新产品积极应对

未来新能源汽车、二手车、智能网联汽车发展较为迅速，到 2020 年我国新能源汽车年产销量将达到 200 万辆，到 2025 年，新能源汽车产销占比达到 20%以上，即超过

700 万辆，然而行业至今没有针对新能源汽车的专门产品。2016 年，全国二手车交易量达到 1 039 万辆，同比增长 10. 34%，首次突破 1 000 万辆。2017 年全国二手车交易量达到 1 240. 9 万辆，同比增长了 19. 4%，创下了 2011 年以来的最高同比增速。虽然二手车市场在行业规则、评估认证、信息透明等方面仍存在诸多问题，但保险行业可以以二手车质保、残值保险等领域为切入点，深度介入二手车领域，促进二手车市场良性发展。工业和信息化部印发的《促进新一代人工智能产业发展三年行动计划（2018—2020 年）》指出：到 2020 年，建立可靠、安全、实时性强的智能网联汽车智能化平台，形成平台相关标准，支撑高度自动驾驶。这一平台的建成，将是汽车行业的颠覆性变革。新技术必然伴随新风险，智能网联汽车的发展必然为车险改革注入新的活力。

四、我国主要从事汽车保险业务的保险公司简介

目前，国内财产保险公司有 85 家，其中中资保险公司 63 家，外资保险公司 22 家。相当数量的财产保险公司从事汽车保险业务，现介绍 10 家主要的汽车保险公司情况。

1. 平安车辆保险

中国平安保险（集团）股份有限公司（简称“中国平安”）于 1988 年诞生于深圳蛇口，是中国第一家股份制保险企业，至今已发展成为集保险、银行、投资等金融业务为一体的整合、紧密、多元的综合金融服务集团。依托平安综合金融集团的品牌优势，平安一账通客户加挂车险服务，登陆即可查询保单、即时跟踪理赔进度、变更保单信息等，十分方便。平安网上车险还支持手机 WAP 报价，随时随地可以上 WAP 投保，享有与平安网上车险同等的优惠和服务。

2. 中国人保车辆保险

中国人民财产保险股份有限公司（PICCP&C，简称“中国人保财险”）是经国务院同意、中国保监会批准，于 2003 年 7 月由中国人民保险集团股份有限公司发起设立的、目前亚洲最大的非寿险公司，注册资本 136. 0414 亿元。人保车辆保险简称人保车险，是属于中国人民财产保险股份有限公司的业务范围，有 1 小时通知赔付，异地出险、就地理赔，故障车辆免费救援，事故车托管等人保车险专属服务。

3. 太平洋车辆保险

中国太平洋财产保险股份有限公司（简称“太平洋产险”）是中国太平洋保险（集团）股份有限公司旗下的一家专业子公司，为客户提供全面的财产保险产品和服务。中国太平洋财产保险股份有限公司的神行车保机动车辆保险是国内优质的品牌车辆保险。中国太平洋财产保险股份有限公司的神行车保机动车辆保险是国内优质的品牌车辆保险。神行车保机动车保险产品在传统产品的基础上，提供更低的价格、更好的服务。

4. 中华联合车辆保险

中华联合财产保险股份有限公司（简称“中华保险”）始建于 1986 年，是新中国成立的第二家具有法人资格的保险公司，也是全国首家以“中华”冠名的全国性综合保险公司。

5. 大地车辆保险

中国大地财产保险股份有限公司来源于1949年10月成立的原中国人民保险公司，是经中国保监会批准成立，由中国再保险（集团）公司以投资人和主发起人的身份控股设立的全国性财产保险公司。公司成立于2003年10月20日，注册资本金10亿元人民币，总部设在上海。大地车险种类：交通强制险、车辆损失险、第三者责任险、全车盗抢险、车上人员险、玻璃险、划痕险、自然险、不记免赔险。

6. 天安车辆保险

天安保险即天安财产保险股份有限公司是中国第四家财产险保险公司，也是第二家按照现代企业制度和国际标准组建的股份制商业保险公司，成立于1994年12月，至今已有19年历史。总部设在上海浦东，注册资本56.48亿元人民币。天安车险分支机构全国都有，比较全，其管理是比较先进的，是首批股份制保险公司之一。其理赔比较方便，是我国唯一车险盈利的保险公司。天安车险的险种种类比较多，主要包括交强险、车辆盗抢险、车损险、不计免赔、车上人员安全责任险、划痕险、玻璃险、第三者责任险等。

7. 永安车辆保险

永安保险创立于1996年，总部位于陕西省西安市。公司注册资本金26.632亿元，在全国18个省、市、自治区设有各类营业机构778个，其中分公司22个，拥有1.5万余名员工，总资产逾百亿元。开业至今，永安保险积极履行保险经济补偿、资金融通和社会管理职能，努力实践“为客户创造满意，为股东创造财富，为社会创造价值，为员工创造机会”的企业使命，累计实现保费收入330亿元，向各类保险客户支付赔款180亿元，缴纳税费19亿元。永安车险是永安财产保险股份有限公司主要经营产品之一，在车险市场占据着重要的地位。永安车险主要承保因自然灾害和意外事故造成机动车辆本身的损失及被保险人或其允许的合法驾驶人在使用被保险车辆过程中发生意外事故，致使第三者遭受的人身伤亡或财产损失责任。永安车险种类较多，包括机动车辆法定强制保险、机动车第三者责任保险、家庭自用汽车损失保险、非营业用汽车损失保险、营业用汽车损失保险、特种车保险等。

8. 阳光车辆保险

阳光保险，国内七大保险集团之一，成立于2005年7月，集团注册资本金67.1059亿元人民币，由中国石油化工集团公司、中国南方航空集团公司、中国铝业公司、中国外运长航集团有限公司、广东电力发展股份有限公司等大型企业集团发起组建。阳光网上车险承诺凡在阳光官网购买阳光车险的客户均可享受阳光“闪赔”服务（5 000及5 000元以下）的非人伤案件，免单证、报案24小时内赔付，超时百倍罚息的闪赔服务。）同时，与中国消费者协会发起“阳光闪赔车险服务保证金”对阳光“闪赔”服务进行监督。其具有理赔简、环节少、免单证等优点。

9. 安邦车辆保险

安邦保险集团股份有限公司（简称“安邦保险集团”）是中国保险行业大型集团公司之一。安邦保险集团成员公司业务范围涵盖财产险、人寿险、健康险、资产管理、保险销售、保险经纪等多项业务。安邦保险集团下属保险公司在全国31个省市自治区总计拥有 3 000 多个服务网点、1000 多万名客户，是分支机构最全的保险集团之一。安邦汽车保险作为安邦财产保险股份有限公司的一个分支机构，近年来得到了快速的发展。安邦汽车保险的投保量明显增多，给车主提供的服务质量也明显得到提升。

10. 太平车辆保险

太平车险所属于太平保险有限公司，无投保年龄限制，缴费方式为一年一缴。太平车险为不定值保险，分为基本险、一般附加险和特殊附加险，但一般附加险和特殊附加险不能独立保险。保险人按照承保险别分别承担保险责任。保险车辆发生全部损失或灭失，本保险责任终止。

第七节　国外汽车保险制度简介

前一节述及可借鉴国外汽车保险制度的先进经验完善我国的汽车保险制度。事实上，对国外汽车保险制度的了解还可以更加深刻地理解汽车保险制度丰富的内涵，认清其发展趋势。

一、美国汽车保险制度简介

美国的保险业由各州政府行政管辖，因交通事故引起的损害赔偿问题均由各州立法予以规范。美国的机动车保险经过 100 多年的发展（1898 年美国旅行者保险公司签发了美国历史上第一份车辆人身伤害责任保险），已经相当完善，形成了完整的标准化汽车保险单体系。美国汽车保险种类五花八门，各保险公司的险种设置和保险规范也不一样。但是主要险种大同小异，通常分为强制险和非强制险两大类。强制险统称“责任险”，具体包括身体伤害责任险和财产损失责任险两种。非强制险是车主自愿投保的险种，其赔付对象是投保人自己一方的人身、车辆及车内财产损失，一般有以下四种：

第一，个人伤害险：给付驾车人及车内所有乘员的医疗、殡葬费用及因车祸损失的薪金等费用。

第二，无保险或保险不足的驾驶人险：用于事故责任方（对方）无保险或保险保额太低，无法赔付或无法足额赔付非责任方（自己一方）损失时，给付自己一方的损失。换言之，是无过错但有保险一方的保险公司支付本方的身体伤害损失和财产损失。该险种针对不买汽车保险、没有赔付能力的人设立，看起来有些奇特，甚至不公平，但在美国纽约等特殊地区，却是强制险种。

第三，车辆综合险（车辆意外险）：用于给付自己一方除撞车以外的车辆意外损失，如被盗、被抢、被砸、失火或意外损伤等（撞车事故在美国很频发，因此单列险种）。

第四，撞车险：给付撞车时自己一方车辆的损失。

此外，各保险公司还设立名目繁多的辅助险种供车主自由选择，如机械损伤险、道路紧急救援（拖车服务）、租车补偿等。

美国的保险公司向汽车用户提供服务和收费时，在保险相同的条件下，保险公司确定保险费率的依据更多考虑的是人的因素，而不是车的因素。通常保险费的多少随着投保人的年龄、性别、驾驶经验、违规记录、抽烟与否、婚姻状态、居住地点和汽车价值、种类等的不同有着很大差别。因此，同一辆汽车由于投保人或被保险人的不同，保险费率可以相差3倍。一般而言，投保者在上一年既没有出应承担责任的交通事故，也没有由于违章驾驶而被交通法庭罚款的驾驶者，在延长保险合同时，保险费率会在原来的基础上下降10%~15%；反之，保险费率会上升。如投保人在往年投保期间发生理赔事故，则上调其保险费率。上调幅度依事故的大小、投保人应承担责任的轻重、被罚款的多寡而定。交通事故数据分析表明，不同年龄段的驾驶者其交通事故的发生率有着明显的区别，故针对不同的年龄群体保费也有高低：15~26岁青年人，特别是未婚青年，出交通事故的概率最高；60岁以上的老人出交通事故的概率次之；概率最低的是26~59岁的中年人，特别是44~55岁的中年人，这主要是因为中年人有强烈的家庭责任感。因此，在其他条件相同的情况下，保险公司对中年人收取的保费最低，对年轻人，特别是未婚的年轻人收取的保费最高。在美国，成年人几乎人人开车，用一个家庭成员的名字投保的汽车，其他的家庭成员不可能完全不开。因此，保险公司对家庭成员多的车主收取的保险费高。如果一个家庭有多辆汽车在同一个保险公司投保，第一辆之后的汽车可以享受保险费优惠，因为车多，平均每辆车出行的时间相对减少，发生交通事故的概率也相应降低一些。在大城市由于车辆多，交通阻塞严重，发生交通事故的概率要高一些；而在一些中小城市，车稀人少，交通事故发生率要低得多。因此，大城市的汽车保险费率相对较高，而在郊区和农村地区的汽车保险费率较低。

二、英国汽车保险制度简介

英国汽车保险历史悠久，世界上第一张汽车保险单便诞生在英国。车险的保费收入多年来一直是英国财产保险业务的龙头险种，而每个家庭在这个项目上的支出约占家庭总开支的1/10。英国机动车辆保险通过多种因素综合加权的方式确定保费，这种做法一方面更加真实地反映了投保车辆的风险状况，更加注重驾驶员的因素，将代表不同风险的投保对象进行区别对待，可以让消费者在很大程度上体验到缴费的公平；另一方面，对于驾驶记录差、屡次造成事故的司机，高额的保费附加是一种有效的经济惩罚手段，激励消费者养成遵守道路交通法规、安全驾驶的习惯。例如，英国居民生活常识中就包括要尽可能保持“无赔案记录”，当有了一年“无赔案记录”，第二年去保险公司续保时可以获得较大的折扣。为此，被保险人在因一些小事故向保险公司索赔前通常会仔细考虑，看选择获取理赔还是保持“无赔案记录”更为经济。因为驾车一年不出事故可以享受30%的折扣，连续3年安全驾驶将可以得到高达60%的折扣。如果长期保持安全驾驶记录，一年的保险花费只有不到200英镑。这些承保制度客观上实现了防灾防损，减少了事故发生的频率和可能造成损失的严重程度，最大化地体现了保险的社会效益。费率制定的先进技术与信息技术相结合，推动了英国车险市场新的变革。由于采用多因素加权计算保费，很多公司都为此专门设计了计算机数据处理软件，实现信息采集自动化。

三、德国汽车保险制度简介

德国是全球第四大保险市场，在通过 1995—2000 年的第一阶段改革，即初始市场化阶段和 2000 年至今的利润导向阶段的改革，德国保险业的发展已经进入一个相对成熟的阶段。德国的车险业务也是德国非寿险业务的核心。德国保险公司往往将汽车保险分为不同等级，作为核定保险赔偿率的依据。等级越高，说明这种车出问题的概率越低，保险赔偿率就越低。保险等级高的车事先交的保险费用就相对少。以大众 POLO 为例，根据德国汽车工业联合会和保险公司的评价，这款车的保险等级定为 10 级，每年只要交 350 欧元保险费就够了，而同类级别的车一般为 13 级或 14 级，要交 650~700 欧元。因此，据此而定的汽车品牌保险等级在国外早已成为消费者选购汽车时的一个重要参考指标，而国外各大汽车厂商为了保证品牌的市场占有份额，也纷纷把这些问题作为技术课题加以研究解决，以提高自己产品的保险等级。德国新手的保险费按 260%计算，然后逐年递减，最低可减至 35%，但是前提是不出事故。一旦出了事故，第二年的保费率会提高大约 50%。这样的政策一举两得，既鼓励了驾驶员安全驾驶少出事故，又有利于保险公司的盈利。

四、法国汽车保险制度简介

2002 年，法国保险业实现保费收入 1 317 亿欧元，占全球总保费的 4.7%，居美国、日本、英国和德国之后，为全球第五大保险市场。法国有 146 家财产保险公司和相互保险公司经营车辆保险。2002 年，法国车险保费收入为 163 亿欧元，占财产险保费收入的 44%，相当于当年法国国内生产总值的 1%。法国车险市场较为成熟和规范，竞争充分、产品丰富、市场细分度高。其经营区域和范围已经大大超越传统保险的内涵，保险业的社会管理功能愈加突出。例如，保险公司为减少酒后驾车事故发生率，允许客户在因饮酒而不能驾车时，可在保险公司报销一次交通费用。在重大节假日，保险公司会适时在大的娱乐场所进行查验，并对因饮酒不能驾车的客户提供交通服务。有的保险公司内部设立汽车修理研究中心，为客户提供修车价格指导或为汽车修理厂提供技术培训等。在法国，除火车、警车及其他被证明或认可有赔偿能力的机构，如政府部门拥有的车辆外，所有的机动车辆都必须购买第三者责任险。第三者责任险的检查、督察工作主要由交警负责，检查方式就是查看车辆挡风玻璃是否粘有保险单。如果该车没有购买第三者责任险，可罚款并吊销车主驾照，严重者可判监禁。

法国建立了机动车辆交通事故快速处理机制。为充分利用保险公司已有的人力物力，最大限度地满足对事故车辆实施救援和方便理赔的需要，从 1968 年开始，部分保险公司就车辆互碰快速处理机制签订双边合作协议，对损失额较小的交通事故实行快速处理。在此基础上，1997 年 1 月 1 日，法国保险联合会各会员公司签订了《车险公司有关保户赔付及救援的互助协议》（以下简称《互助协议》）。《互助协议》的签订是法国保险业发挥社会管理功能的重要标志。《互助协议》由各会员公司共同制定、共同遵守，包括总则、共同管理办法、事故快速处理办法、争端处理机制等七个部分。法国保险联合会根据《互助协议》设立了专门的调解委员会、执行委员会和道德委员会，负责具体组织推动该项工作。《互助协议》规定，会员公司所承保的机动车辆之间发生碰撞等交通事故仅导致车身损失时，只要损失额不超过 6 500 欧元，交警不会出警，受损车辆所在的保险公司先行直接赔偿并为客户提供代步车等服务，然后各会员公司间再统一结算。

五、日本汽车保险制度简介

日本机动车保险市场 70% 的业务集中在安田火灾、东京海上、住友、三井四大保险公司。日本在 1998 年开始实行汽车保险费率自由化，各保险公司推出了在保险费率和产品内容上存在差异的保险商品。美国国际集团（AIG）属下的 American Home 保险公司 1997 年设计开发出了风险细分型机动车保险，根据每个驾驶员的危险度出示保费，除了考虑现行的机动车种类、事故经历等因素外，还把年龄、地区、性别、车辆使用目的等作为新的费率计算因素，降低危险程度较低驾驶人的保险费，最多可以降低 30%。SECOM U 东洋财产保险公司从 1998 年 12 月开始直接销售成本返还型机动车保险，这个保险产品节省了支付给代理店的手续费，所有投保者的保险费大约降低 20%。

以上国家的汽车保险制度说明，汽车保险保费和汽车保险产品是汽车保险制度中的重要构成内容。依据车、人以及环境的因素推出多种保险产品，厘定不同费率是保险制度发展的趋势，也是汽车保险公司推出新产品的切入点。以上内容正是我国汽车保险业务所缺乏的，是我国汽车保险业需要借鉴与创新的。

案例解析

案例 1-1：北京北二环菜贩下车捡菜被撞，无责司机也要赔偿

菜贩穆某在北京北二环主路上，下车捡其车上掉落的一小盒子柿子椒，被从他身后开过来的车（张先生驾驶）撞飞至二环主路对面车道内。恰遇赵先生驾车由西向东行驶至此，赵先生的车轧过穆某，穆某经抢救无效死亡。北京东城交通支队认定，穆某负主要责任，他的儿子（穆某车上的司机）和撞人的张先生负次要责任，赵先生不承担责任。为此，其家属将两名“肇事”司机张、赵二人及所投保车险的保险公司告上法庭，要求索赔 18 万余元。2007 年 12 月，北京东城法院判决张、赵二人投保的保险公司分别赔偿死亡赔偿金 5 万元，负次要责任的张先生赔偿 5.8 万余元，无责任的赵先生赔偿 1.96 万元。

解析：本案中全无责任的赵先生，在没有任何提示、预警和准备的情况下，因对面违章“飞”到他车轮下的一个人，就要承担责任，未免有些不公。《中华人民共和国道路交通安全法》第七十六条第（二）项规定，机动车发生交通事故造成人身伤亡、财产损失的，由保险公司在机动车第三者责任强制保险责任限额范围内予以赔偿；不足的部分，按照下列方式承担赔偿责任：机动车与非机动车驾驶人、行人之间发生交通事故的，由机动车一方承担责任；但是，有证据证明非机动车驾驶人、行人违反道路交通安全法律、法规，机动车驾驶人已经采取必要处置措施的，减轻机动车一方的责任。这里规定的就是机动车致害非机动车驾驶人或者行人时，不管有无过错均要承担赔偿责任。2007 年 12 月 29 日，《中华人民共和国道路交通安全法》第七十六条由全国人大常委会进行修改，其中第（二）项改为："机动车与非机动车驾驶人、行人之间发生交通事故，非机动车驾驶人、行人没有过错的，由机动车一方承担责任；有证据证明非机动车驾驶人、行人有过错的，根据过错程度适当减轻机动车一方的赔偿责任；机动车一方没有过错的，承担不超过百分之十的赔偿责任。"无过错方 10%的责任充分说明了"违法者一方并非撞了白撞"，毕竟机动车是高速行驶的具有一定危险性的交通工具，非机动车和行人相对于机动车而言处于弱势地位，无过错也要承担一定的责任充分说明了机动车驾驶人应当谨慎驾驶，并充分保障非机动车和行人的安全，相比较非机动车和行人安全而言，机动车驾驶人的道路通行权次之。当然，这并非说明非机动车和行人可以任意违章，他们的违章应当受到行政上的处罚，非用"撞了白撞"取而代之，而且由于他们的违章，自身要承担主要责任。

案例 1-2：居民小区是否属于道路？车犬相撞责任如何认定？保险公司是否赔偿？

某日某市张先生在其居住的某小区内驾车时，不慎将同一小区内王先生的德国长毛犬撞伤，并为医治该犬花去 800 多元。事后，张先生向保险公司报案。保险公司称，车主申请理赔必须有公安交通部门出具的事故责任认定证明或者当地派出所出具的证明材料。而当地交警部门和派出所则分别以"车犬相撞责任难以认定"和"此事不在警方的负责范围内"为由拒绝出具相关证明。张先生几经奔走，却毫无结果。

解析：本案主要是两个问题，一是事故的地点在居民小区，非在道路上；二是车犬相撞责任如何认定及保险公司是否予以理赔？

根据《中华人民共和国道路交通安全法》第一百一十九条的规定，"道路"是指公路、城市道路和虽在单位管辖范围但允许社会机动车通行的地方，包括广场、公共停车场等用于公众通行的场所。由此可知，一般城市居民小区内的道路并不属于法律意义上的道路。与之相应，小区内发生的车祸也不属于道路交通事故，而属于非道路交通事故。在《中华人民共和国道路交通安全法》实施以前关于此类的交通事故由于缺少相应的法律依据，公安交通部门无权对此类案件进行管辖。但是《中华人民共和国道路交通安全法》第七十七条规定："车辆在道路以外通行时发生的事故，公安机关交通管理部门接到报案的，参照本法有关规定办理。"因此，该法实施以后，尽管车辆是在道路以外通行时发生的事故，当事人仍然可以向公安机关交通管理部门报案。交通管理部门应比照交通事故的有关规定进行处理，并出具事故责任认定书。如果当事人双方不能对赔偿问题达成协议，事故责任认定书可作为诉讼的依据。因此，即使发生交通事故的地点不在道路上，只要当事人报案的，交警部门仍应处理。

《中华人民共和国道路交通安全法》第七十六条规定的是对机动车与机动车之间的碰撞和机动车与非机动车、行人之间碰撞的责任承担问题，简言之，即机动车与机动车之间的碰撞采用过错原则，而机动车与非机动车、行人之间的碰撞采用过错推定原则。该规定并没有对车撞动物做出相关规定。事实上，动物不同于固定的财产，车撞动物在责任认定上本质是肇事者与动物所有者之间的责任认定，因此机动车与宠物在道路上发生碰撞时，责任理应由机动车驾驶人和宠物的管理人共同承担。就本案而言，由于事故发生的地点具有一定的特殊性，即居民小区是业主居住生活的地方，机动车驾驶者在小区内行驶时，理应付出比在一般道路上行驶时更高的注意义务。因此，对此类事故进行认定时，交通安全部门除了参照《中华人民共和国道路交通安全法》的一般规定之外，还应考虑居民小区这一事故地点的特殊之处，即除非能证明该事故是由王先生故意唆使其犬造成的，否则张先生就应承担该事故的全部责任。

此外，对于道路交通事故而言，事故责任认定书是保险理赔必不可少的单证。而对于非道路交通事故，保险公司一般要求提供“相应的事故证明”即可，被保险人（车主）可以请求公安交通部门、当地派出所或政府部门出具事故证明或者相关现场笔录，据此向保险公司索赔。针对保险公司没有“公安交通部门出具的事故责任认定证明或者当地派出所出具的证明”就不能理赔的说法，被保险人（车主）可以通过诉讼的方式进行解决。事实上，有些事故的发生，若属于保险责任范畴，只需保险公司查勘人员到现场取证即可，无需报警，既然没有报警，也就不存在事故责任认定书。

案例 1-3：水泥泵车飞石伤人，保险公司应予理赔

2010 年 6 月 14 日，陈某在成都市双流县一建筑工地被高某驾驶的水泥泵车碾扎起的石头砸伤背部，结果造成其脾脏受伤并切除。后经四川华西法医鉴定中心鉴定，陈某属六级伤残。该事故经双流县交警部门认定，由高某承担全部责任。陈某提起诉讼，要求司机高某、高某雇主以及水泥泵车登记车主某租赁公司赔偿其医疗费、误工费、残疾赔偿金共计 22 万余元，并要求水泥泵车所投保的某保险公司在其保险责任限额内承担赔偿责任。保险公司则认为，事故发生地点系建筑工地，是不允许社会车辆通行的区域，因此事故应属于一般意外事故，不应按照交通事故予以处理。

解析：水泥泵车作为特种车辆，其用途主要是特殊作业而非上道路行驶，而特种车辆发生事故又多是在特殊作业过程中。如果将特种车辆的保险范围限定在公共道路上，便违背了保险的宗旨，将不利于保护投保人及受害人的合法权益。因此，法院判定，保险公司在交强险范围内赔偿伤者陈某 12 万元，超出的 3 000 余元在商业第三者险限额内支付。

案例 1-4：驾驶无照汽车危害大，甚至构成犯罪

2011 年 1 月，张某和侄女赵某花 30 多万元合买了一辆红色奥迪 A4 轿车，当天在 4S 店购买了交强险、商业三者险、车损险等多项保险，支付首次保费 1 万余元。同年 2 月 11 日，张某申请了有效期为 15 天的临时牌照。过了一个月，张某驾驶奥迪车在路口准备右转弯时，适逢韩某驾驶电动自行车闯红灯过马路，张某避让不及，两车相撞。此时张某应及时停车，但张某错将油门当刹车猛踩，致使车辆失控冲上人行道，正常行走的夏某被撞倒，奥迪车直到猛撞电线杆后才停下。夏某因伤势过重 3 天后死亡。交警部门对于这起事故做出认定：张某因操作不当负事故主责，韩某闯红灯负次要责任，夏某无责。夏某的遗孀和子女就赔偿问题向法院提起诉讼，上海市闵行区法院最终认定：张某和赵某在交强险外对夏某亲属的合理损失承担 80%的赔偿责任，韩某承担 20%的责任，判决张某和赵某赔付夏某亲属 56 万余元。由于事故发生时车辆的临时牌照已经过期，检察院指控张某构成交通肇事罪，向法院起诉，法院考虑到张某有自首情节，事后又积极赔偿受害人家属，对张某从轻处罚，判处其有期徒刑 10 个月，缓刑一年。在我国，无牌驾驶属于法律明令禁止的行为。2011 年修订的《中华人民共和国道路交通安全法》第八条明确规定："国家对机动车实行登记制度。机动车经公安机关交通管理部门登记后，方能上道路行驶。尚未登记的机动车，需要临时上道路行驶的，应当取得临时通行牌证。"

解析：张某在临时牌照过期长达 20 多天的时间里再未申领，应当为其无牌驾驶行为承担全部责任。保险公司以驾驶员无牌驾驶为由拒绝支付保险款项，获得了法院支持。理由是：商业三者险和机动车损失险条款中都明确约定发生保险事故时，被保险机动车无公安机关交通管理部门核发的行驶证或号牌，发生意外事故时，保险人不负责赔偿。本案的一个重要启示是驾驶无牌照汽车有可能构成犯罪。一些车主在购买新车后不急于上牌照，这样即使有违章摄像头也抓拍不到，高速公路上更是可以大胆行驶。殊不知，这增加了危险程度。目前，在许多城市上车牌需要考虑邮寄车牌照的时间，不是选完车牌号后马上可以上牌照的。通常情况下，新车使用临时牌照不得超过 15 天，新车临时牌照可以延期，最多能延期 3 次 21 天。车主应及时向车辆管理机关申请使用正式牌照。临时牌照过期后，会面临暂扣车辆、罚款 200 元、扣 3 分的处罚决定，出现交通事故后不仅保险公司可能不会理赔，车主还有可能承担刑事责任。

第二章　汽车保险原则

保险原则是在保险发展的过程中逐渐形成并被人们公认的基本准则。这些原则作为人们进行保险活动的准则，始终贯穿于整个保险业务。坚持这些基本原则有利于维护保险双方的合法权益，更好地发挥保险的职能和作用，有利于保障人们的生活安定、社会进步。保险原则主要有：保险利益原则、最大诚信原则、近因原则、损失补偿原则与由损失补偿原则派生出来的代位原则和重复保险的分摊原则。汽车保险作为财产保险中的一种，当然也要遵守这些保险的基本原则。然而，由于汽车保险不同于其他财产保险，汽车保险在适用以上原则时又具有汽车保险的特殊性。

第一节　保险利益原则

保险利益原则是汽车保险的基础性原则，只有具备了保险利益，投保人才能进行投保，也只有具备保险利益的人，在出现保险事故后，方可向保险人请求理赔。

一、保险利益原则的涵义

保险利益原则是保险行业中的一个基本原则，又称可保利益原则或可保权益原则。保险利益是指在保险事故发生时，可能遭受的损失或失去的利益，是保险法律关系的基本要素。《中华人民共和国保险法》（简称《保险法》）第十二条规定："保险利益是指投保人或者被保险人对保险标的具有的法律上承认的利益。"可见，保险利益的本质是法律所确认的利益，是否属保险利益应有法律的明示。我国《保险法》第十二条还规定："财产保险的被保险人在保险事故发生时，对保险标的应当具有保险利益。"在订立和履行保险合同的过程中，投保人或被保险人对保险标的必须具有可保利益，如果投保人对保险标的不具有可保利益，签订的保险合同无效；或者保险合同生效后，投保人或被保险人失去了对保险标的的可保利益，保险合同也随之失效。保险标的转移，保险利益同时转移，原投保人和保险人订立的保险合同可以转让给受让人，发生保险事故时，拥有保险利益者（被保险人）才具有保险赔偿请求权。

二、保险利益原则的法律意义

保险合同的成立以保险标的和与之相关联的利益为要件，保险利益原则具有以下三个方面的法律意义：一是排除投保人利用保险进行赌博的可能性；二是防止诱发道德危险；三是保险利益是保险人补偿保险标的损害的最高限额，即无论保险标的的损失的价值有多大，被保险人所能获得的补偿程度，要受保险利益的限制。

三、汽车保险利益原则的涵义及特点

汽车保险利益是指投保人对汽车所产生的实际上或法律上的利益，如果这种利益丧失将使之蒙受经济损失。汽车保险利益具有如下特点：

第一，汽车保险利益是投保人对汽车及汽车引起的责任具有经济上的价值。

第二，汽车保险利益得到法律上的允许或认可。

第三，汽车保险利益能够用货币进行估价或约定。

四、汽车保险利益的表现形式

汽车保险利益具体表现在财产利益、收益利益、责任利益与费用利益四个方面。财产利益包括汽车的所有利益、占有利益、抵押利益、留置利益、担保利益及债权利益；收益利益包括对汽车的期待利益、营运收入利益、租金利益等；责任利益包括汽车的民事损害赔偿责任利益；费用利益是指施救费用利益及救助费用利益等内容。

五、汽车保险利益的分类

汽车保险利益有以下几种：

（一）汽车所有权人对其所拥有的汽车具有保险利益

通常情况下，汽车所有权人对其所拥有的汽车进行投保，汽车所有权人变更，保险利益随之转移。

（二）汽车抵押权人对抵押的汽车具有保险利益

汽车抵押后，抵押人未丧失对汽车的所有权，抵押人对汽车仍具有保险利益。然而，抵押权人为实现自己的债权，对抵押物——汽车也享有保险利益。若被抵押的汽车发生保险事故，导致全损，保险公司予以理赔后，抵押权人有获得保险赔偿金的权利。当然，如果保险的赔偿金大于抵押权人的债权数额，则多出部分归抵押人所有。

（三）汽车保管人对其保管的汽车具有保险利益

停车收费，车辆管理者对车辆具有妥善看管的义务。若因管理者看管不善，导致车辆损毁或丢失，其负有相应的赔偿责任，赔偿后管理者有权向保险人要求相应的保险赔偿金。

（四）汽车被保险人对第三者所负的经济赔偿责任具有保险利益

由于被保险人的过失行为或不当行为造成他人的人身伤害或物质损失，被保险人依法应当负有经济赔偿责任，被保险人对该责任具有保险利益。

（五）合格驾驶者对其合法驾驶的车辆具有保险利益

非车主驾驶车辆是车主允许的合格驾驶员，或汽车保险合同约定的驾驶员，在发生保险事故时，允许的合格驾驶员有权要求保险人理赔，因其对驾驶车辆具有保险利益。

（六）汽车租赁人对所租赁的汽车具有保险利益

这一保险利益关系的产生前提是租赁合同。类似地，还有雇佣关系，即受雇人对其使用的机动车具有保险利益；委托关系，即汽车运输人对其所承运的汽车具有保险利益。

第二节 最大诚信原则

诚实信用原则起源于罗马法，是世界各国调整民事法律关系的一项基本准则。诚实信用是指当事人在从事民商事活动时，应讲究诚实，恪守信用，善意地、全面地履行其义务。由于保险法律关系伴随着明显的偶然性特点，所以对诚实信用的要求更高，当事人必须遵守最大诚实信用原则，即当事人要向对方充分而准确地告知有关保险的所有重要事实，不允许存在任何虚伪、欺骗和隐瞒行为。在保险法律关系中，“重要事实”是指对保险人决定是否承保、以何条件承保起影响作用的事实以及对投保人决定是否投保、以何种条件投保起影响作用的事实。因此，保险法律关系当事人订立保险合同及在合同的有效期内，应向对方提供影响对方做出是否缔约及缔约条件的全部重要事实，同时信守合同订立的约定与承诺。否则，受到损害的一方，按民事立法规定可以此为由宣布合同无效，或解除合同，或不履行合同约定的义务和责任，甚至对因此受到的损害可以要求对方予以赔偿。2002 年 10 月 28 日，第九届全国人民代表大会常务委员会第三十次会议做出《关于修改〈中华人民共和国保险法〉的决定》，增加了第五条：“保险活动当事人行使权利、履行义务应当遵循诚实信用原则。”自此，诚实信用原则正式进入我国《保险法》。

保险最大诚信原则在保险合同中应该对保险当事人双方都有约束，但在实际中，由于保险车辆掌握在被保险人或投保人手中，所以最大诚信原则对投保人或被保险人的约束要大于对保险人的约束。

一、最大诚信原则对投保人的要求

最大诚信原则贯穿于投保人自协商、订立保险合同到保险理赔的各个阶段，主要包括如实告知义务、履约保证、禁止隐瞒和欺诈。

（一）如实告知义务

告知义务要求投保人在保险合同订立时，将有关保险标的事实向保险人做如实的陈述。投保人的陈述事项应当全面、真实、客观，不能故意隐瞒，更不能编造虚假情况欺骗保险人。如实告知义务为投保人在订立保险合同时必须履行的基本义务。

1. 应当告知的事项

（1）投保时应当告知的事项。在惯例中，凡能影响一个正常的、谨慎的保险人决定是否接受承保，或者据以确定保险费，或者是否在保险合同中增加特别约定条款的事实，均属“重要事实”。据此，必须告知的重要事实包括：所投保的风险大于人们通常预计的事项；导致预期损失金额大于通常估算金额的事项；与保险标的有关的全部事实。

（2）保险标的转让时的告知义务。我国《保险法》第四十九条规定：“保险标的转让的，被保险人或者受让人应当及时通知保险人，但货物运输保险合同和另有约定的合同除外。因保险标的转让导致危险程度显著增加的，保险人自收到前款规定的通知之日起三十日内，可以按照合同约定增加保险费或者解除合同。”

（3）保险合同有效期内保险标的的危险程度显著增加时的告知义务。我国《保险法》第五十二条规定：“在合同有效期内，保险标的的危险程度显著增加的，被保险人应当按照合同约定及时通知保险人，保险人可以按照合同约定增加保险费或者解除合同。”

（4）保险事故发生时的告知义务。我国《保险法》第二十一条规定：“投保人、被保险人或者受益人知道保险事故发生后，应当及时通知保险人。”

2. 告知义务的履行方式

履行告知义务的履行方式首先涉及是主动告知还是被动告知。主动告知是不经过询问，投保人将与保险公司决定是否承保及费率高低有关的重要情况告知保险公司。如果有隐瞒不告知或者告知不实，投保人、被保险人和受益人要承担相应的法律后果。被动告知是只有在保险公司询问的情况下，投保人才有义务如实告知。保险人没有询问的，投保人就没有告知的义务。根据《保险法》第十六条的规定，我国适用的是被动告知。保险公司可以要求投保人填写保险公司印制的投保单，作为对如实告知义务的履行，也可以就投保单之外的有关事项进行询问。无论这种补充询问是书面的还是口头的，投保人都应当如实告知。

3. 违反告知义务的形式及后果

违反如实告知义务的客观要件是告知义务人不告知有关重要事项或对有关事项作不实说明。违反告知义务通常有四种表现形式：一是漏报，即由于疏忽、过失而未告知，或者对重要事实误认为不重要而未告知；二是误告，即由于对重要事实认识的局限性，包括不知道、了解不全面或不准确而导致，并非故意欺骗；三是隐瞒，即投保人对会影响保险人决定是否承保，或影响承保条件的已知或应知的事实没有如实告知或仅部分告知；四是欺诈，即投保人怀有不良企图，故意作不实告知。投保人违反如实告知的主观形式可以表现为过失和故意两种。投保人虚假告知的原因可能出于故意，也可能出于过失，只要投保人告知的内容与事实不符，即可认为违反告知义务。

违反如实告知义务的法律后果，要么是保险人有权解除合同，要么是保险人不承担赔偿保险金的责任。

如果投保人未能如实告知，且保险人因此在决定是否签订契约和以何种条件订立契约时发生了错误估计，或者说投保人违反如实告知义务与保险人订立合同之间有因果关系时，保险人可以解除合同。需要说明的是，保险人有权解除合同只是保险人的一项法定权利，权利的依法享有与权利的正确行使并非同一的。对于投保人违反如实告知义务后订立的保险合同，保险人可以解除该保险合同，也可以放弃解除权，还可以加收保险费或减少保险金额而使保险合同继续有效。如果保险人选择解除合同，应当在一定期间内行使。

我国《保险法》第十六条规定：“投保人故意或者因重大过失未履行前款规定的如实告知义务，足以影响保险人决定是否同意承保或者提高保险费率的，保险人有权解除合同。前款规定的合同解除权，自保险人知道有解除事由之日起，超过三十日不行使而消灭。自合同成立之日起超过二年的，保险人不得解除合同；发生保险事故的，保险人应当承担赔偿或者给付保险金的责任。投保人故意不履行如实告知义务的，保险人对于合同解除前发生的保险事故，不承担赔偿或者给付保险金的责任，并不退还保险费。投保人因重大过失未履行如实告知义务，对保险事故的发生有严重影响的，保险人对于合同解除前发生的保险事故，不承担赔偿或者给付保险金的责任，但应当退还保险费。”

我国《保险法》第二十一条规定：“故意或者因重大过失未及时通知，致使保险事故的性质、原因、损失程度等难以确定的，保险人对无法确定的部分，不承担赔偿或者给付保险金的责任，但保险人通过其他途径已经及时知道或者应当及时知道保险事故发生的除外。”

我国《保险法》第四十九条规定：“被保险人、受让人未履行本条第二款规定的通知义务的，因转让导致保险标的危险程度显著增加而发生的保险事故，保险人不承担赔偿保险金的责任。”

我国《保险法》第五十二条规定：被保险人未履行前款规定的通知义务的，因保险标的的危险程度显著增加而发生的保险事故，保险人不承担赔偿保险金的责任。

4. 汽车投保人的如实告知义务

汽车投保人在与保险人订立汽车保险合同时应当如实告知汽车的基本信息和状况，具体包括号牌号码、厂牌型号、车辆识别码（VIN 码）、车架号、发动机号、新车购置价、使用性质、行驶区域等。对保险人就车辆信息的提问，投保人应当如实告知。

在被保险车辆因改装、加装、改变使用性质等导致危险程度显著增加以及转卖、转让、赠送他人的，应书面告知保险人并办理变更手续。车辆投保人、被保险人在知道保险事故发生后应及时通知保险人，若未及时通知（通常要求在保险事故发生后 48 小时内通知），造成损失无法确定或扩大部分，保险人通常不承担赔偿责任。

（二）履约保证

保证是保险人要求投保人或被保险人在保险期间对某一事项的作为与不作为、某种事态的存在或不存在做出的许诺。保证的目的在于控制危险，确保保险标的及其周围环境处于良好的状态。

1. 保证与告知的区别

保证是保险合同内容的重要组成部分，除默示保证外，均须列入保险单或其附件中，而告知并不是保险合同的内容；保证是对某一特定事项的作为与不作为的承诺，而不是对整个保险合同的保证；保证的目的在于控制危险，而告知则在于使保险人能够正确估计其所承担的危险；保证必须严格遵守，告知则只有当保险人证明其不真实时才由投保人承担法律后果。

2. 保证的形式

保证通常可分为明示保证和默示保证两种形式。明示保证是在保险合同明确记载的、成为合同组成部分的保证条款和其他保证事项。明示保证以文字的规定为依据，是保证的重要形式。明示保证又可分为认定事项保证和约定事项保证。前者所保证事项涉及过去与现在，它是投保人对过去或现在某一特定事实存在或不存在的保证。后者所保证事项是投保人对未来某一特定事项的作为或不作为，其保证的事项涉及现在和将来。

默示保证是指保证内容虽没有记载于保险合同之中，但由于社会习惯公认或法律规定投保方必须保证的事项。默示保证内容通常是以往法庭判决的结果，也是某行业习惯的合法化，与明示保证一样对被保险人具有约束力。一般存在于海上保险中。按照 1906 年英国《海上保险法》的规定，海上保险的默示保证主要有两条：合法保证和适航保证。通常要求船主在投保时保证船舶的构造、设备、驾驶管理员等都符合安全标准，适合航行。保险的船舶要按预定的或习惯的航线航行，除非因躲避暴风雨或救助他人才允许改变航道；保险的船舶保证不进行非法经营或运输违禁品等。

3. 汽车投保人的保证

汽车的投保人、被保险人及其驾驶员应当做好保险车辆的维护、保养工作，使其保持安全行驶的技术状态。

(三) 禁止隐瞒和欺诈

隐瞒是指本应告知却没有告知；欺诈是指告知虚假的信息。我国《保险法》第二十七条规定：“未发生保险事故，被保险人或者受益人谎称发生了保险事故，向保险人提出赔偿或者给付保险金请求的，保险人有权解除合同，并不退还保险费。投保人、被保险人故意制造保险事故的，保险人有权解除合同，不承担赔偿或者给付保险金的责任；除本法第四十三条规定外，不退还保险费。保险事故发生后，投保人、被保险人或者受益人以伪造、变造的有关证明、资料或者其他证据，编造虚假的事故原因或者夸大损失程度的，保险人对其虚报的部分不承担赔偿或者给付保险金的责任。投保人、被保险人或者受益人有前三款规定行为之一，致使保险人支付保险金或者支出费用的，应当退回或者赔偿。”依据《保险法》第一百七十六条规定，投保人故意虚构保险标的，骗取保险金的，投保人、被保险人或者受益人编造未曾发生的保险事故，或者编造虚假的事故原因或者夸大损失程度，骗取保险金的，或者故意造成保险事故，骗取保险金的，尚不构成犯罪的，依法给予行政处罚，若构成犯罪的，则依法追究相应的刑事责任。

就汽车保险而言，投保人在投保车辆险时不应当告知保险人虚假的信息，也不应当隐瞒应当告知的信息。投保人、被保险人及其驾驶员不得谎报保险事故，不得故意制造保险事故，也不得伪造、变造相关证明或资料，不得编造虚假事故原因或夸大损失程度。

二、最大诚信原则对保险人的要求

最大诚信原则对保险人的要求包括保险人的说明义务、禁止隐瞒和欺诈、弃权与禁止反言。

(一) 说明义务

保险人的说明义务如同投保人的如实告知义务一样，要求保险人在订立保险合同时，应当向投保人说明保险合同条款内容，特别是说明免责条款内容。如果保险人未尽说明义务，就构成说明义务的违反，并不要求存在主观过错。这是因为保险合同当事人对保险合同处于一种明显的信息不对称的地位。保险人作为专业的保险商，对保险了解甚多，而投保人却相对不知或知之甚少，甚至对一些基本保险术语都难以理解。如果保险人不对合同条款予以说明解释，投保人难以知晓合同内容，就可能损害投保人利益，有悖公平原则。同时，保险合同是格式合同，其条款的内容事先已由保险人拟定，被保险人或投保人只有同意与否的权利。

1. 说明的内容

我国《保险法》第十七条规定："订立保险合同，采用保险人提供的格式条款的，保险人向投保人提供的投保单应当附格式条款，保险人应当向投保人说明合同的内容。"《中华人民共和国合同法》（以下简称《合同法》）第三十九条规定："采用格式条款订立合同的，提供格式条款的一方应当遵循公平原则确定当事人之间的权利和义务，并采取合理的方式提请对方注意免除或者限制其责任的条款，按照对方的要求，对该条款予以说明。"除此以外，投保人询问的任何事项，不论该内容是否具有歧义，只要投保人对其有疑问，保险人就应当如实说明。对于专业术语，保险人应当主动说明。

2. 违反说明义务的后果

保险人违反说明义务时，则相关内容不发生效力，保险人也不得免责。我国《保险法》第十七条规定："对保险合同中免除保险人责任的条款，保险人在订立合同时应当在投保单、保险单或者其他保险凭证上作出足以引起投保人注意的提示，并对该条款的内容以书面或者口头形式向投保人作出明确说明；未作提示或者明确说明的，该条款不产生效力。"

在实践中，"明确说明"要根据具体情况进行判断。如果投保人和保险人对之有异议，要由仲裁机关或者法院对保险人的"说明"进行判断，以确定保险合同中的除外责任是否有效。因此，在保险实务中，保险人对于责任免除条款应当特别提示并给出明确说明，最好让投保人签字认可其已经履行了明确说明义务。这样可以避免保险合同纠纷出现后，投保人以此为由主张责任免除条款无效。

（二）禁止隐瞒和欺诈

依据《保险法》第一百一十六条的规定，保险公司及其工作人员在保险业务活动中不得欺骗投保人、被保险人或者受益人，不得对投保人隐瞒与保险合同有关的重要情况，不得阻碍投保人履行保险法规定的如实告知义务或者诱导其不履行保险法规定的如实告知义务，不得给予或者承诺给予投保人、被保险人、受益人保险合同约定以外的保险费回扣或者其他利益。违反这一规定，由保险监督管理机构责令改正，处50 000元以上300 000元以下的罚款，情节严重的，限制其业务范围，责令停止接受新业务或者吊销业务许可。就汽车保险而言，保险人同样得遵守这些规定。因此，在机动车保单中往往有"重要提示"一栏，在这一栏中，保险人往往会注明："请详细阅读承保险种对应的保险条款，特别是责任免除、投保人、被保险人义务、赔偿处理和附则。"

（三）弃权与禁止反言

弃权与禁止反言是指保险合同的一方当事人放弃其在保险合同中可以主张的权利，通常是指保险人或其代理人对投保人或被保险人的不实告知、违反保证行为行使的权利，放弃了合同解除权与抗辩权，将来就不得再向对方主张这种权利。构成弃权必须具备两个要件：一是保险人有弃权的意思表示。这种意思表示可以是明示的，也可以是默示的。保险人弃权的意思表示也可从其行为中推知，当保险人知道被保险人有违背约定义务的情况，而仍然实施相应的法律行为，即可认为其默示弃权。二是保险人必须知道有权利存在。保险人知道投保人有违背约定义务的情况，因而享有抗辩权或解约权，其作为或不作为视为抛弃。在保险实践中，禁止反言主要用于约束保险人，其目的是保护信赖对方的当事人，是诚信原则的构成部分。我国《保险法》第十六条规定："保险人在合同订立时已经知道投保人未如实告知情况的，保险人不得解除合同；发生保险事故的，保险人应当承担赔偿或者给付保险金的责任。"

在汽车保险实践中，下列行为常被认定为"弃权"：

第一，对未经年检的汽车同意投保的。

第二，投保人逾期缴纳保费而保险人接受的。投保人未按期交付保险费，或违背其他约定义务，保险人就可以解除保险合同。但是，如果保险人收受投保人逾期交付的保险费，或明知投保人有违背约定义务的情形，仍收受保险费的，就足以证明保险人有继续维持合同的意思。因此，其本应享有的合同解除权、终止权及其他抗辩权均视为放弃。

第三，保险事故发生后，保险人明知有拒绝给付的抗辩权，但仍无条件予以接受的。例如，投保人、被保险人或受益人在保险事故发生时，应于约定或法定期限内通知保险人。如果投保人、被保险人或受益人逾期通告而保险人仍接受，可视为是对逾期通告抗辩权的放弃。保险人知道投保人提供虚假的或有瑕疵的损失证明却无条件接受的，即足以构成抗辩权的放弃。

第三节　近因原则

近因原则是为了明确事故与损失之间的因果关系，认定保险责任而专门设立的一项基本原则。在国际保险市场中，近因原则是必不可少的法律原则。自从英国 1906 年《海上保险法》第五十五条全面规定这一原则至今，它几乎为各国保险法所接受，确立为一项重要的法律原则。

一、近因原则的涵义

近因原则是指保险人对于承保范围的保险事故作为直接的、最接近的原因所引起的损失，承担保险责任，而对于承保范围以外的原因造成的损失，不负赔偿责任。按照该原则，承担保险责任并不取决于时间上的接近，而是取决于导致保险损失的保险事故是否在承保范围内，如果存在多个原因导致保险损失，其中起决定性、最有效的以及不可避免会产生保险事故作用的原因是近因。当多种风险成为引起损失的原因时，判断其中哪一个为近因，国际上通常采用两种方法。第一种是顺推法，即从最初事件出发，按逻辑推理，下一步将发生什么。若最初事件导致了第二事件，第二事件又导致了第三事件……如此推理，导致最终事件，那么最初事件即为最终事件的近因。若其中两个环节间无明显联系，或出现中断，则其他事件为致损原因。第二种是逆推法，即从损失开始，自后往前推理，为什么会发生这样的情况，若追溯到最初事件，且系列完整，则最初事件即为近因，若推理出现事件中断，则其他原因为致损原因。

我国《保险法》并未明文规定近因原则，但是根据该法第二十二条至第二十四条的规定，投保人、被保险人或者受益人在保险事故发生后应当向保险人提供与确认保险事故的性质、原因、损失程度等有关的证明资料，保险人应当及时予以核定，对属于保险责任的履行保险责任；对不属于保险责任的，应当向被保险人或者受益人发出拒绝赔偿或者拒绝给付保险金的通知。这些规定体现出了近因原则的精神。此外，最高人民法院2003年12月9日发布的《关于审理保险纠纷案件若干问题的解释（征求意见稿）》第十九条规定人民法院对保险人提出的其赔偿责任限于以承保风险为近因造成损失的主张应当支持。近因是指造成承保损失起决定性、有效性的原因。

二、近因原则在保险领域中的适用

根据近因原则的要求，认定近因的关键在于寻找致损的因果关系。对此，各国保险实践逐渐总结出若干行之有效的规则，用于近因的认定，作为确定保险人是否承担保险责任的根据。

（一）单一原因导致的损失

如果导致保险标的损失仅限于一个原因，该原因即为近因，那么认定保险人是否承担保险责任，则取决于该致损原因是否属于保险合同约定的保险事故。如果是，则保险人应当承担保险责任；如果不是，则保险人不承担保险责任。

（二）多种原因导致的损失

如果是由于多种原因导致保险标的损失的，就应当从多种致损原因中确认处于支配地位、具有决定性作用的原因作为近因。具体到保险实务中，认定多种原因导致损失有如下几种情形：

第一，如果多种原因同时发生，则均属于致损的近因，而保险责任的认定应当区别对待。若致损的多种原因均属于保险合同约定的保险事故，则保险人应当承担全部保险责任；若致损的多种原因均属于责任免除的，则保险人不承担保险责任；若致损的多种原因中，有的属于保险事故，有的属于责任免除，则保险人对于可以区分责任范围的，仅承担保险责任范围内的赔偿责任，而不能区分责任范围的，双方可以协商赔付范围。

第二，如果多种原因连续发生而导致损失的，一般认定最近的具有决定作用的原因为近因。但是后因是前因的合理延续或者直接的必然结果时，则前因属于近因。因此，若多种原因均属于保险事故，则保险人承担全部保险责任；若多种原因均属于责任免除，则保险人不承担保险责任；若多种原因中的前因属于保险事故，后因属于责任免除，则前因构成近因，保险人承担保险责任；若多种原因中的前因属于责任免除，后因属于保险责任，则构成近因的前因属于责任免除，保险人不承担保险责任。

第三，如果多种原因间接发生导致损失的，其特点在于前因与后因是中断的，两者不相关联，后因并非前因的直接的必然结果，而是一个独立的原因，从而该后因构成近因。如果该后因属于保险责任，保险人承担保险责任；如果该后因属于责任免除，保险人不承担保险责任。

（三）近因原则在汽车保险中的应用

近因原则在汽车保险中应用广泛，且遵循以上规则。需强调指出的是近因原则指的是最有效、起决定性作用的原因。若近因属汽车保险责任范畴，则汽车保险人按合同的约定和相关规定予以理赔；若近因不属于汽车保险责任范畴，则汽车保险人不予理赔；若事故原因既有汽车保险责任，又有除外责任，则除外责任为近因，保险人不予理赔。

第四节　损失补偿原则

损失补偿原则是财产保险处理赔偿时的一项基本原则。人身保险采用定额给付保险金的原则，不适用补偿原则，因为人的生命健康本身是无价的。损失补偿原则是指当保险事故发生时，被保险人从保险人所得到的赔偿应正好填补被保险人因保险事故所造成的保险金额范围内的损失。通过补偿，使被保险人的保险标的在经济上恢复到受损前的状态，不允许被保险人因损失而获得额外的利益。损失补偿原则的实现方式通常有现金赔付、修理或更换、重置三种。

现金给付是财产保险最常见损失补偿方式。这种方式简单方便，结案迅速，深受欢迎，如第三者责任保险中的人身伤害赔偿。修理或更换是指对遭受损害部分进行维修或更换部件，使其恢复原状，如车辆遭受损害给予的修理。重置是指保险人重新购置与保险标的相同或相似的物品给予被保险人作为补偿，如汽车玻璃破碎的赔偿。

一、损失补偿原则的限额

损失补偿应有一定的限额，具体如下：

（一）经济补偿应以实际损失为限

保证被保险人按保险合同约定，能够获得充分保障，若是足额保险，损失额多少就会得到多少保险补偿。

（二）以保险金额为限

保险金额是保险人给予理赔的最高限额，对于足额保险合同，保险人按照保险金额赔偿；对于不足额保险合同，保险人按照相应的比例赔偿。被保险人获得的最高保险赔款应恰好是使保险标的恢复到保险事故发生之前的状态，这一赔付不得超过保险金额。

（三）以保险利益为限

因为保险赔偿以保险标的损失为限，且在保险金额以内，所以被保险人不能因保险赔款获得额外利益，即超过财产实际损失的利益。

二、损失补偿的范围

损失补偿的范围包括实际损失、合理费用和其他费用。实际损失是指通过计算受损财产的实际现金价值计算的损失，包括直接损失和间接损失，补偿损失的最高金额以保险金额为限。合理费用主要是指被保险人合理的施救费用和诉讼费用等。其他费用主要是指为确定保险责任范围内的损失所支付的检验、估价、出售的费用。

三、损失补偿原则在汽车保险中的应用

汽车保险中保险人理赔的种类主要包括车辆的损失、车辆上财产的损失、车上人员的损害、第三者人身及健康的损害、第三者财产的损失等。对这些损失的赔偿应当遵循补偿原则。此外，被保险机动车发生意外事故，致使第三者停业、停驶、停电、停水、停气、停产、通信或者网络中断、数据丢失、电压变化等造成的损失以及其他各种间接损失，保险人亦不负赔偿责任。

第五节　代位原则

代位原则是从损失补偿原则中派生出来的，只适用于财产保险，是指保险人依照法律或保险合同的约定，对被保险人遭受的损失进行赔偿后，依法取得向对损失负有责任的第三者进行追偿的权利，或取得被保险人对保险标的的所有权，也称为权益转让原则，包括代位追偿权和物上代位权。

一、代位追偿权

（一）代位追偿权产生的条件

我国《保险法》第六十条规定："因第三者对保险标的的损害而造成保险事故的，保险人自向被保险人赔偿保险金之日起，在赔偿金额范围内代位行使被保险人对第三者请求赔偿的权利。"由此可见，代位追偿权的行使必须具备以下三个条件：

第一，保险标的损失必须是由第三者造成的；

第二，保险标的的损失是保险责任范围内的损失；

第三，代位追偿权的产生必须在保险人给付保险金之后。

保险事故发生后，被保险人已经从第三者取得损害赔偿的，保险人赔偿保险金时，可以相应扣减被保险人从第三者已取得的赔偿金额。保险人依法行使代位请求赔偿的权利，不影响被保险人就未取得赔偿的部分向第三者请求赔偿的权利。

（二）代位追偿权对被保险人的要求

我国《保险法》第六十一条规定："保险事故发生后，保险人未赔偿保险金之前，

被保险人放弃对第三者请求赔偿的权利的，保险人不承担赔偿保险金的责任。保险人向被保险人赔偿保险金后，被保险人未经保险人同意放弃对第三者请求赔偿的权利的，该行为无效。被保险人故意或者因重大过失致使保险人不能行使代位请求赔偿的权利的，保险人可以扣减或者要求返还相应的保险金。”我国《保险法》第六十三条规定：“保险人向第三者行使代位请求赔偿的权利时，被保险人应当向保险人提供必要的文件和所知道的有关情况。”

（三）代位追偿权的范围限制

我国《保险法》第六十二条规定：“除被保险人的家庭成员或者其组成人员故意造成本法第六十条第一款规定的保险事故外，保险人不得对被保险人的家庭成员或者其组成人员行使代位请求赔偿的权利。”

二、物上代位权

物上代位权指保险标的在发生保险责任事故遭受损失后，在履行了对被保险人的赔偿义务后，保险人就代位取得对受损的保险标的的所有权。若保险人在处理标的物时得到的利益超过赔偿的金额，此利益属于保险人所有。我国《保险法》第五十九条规定：“保险事故发生后，保险人已支付了全部保险金额，并且保险金额等于保险价值的，受损保险标的的全部权利归于保险人；保险金额低于保险价值的，保险人按照保险金额与保险价值的比例取得受损保险标的的部分权利。”

三、代位原则在汽车保险中的应用

在汽车保险中代位原则也包括物上代位权和代位追偿权。物上代位权主要体现在：若保险公司全额理赔后，更换的受损部件或遭受全损车辆的所有权归保险公司，若更换下的零部件残值由投保人或被保险人支付，则残值部分可归投保人或被保险人所有。事实上，在实践操作中，更换下的零部件通常不能被再次使用，应当由车主及有关人员查验后按规定流程实施报废。代为追偿权主要体现在当汽车保险事故的发生是由第三人导致时，在保险人给予相应理赔后，保险人取得向第三人追偿的权利，车主或肇事者不能因为有保险人的理赔就放弃对第三人要求赔偿的权利，在该权利转让给保险人后，车主及肇事者还应当有协助的义务。

第六节　分摊原则

分摊原则也是由损失补偿原则派生出来的，它不适用于人身保险，而与财产保险业务中发生的重复保险密切相关。重复保险是指投保人对同一标的、同一保险利益、同一保险事故分别向两个以上保险人订立合同的保险。重复投保原则上是不允许的，但事实上是存在的。其原因通常是由于投保人或者被保险人的疏忽，或者源于投保人求得心理上更大安全感的欲望。重复保险的投保人应当将重复保险的有关情况告知各保险人。

一、分摊原则的涵义

分摊原则是指投保人向多个保险人重复保险时，当发生保险事故，对于保险标的所受损失，由各保险人分摊，赔偿金额不得超过损失金额。如果保险金额总和超过保险价值的，各保险人承担的赔偿金额总和不得超过保险价值，以防止被保险人因重复保险而获得额外利益。

二、分摊的方式

分摊的方式有如下三种：

（一）比例分摊

比例分摊，即按各有效保险合同中承保的保险金额占总保险金额的比例分摊。例如，某保险标的的实际价值是 200 万元，投保人分别向甲保险公司投保 80 万元，向乙保险公司投保 120 元，向丙保险公司投保 40 万元，向丁保险公司投保 160 万元。发生保险事故后，该保险标的的实际损失为 60 万元，如果按照最大责任分摊法，则各家保险公司承保的保险标的的保险金额总额为 80+120+40+160=400（万元）。四家保险公司应分担的赔偿金额分别为：

甲保险公司=80/400×60=12（万元）

乙保险公司=120/400×60=18（万元）

丙保险公司=40/400×60=6（万元）

丁保险公司=160/400×60=24（万元）

（二）限额分摊

由于责任保险没有保险金额的约定，只规定了保险人赔偿的最高限额，故称限额分摊。也就是按各保险人在没有重复保险的情况下应该承担的保险赔偿责任与各保险人承担的赔偿责任总和的比例分摊的一种方式。

（三）顺序分摊

顺序分摊也称主保险制，即根据多个保险合同生效的先后顺序，由先出立保险单的保险人首先负责赔偿，第二个保险人只负责赔偿超出第一保险人保险金额的部分，如仍有超出再依次由第三、第四个保险人负责赔偿。由于这种分摊方式不符合公平原则，因此较少使用。

在汽车保险中，同样遵循以上的分摊方式。

案例解析

案例 2-1：车辆所有者与经营者分离，经营者有保险利益

刘某购买一辆客车以自己名字上户后，将该车交由第三人李某承包经营。第三人李某聘请了司机宋某为其驾驶，并由胡某售票。第三人李某以其自己的名义于 2006 年 1 月向某保险公司投保了保险金额为 5 万元，保险期限为一年的第三者责任险。2006

年9月30日，售票员胡某在下车检查车辆底下状况时被司机宋某不慎轧死。交警部门认定司机宋某负主要责任。事后，第三人李某要求保险公司予以理赔未果。而对于死者胡某家属的赔偿要求，车主刘某、经营者李某和保险公司互相推诿。胡某家属只好向法院起诉，要求车主刘某、车辆经营者李某及保险公司连带赔偿死亡赔偿金等损失9万余元。案件审理中，第三人李某辩称，自己是车辆实际经营者，办理保险业务也一直是自己在保险公司办理和交纳保险费，保险公司应当给予理赔。被告保险公司则辩称，投保车辆的车主不是第三人李某，李某投保没有保险利益，保险合同无效。法院审理认定车辆经营者具有保险利益，一审判决保险公司在第三者责任险限额内予以赔偿。

解析：保险利益是投保人或者被保险人对保险标的具有法律上承认的利益，即因保险事故的发生致使保险标的受到损害或者因保险事故的不发生而免受损害所具有的利害关系，保险利益是保险合同发生效力的必要条件。就财产保险而言，只有具备是合法的利益、是有经济价值的利益和是确定的利益这三项条件才构成保险利益。对财产具有保险利益的人大致有以下四种情形：一是财产所有人对其所有的财产有保险利益；二是财产合法的占有人、经营人对他们所占有、经营的财产有保险利益；三是财产保管人、承租人、承包人对他们所保管、租用、承包的财产有保险利益；四是抵押权人、质押权人、留置权人对他们所受押、质押、留置的财产有保险利益。抵押、出质、留置都是债权的一种担保，当债权不能获得清偿时，抵押权人、质权人、留置权人有从受押、出质、留置的财产价值中优先受偿的权利。他们因债权债务关系对财产具有经济上的利害关系，因而有保险利益。如办理汽车抵押贷款的银行可以为其受押的汽车投保抵押贷款汽车保险。在上面所列举的具有财产保险利益的情形中，财产所有权人对其所有财产的保险利益没有限制，是最充分的。而在其他情况下，有关当事人的保险利益往往受到限制。以抵押权人对其受押财产的保险利益为例，他的保险利益要受到抵押债务的金额、抵押期限以及抵押人偿债情况的限制。

本案中刘某是车辆所有者，作为法定财产所有权人，当然具有保险利益。第三人李某对该车辆实际占有、保管、使用、收益，对该车辆拥有经营上的利益，其可因顺利的经营业务而获得经济利益，该车辆的毁损及发生交通事故造成他人人身和财产损害，势必影响其因经营该车辆而产生的利益。故第三人李某对该车辆享有法律上所规定的权利和期待利益，保险公司关于李某没有保险利益和保险合同无效的抗辩当然不会得到法院支持，保险公司应该在第三者责任险限额内予以赔偿。

案例2-2：非轿车所有人和租用人的第三者投保资格审定案

H省某县T村村民纪爱民拥有一辆福特车，村里有一家村办的灯具厂向他租用这辆车。双方商定：该车平时仍放在纪爱民家里，也归他使用处置，村灯具厂只要他每月把车借给厂里使用5~6次；为获得保险保障，纪爱民同意由村委会向当地保险公司投保机动车辆保险。随后，村委会出面办了投保手续，保险金额为25万元。在保险期间的某一天，车主纪爱民驾车外出办事，把车停在县城的红心饭店门口。办完事回到停车处，纪爱民发现福特车已被人盗走。村委会获悉后，立即作为被保险人向保险公司提出索赔，要求按照保险金额赔偿车辆被盗损失 25 万元。保险公司在理赔过程中了解了福特车为谁所有、被谁租用、由谁投保以及保险事故的发生是由谁驾车外出所引起等具体情况后，提出被保险人对福特车不具有保险利益的理由，拒绝承担赔偿责任。双方因此发生争议，引起诉讼。

解析：汽车保险合同的投保人可以是法人，也可以是自然人，且必须具有民事权利能力和民事行为能力。投保人只能对其具有保险利益的财产投保财产保险，我国《保险法》第十二条规定："财产保险的被保险人在保险事故发生时，对保险标的应当具有保险利益。"与本案有关的"人"有三个，即自然人纪爱民、村灯具厂和村委会。纪爱民作为福特车的所有人，村灯具厂作为福特车的租用人，对轿车都有保险利益。但是，他们都未向保险公司投保，未与保险公司签订过机动车辆保险合同，与保险公司之间不存在保险关系。因此，纪爱民驾车外出时轿车被盗，他无权向保险公司提出索赔，也无权获得保险公司的赔偿。村灯具厂同样无权过问车辆的损失赔偿问题。村委会虽然是投保人，但它既不是轿车的所有人，也不是轿车的租用人，而是所有人和租用人以外的第三者，与保险标的没有任何为法律认可的经济上的利害关系，因此它对轿车不具有保险利益，村委会与保险公司订立的机动车辆保险合同自然就是无效的，其作为被保险人向保险公司索赔的权利不可能得到法律的支持。为使福特车得到保险保障，要么由纪爱民本人作为轿车的所有人向保险公司投保，要么由村灯具厂作为轿车的租用人向保险公司投保，且必须有其与轿车出租人纪爱民订立的租车协议中具体规定它对轿车所负责任的内容。只有在这种情形下，村灯具厂才能因对轿车有保险利益而具备投保人的条件。

案例 2-3：个人为企业财产投保的保险利益审理案

2000 年 9 月，某地的 J 厂购买了一辆奥迪牌轿车；同年 10 月，司机李大伟在 J 厂厂长的吩咐下向当地保险公司投保了机动车辆保险，险别包括车辆损失险和第三者责任险。在填写投保险单时，李大伟为方便省事，在投保人和被保险人两个栏目中都写上了自己的名字。2001 年 5 月，奥迪车在行驶途中不慎与一辆卡车相撞，车身严重受损，且造成对方卡车损失。处理车祸的公安交通管理部门认定由当时驾车的司机李大伟负全责。保险公司理赔人员查勘后，确定保险车辆奥迪车在事故中的损失及其碰撞责任都属于保险责任，但也了解到被保险人投保的车辆并非其个人所有，而是 J 厂的财产，即李大伟是以个人名义为企业财产投保的这一事实，于是以他对保险标的不具有保险利益，保险合同无效为由拒绝赔偿。

解析：如案例 2-2 解析所述，汽车保险合同的投保人可以是法人，也可以是自然人。本案车辆为企业所有，属于企业的财产，就只能由作为法人组织的企业来投保，具体投保人必须是其法定代表人，即厂长，厂长以外的其他人都没有投保的权利，除非厂长书面授权他人投保。这是从所有权的角度而言的，除了所有权人以外，对企业车辆因有其他缘由而产生保险利益的人也有权投保，这些人是指车辆的保管人、经营人或承租人等。本案中，李大伟是 J 厂的司机，他的职责就是为厂里开车，虽然奥迪车不是他个人的财产，但是他对平日所负责驾驶的奥迪车有管理权，因此在他所授予的管理权范围内对这辆车有一定的保险利益。既然李大伟对奥迪车有保险利益，又是在厂长的吩咐下，即得到了作为法定代表人厂长的许可，因此他有资格为企业财产投保的。李大伟以奥迪车为保险标的向保险公司投保并与之订立了机动车辆保险合同，合同当然是有效的。作为被保险人，司机李大伟在奥迪车发生保险事故时对这辆车的保险利益依然存在，因此保险人应当负责赔偿。需要注意的是，保险人只对李大伟在这次碰撞事故中所负的赔偿责任在第三者责任险限额内予以赔偿，对奥迪车在碰撞事故中遭受的损失不予赔偿。因为，李大伟自始至终都不是该车的所有人，他不具有因对车的所有权而产生的保险利益，保险人没有义务对被保险人不存在保险利益的车辆损失进行赔偿，但保险人应按规定退还李大伟投保车辆损失险所缴付的保险费。

案例 2-4：保险公司未对除外责任中的专业术语进行解释的理赔

1995 年 10 月 17 日，原、被告签订了一份机动车辆保险合同。该保险单载明：原告将其一台奔驰 S320 型轿车向被告投保车辆损失险、第三者责任险、玻璃险、失盗险；车辆损失险保险金额为 120 万元人民币，保险期限自 1995 年 10 月 18 日零时起至 1996 年 10 月 17 日 24 时止，总保险费 42 200 元。该保险单除外责任条款规定：磨损、朽蚀、故障、轮胎爆裂、人工直接供油、自燃、明火烘烤造成保险车辆损失的，保险人不负责赔偿。1995 年 6 月 15 日，中国人民银行在下发的文件中，对机动车辆保险条款“火灾”和“自燃”解释为：火灾是指在时间或空间上失去控制的燃烧所造成的灾害，这是指外界火源以及其他保险事故造成的火灾导致保险车辆的损失；自燃是指保险车辆因本车电路、线路、供油系统及货物等发生问题产生自身起火，造成保险车辆损失。但被告并未向原告说明或介绍上述文件解释，原告在诉讼前不知道有此文件解释及其他解释。1996 年 1 月 7 日零点 58 分，原告投保的轿车发生火灾后全部烧毁。经分析认定，此次火灾的直接原因为油箱防爆孔盖脱落，油箱内的汽油窜出，遇火花引燃汽油发生火灾。1996 年 7 月 29 日，被告通知原告拒绝赔偿。原告向人民法院提出诉讼，请求法院依据《保险法》第三十条规定的“作出有利于被保险人和受益人的解释”原则，确认免责条款不产生效力，判决被告给付保险金 120 万元及逾期赔偿利息。法院认定：该案保险单背面虽附有“除外责任”条款，但因被告并未将该除外责任条款向原告“明确说明”，故该免责条款不产生效力，被告不得以此条款拒绝赔偿。所谓“说明”“明确”应解释为“解释明白”和“清晰明白而确定不移”。该案涉及的“自燃”一词，专业人员对此理解不一，被告更应按《保险法》规定向原告“明确说明”。被告却未将人民银行的文件解释内容告知原告，却以此文件解释“自燃”的内容对抗原告的索赔，有悖公平原则和诚实信用原则。

解析：最大诚信原则中的告知义务不只是针对投保人，同时也针对保险人。对保险人而言，在订立保险合同时，应当向投保人说明保险合同条款的内容，特别是免责条款的内容，对相关专业术语向投保人进行解释。依据我国《保险法》第十七条的规定，订立保险合同，采用保险人提供的格式条款的，保险人向投保人提供的投保单应当附格式条款，保险人应当向投保人说明合同的内容。依据我国《合同法》第三十九条的规定，采用格式条款订立合同的，提供格式条款的一方应当遵循公平原则确定当事人之间的权利和义务，并采取合理的方式提请对方注意免除或者限制其责任的条款，按照对方的要求，对该条款予以说明。由此可见，如果保险人未尽说明义务，就构成说明义务的违反，一旦引发诉讼，就要承担不利的法律后果。因此，在保险实务中，保险人对于责任免除条款应当特别提示并进行明确说明，最好让投保人签字认可其已经履行了明确说明义务。现在各保险公司都在保险条款的尾部附注了相关专业术语的解释，就是明确说明的一种方式。对投保人或被保险人而言，在购买保险时，一定要仔细阅读保险条款，尤其是免责条款，若有疑问应及时向保险人咨询，提前做到心中有数，以防发生保险事故不能获得赔偿使自己的利益受损。

案例 2-5：变更车辆用途后，保险公司赔付吗？

2009 年 5 月 14 日，原告赵纬武为其所有的轿车在被告天平汽车保险股份有限公司江苏分公司（以下简称天平保险公司）处投保了车损险、三责险及不计免赔险，保险期限自 2009 年 5 月 15 日 0 时起至 2010 年 5 月 14 日 24 时止，使用性质为家庭自用，未指定驾驶人。2009 年 2 月 9 日，赵纬武将被保险车辆租借给李宏杨，月租金 4 500 元。同年 3 月，李宏杨又将该车借给王安松使用。6 月 21 日，王安松驾驶该车发生交通事故，发生被保险车辆车损 5 300 元、三责车辆车损 16 800 万元、拖车费 150 元，共计 22 250 元，扣除已经在交强险部分处理的 2 000 元，共计损失 20 250 元。赵纬武向保险公司索赔，保险公司以赵纬武将非营运被保险车辆用于有偿租赁，改变了车辆的使用性质，增加了被保险车辆的危险程度为由，拒绝赔偿。赵纬武遂诉至法院，请求判令被告给付保险金 20 250 元。

解析：本案争议焦点在于原告将车辆租借的行为是否属于变更了被保险车辆的用途，从而导致保险标的危险程度的增加，出现这种情形，保险公司是否有权拒赔。《保险法》第五十二条规定："在合同有效期内，保险标的的危险程度显著增加的，被保险人应当按照合同约定及时通知保险人，保险人可以按照合同约定增加保险费或者解除合同。被保险人未履行前款规定的通知义务的，因保险标的的危险程度显著增加而发生的保险事故，保险人不承担赔偿保险金的责任。"司法实务中，保险人拒赔的理由，通常是被保险人租借车辆的行为改变了车辆用途，构成了营运，增加了保险标的的危险程度，违反了《保险法》第五十二条的规定。因此，如何正确判断车险中的危险程度显著增加，且使这种判断方法具有可操作性，在保险实务中具有重要意义。

危险程度增加是指作为保险合同基础的原危险状况改变为对保险人严重不利的状况。并非只要有危险增加的情形发生，被保险人便负有告知义务，而是在危险程度的增加达到显著的程度，出现保险人因此而决定是否增加保费或拒绝承保的情形时，才能成立。究竟何谓"危险程度显著增加"，在保险实践中是通过保险公司制作的费率表中载明的费率系数或保险金额表体现出来的，因为费率表是保险人判断其承保风险的依据，也是我们认定危险程度是否显著增加的依据。

过去，我国车险保险费率的确定主要使用了两个先验费率因子，即车辆类型和车辆用途，车辆危险程度主要与车辆类型和车辆用途相关，这就是通常所称的从车主义（又称随车主义）。从车主义认为，驾驶车辆危险程度增加的情形主要表现与车辆有关的情形，如因车辆改装、加装及变更用途等。如只是驾驶人员的变更，只要驾驶人员都是具有合格驾驶资格的，一般而言并不影响危险程度。与从车主义相对的是从人主义（又称随人主义）。从人主义的汽车保险制度则是指在制定汽车保险法规和厘定保险费率时，不是根据车辆的条件确定，而是根据驾驶该车辆的人员的自身条件加以厘定的原则。从人主义认为，车是由不同的人驾驶，每个人的驾驶条件不会雷同，有年龄、性格、职业等多方面的差异，因此其使用被保险车辆的危险程度显然不同。在国外汽车保险的费率厘定中，除考虑车的因素外，还会涉及驾龄、年龄、性别和年行驶里程数等因素。

就目前我国各保险公司的费率厘定情况而言，一是在个人车辆投保时指定驾驶人的情形下，大部分保险公司的费率采用的是从车兼从人主义原则，即费率不仅根据车辆类型和车辆用途两个基准系数确定，驾驶人年龄、性别、驾龄、行驶区域、平均年行驶里程、交通违法记录等系数亦影响费率的确定。二是在个人车辆投保时未指定驾驶人的情形下，保险公司仍旧采用从车主义原则，即费率基本是根据车辆类型和车辆用途两个基准系数确定。综观各保险公司基本费率表，营运用车的费率显著高于非营运车辆。在非营运车辆中，个人用车（家庭用车）的费率要高于企业用车及党政机关、事业团体用车。因此，在司法实务中，我们可以通过费率来判断车险中保险标的的危险程度是否增加。但是由于投保人投保时是根据自身情况选择不同的费率因子，危险程度的认定标准亦不同。

综上所述，如果被保险人将车辆租借给第三方使用，则可能根据车辆的用途及驾驶人员等不同情况导致不同结果的产生。

第一，被保险人将车辆租借给个人使用时，要看各家保险公司的保险费率是采用从车主义、从人主义，还是从车兼从人主义。如采用从车主义，即未指定驾驶人的，只要使用人未将该车投入商业营运，则不应认定危险程度增加，不因驾驶人的变化而使危险程度发生变化；如采用从人主义，即指定驾驶人的，则不仅要根据保险费率调整系数表中相应的指定驾驶人的性别、驾龄、年龄等系数判断使用人控制的被保险车辆危险程度是否增加，还要看使用人是否将该车投入商业营运。

第二，被保险人将车辆租借给单位使用时，要看单位性质及使用车辆的用途。要根据各家保险公司的保险费率的规定，判断租借后使用人控制的被保险车辆的危险程度是否增加。如租借给非营业企业、机关等费率低于非营业个人车辆的单位，被保险车辆的危险程度并未增加；如租借给汽车租赁公司等费率高于非营业个人车辆的单位，则增加了危险程度。

本案中，投保人在投保时并未指定驾驶人，适用从车主义，出险时被保险车辆的实际使用人王安松并没有从事商业营运。因此，原告将其车辆租借给李宏扬使用，李宏扬又将车借给王安松的行为，不能证明原告的租赁行为增加了车辆的危险程度，对该次保险事故，保险公司应予理赔。

案例 2-6：普通大货车装载硫酸发生事故的理赔

1999 年 6 月 15 日，某投保人向某保险公司投保一辆东风大货车。根据投保人所提供的行驶证，保险人按照普通大货车费率档次为其办理了车辆综合险，并附加车上货物责任险。1999 年 9 月 19 日，该车运载一罐硫酸时不慎将一行人撞伤，车辆冲入路边导致硫酸罐脱落，硫酸泻入路边鱼塘中，造成鱼塘中部分鱼及藕死亡。投保人遂就车辆损失、伤者损失费用、道路损失、鱼塘损失及货物损失向保险人提出索赔。鉴于此案的特殊性，保险公司对该车的有关情况进行了调查。据了解，该车投保时为普通大货车，出事时车上加装的硫酸罐系为硫酸厂运载硫酸时由硫酸厂提供。经咨询运管所，装运硫酸的车辆需具备以下条件：第一，驾驶员需持经国家有关部门核发的有效操作证；第二，装载硫酸的罐体需经国家有关部门对其安全技术性能指标检测合格。两证投保人均已提供。根据车管所的规定，普通大货车上临时加装罐体无需办理车型变更手续，如长期使用则需变更，但具体期限并无规定。保险公司人员内部有两种意见：一种意见是赔付，具体包括车损、路损、伤者损失费用、硫酸及硫酸罐损失，鱼塘损失参照当时适用的机动车辆保险条款“责任免除”第四条“车上所载货物掉落、泄漏造成的人身伤亡和财产损毁”不属保险责任，应予拒赔。该车因临时运送罐装硫酸，而非将车辆改装成液罐车，因此不属改变车型，硫酸罐只能视作货物的包装物。另一种意见是拒赔。因为《机动车辆保险费率解释》（保监发［1999］27 号）明确规定“普通载货车加装罐体按专用罐车计费”。因此投保人即使没有改变车型，但其风险程度与液罐车应属同一档次。另外，该解释中有“对于兼有两类使用性质的车辆，按高档费率计费”的规定。同理，普通大货车兼运硫酸罐则应按高档费率即液罐车费率计费。投保人危险增加后没有立即通知保险人并补缴保费，违反了被保险人义务，理应拒赔。

解析：本案的焦点是投保人是否违反了被保险人的危险增加通知义务。根据最大诚信原则，投保人的告知包括合同订立后危险增加的如实告知，即告知的时效也可扩展到合同有效期间。依据《保险法》第五十二条的规定，在合同有效期内，保险标的的危险程度显著增加的，被保险人应当按照合同约定及时通知保险人，保险人可以按照合同约定增加保险费或者解除合同。被保险人未履行前款规定的通知义务的，因保险标的的危险程度显著增加而发生的保险事故，保险人不承担赔偿保险金的责任。因此，就法律规定而言，第二种意见是有据可依的。但是此案一旦形成诉讼，保险人依据《机动车辆保险费率解释》予以拒赔，法院将本着有利于被保险人解释的原则，依据《合同法》第四十条的规定，提供格式条款一方免除其责任、加重对方责任、排除对方主要权利的，该条款无效。依据《保险法》第十七条的规定，对保险合同中免除保险人责任的条款，保险人在订立合同时应当在投保单、保险单或者其他保险凭证上作出足以引起投保人注意的提示，并对该条款的内容以书面或者口头形式向投保人作出明确说明；未作提示或者明确说明的，该条款不产生效力。而《机动车辆保险费率解释》未被列入保险合同，无法产生合同的效力，对被保险人不起任何约束作用，保险人败诉将不可避免。因此，保险人要摆脱自己的被动局面，就必须尽快解决保险条款中的疏漏和不足之处，对于《机动车辆保险费率解释》中的重要内容，应将其在保险条款中列明，使保险条款更加严谨、科学，以确保保险条款的严肃性与可执行性。

案例 2-7：车主未尽保证义务，保险公司不予理赔

某车主（被保险人）报案叙说车辆在行驶途中发生事故导致车辆无法行进，要求理赔工作人员查勘现场并且要求索赔。经查勘，车辆是由于传动轴一端的螺栓发生损坏导致传动轴的脱落使车辆无法行驶。请问：保险公司是否应当赔偿？

解析：本车的故障是机械故障，是车主由于自已的疏忽大意不注重保养所致，按照大多数保险公司的做法，“自然磨损、腐蚀、故障、轮胎单独损坏”保险人不负责赔偿。因此，拒绝赔款也在情理之中。这也符合汽车保险诚信原则的保证要求，被保险人及其驾驶员应当做好保险车辆的维护、保养工作，保险车辆装载必须符合规定，使其保持安全行驶技术状态。

案例 2-8：保险人弃权，则禁止反言

某车主将自己的一辆尚未年检的进口汽车投保于某保险公司，保险公司对汽车的机动车行驶证进行审核后出具了该车保险价值和保险金额均为 85 万元的机动车辆保险单。机动车辆保险单生效后两个月，投保车辆发生追尾事故，导致投保车辆报废，保险公司对该车做出推定全损的认定。案发后，车主及时向保险公司报了案，但保险公司以投保车辆在投保时未按时年检为由拒赔。车主遂起诉至法院，要求保险公司赔偿车辆损失。

解析：本案车主虽然对车没有年检，但是保险公司对汽车的机动车行驶证进行审核，并同意投保，出具了保单。这说明保险公司放弃了要求被保车辆为经过年审的车辆。一旦保险公司放弃了这一权利，就不得反悔。我国《保险法》第十六条规定：“保险人在合同订立时已经知道投保人未如实告知的情况的，保险人不得解除合同；发生保险事故的，保险人应当承担赔偿或者给付保险金的责任。”因此，保险公司以投保车辆在投保时未按时年检为由拒赔不符合法律的规定。实际上，弃权和禁止反言的例子还有：投保人逾期缴纳保费，保险人应当催收而未催收；保险人知道投保人提供了虚假的或有瑕疵的损失证明，却无条件接受的；保险人或其代理人对投保单和保险单上的条款进行了错误解释，使投保人和被保险人信以为真；保险人的代理人代投保人填写投保单，为使投报申请被保险人接受，故意隐瞒被保险人的风险事实，或者填写歪曲的事实等。当发生以上情况，被保险人要求理赔时，保险人不得以上述理由拒绝赔偿。

案例 2-9：发动机进水案的近因判定

2000 年 8 月 5 日，袁某为自己的轿车购买了机动车辆保险，车辆损失险保险金额为 19 万元，保险期自 2000 年 8 月 6 日 0 时起至 2001 年 8 月 5 日 24 时止。2000 年 8 月 20 日凌晨，市区下了一场倾盆大雨，大多数道路有积水现象。同日上午 9 时，袁某准备开车上班，见停放在其住宅区通道的上述保险车辆轮胎一半受水淹，且驾驶室中有浸水的痕迹，经简单擦抹后就上车点火启动，发动机发出发动声后熄火，之后则无法启动。袁某即将车辆拖至某汽车维修公司，经该公司检查认为，故障原因系发动机进气系统入水并被吸进燃烧室，活塞运转时，由于水不可压缩，进而导致连杆折断，缸体破损。袁某向保险公司报案后，因争议太大，保险公司没有赔偿损失，袁某遂诉至法院。该案在审理期间，经保险公司申请，法院委托市产品质量监督检验所对车辆受损原因进行鉴定。市产品质量监督检验所认为：造成发动机缸体损坏的直接原因是由于进气口浸泡在水中或空气滤清器有余水，启动发动机，气缸吸入了水，导致连杆折断，从而打烂缸体；事发的可能是当天晚上下了大雨，该车停放的地方涨过水，使该车被雨水严重浸泡，进气管空气滤清器进水，当水退至车身地台以下，驾驶员启动汽车时，未先检查汽车进气管空气滤清器有无进水，使空气滤清器余水被吸入发动机气缸，造成连杆折断，缸体破损。袁某和保险公司对质监所的鉴定意见均无异议，只是对造成保险标的损失的近因，保险公司应否赔偿车辆损失这一问题存在较大分歧。

保险公司认为，造成保险车辆发动机缸体损坏的原因是由于进气管空气滤清器有余水，启动发动机，气缸吸入了水，导致连杆折断，从而打烂缸体。进气管空气滤清器有余水，则是由暴雨所造成。暴雨和启动发动机这两个危险事故先后间断出现，前因与后因之间不具有关联性，后因既不是前因的合理延续，也不是前因自然延伸的结果，后因是完全独立于前因之外的一个原因。根据近因原则，启动发动机是直接导致保险车辆发动机缸体损坏的原因，故为发动机缸体损坏的近因。暴雨为发动机缸体损坏的远因，而启动发动机属除外风险，由启动发动机这一除外风险所致发动机缸体损坏的损失，保险人不负赔偿责任，保险公司只需赔偿因暴雨造成汽车浸水后进行清洗的费用。

袁某认为，从危险事故与保险标的损失之间的因果关系来看，本案属于多种原因连续发生造成损失的情形。其中暴雨是前因，车辆进气管空气滤清器进水相对于暴雨是后因，而相对于启动发动机是前因，启动发动机是后因。正是由于暴雨的发生，才导致车辆进气管空气滤清器进水，才使启动发动机这一开动汽车必不可少的条件发生作用，导致发动机缸体损坏。根据近因原则，暴雨才是近因，因此保险公司应向袁某赔偿车辆的实际损失。

法院判定保险公司胜诉。

解析：暴雨和启动发动机这两个危险事故先后间断出现，前因与后因之间不具有关联性，后因既不是前因的合理延续，也不是前因自然延伸的结果，后因是完全独立于前因之外的一个原因。根据近因原则，启动发动机是直接导致保险车辆发动机缸体损坏的原因，故为发动机缸体损坏的近因。

关于暴雨引发的车辆损失有两类：一类是发动机因进水而导致的金属零件生锈、机油污染等；另一类是发动机因转动时进水而导致的缸体、活塞、曲轴等的损坏。对第一类损失保险公司和客户一般没有争议，对第二类损失保险公司和客户经常有争议，此时就须考虑近因原则。如果发动机进水后还启动导致的损失，一般认定近因为启动，因为保险公司认为作为车辆驾驶人员应该有用车的基本常识，知道发动机进了水又启动，必然会导致损失扩大，所以保险公司对此损失不予赔偿。如果是汽车在暴雨中行驶时，由于积水进入发动机，导致发动机缸体、活塞、曲轴等损坏，则一般认定暴雨是近因，对所有损失保险公司都给予赔偿。应当讲，第一类情况的损失金额不大，争议不多；第二类情况的损失金额较大，且经常产生争议。为此，各家保险公司在车辆损失保险条款免责部分都规定：进水后导致的发动机损坏，保险公司不负责赔偿责任。在此规定下，无论何种原因，只要是发动机进水后导致了发动机损坏，保险公司都不给予赔偿。

发动机进水又确实是大多数用车者经常面临的风险，因此保险公司又开发了对此给予专门保障的一项附加险种——发动机特别损失险。其保险责任为机动车在使用过程中，因被保险机动车在积水路面涉水行驶或被保险机动车在水中启动导致发动机进水从而造成发动机的直接损毁，以及发生上述保险事故时被保险人或其允许的驾驶人对被保险车辆采取施救、保护措施所支出的合理费用，保险人负责赔偿。

案例 2-10：吊车共同作业倾覆的近因判定

2001 年 2 月 18 日 17 时，某市运输公司甲乙两台吊车在火车站货运处共同吊装一件水库发电设备。甲吊车吊装吨位为 25 吨，乙吊车吊装吨位为 16 吨，被吊设备重量约 30 吨。当货物被吊离地面约 60 厘米时，乙吊车的吊绳突然崩断，货物失去平衡，造成甲吊车负重侧翻。甲吊车及货物均受损。甲乙吊车均在同一家保险公司投保了机动车损失险及第三者责任险，索赔时被拒赔。

解析：就事故的发生状况而言，甲吊车的损失已构成机动车损失险的倾覆责任。货物因未投保，则不赔。但是仔细分析事故产生的原因，倾覆并不是事故发生和造成损失的直接、有效原因。该起事故是由乙吊车吊绳崩断→货物失衡→甲车超负荷→甲车倾覆→货物坠落，这一连串发生的环节链构成，风险由乙车逐步转移到甲车。甲车发生倾覆是事故的结果而不是起因。根据近因原则，如前因不属保险责任，后因属于保险责任，但后因是前因的必然结果，则事故不属于保险责任。倾覆由吊绳断裂所致，虽然倾覆属于车损险承保风险，但是造成损失的近因是乙车吊绳断裂，这种意外事故不属机动车损失险的列明保险责任范围。另外，由两台吊车共同起吊一台设备，也属于违章作业，保险公司不承担赔偿责任。

案例 2-11：保险公司有权收回重赔保险金的理赔

1998 年 6 月 15 日，个体运输户王某为自己所有载重量为 5 吨的东风牌汽车投保车辆损失险和第三者责任险，保险期限为 1 年。当年 7 月 20 日，王某运货，在高速公路上被一辆强行超车的大货车碰撞，发生车损，王某受伤且货物被浸损。大货车驾驶员驱车逃走。交通部门认定，此起交通事故由大货车驾驶员负全责。事后，王某向保险公司报案并请求赔偿。经鉴定，车损为 15 万元，保险公司依损失额 80%赔付 12 万元，同时保险公司还给付王某第三者责任保险金 2 400 元及施救费 1 500 元，扣除损余 200 元，实际赔付 12.27 万元。后来，肇事大货车驾驶员被交通部门抓获，交通部门通知了王某。王某与肇事大货车驾驶员会面达成协议，约定对方只需支付王某货物损失 7 000 元及施救费 1 500 元。保险公司得知后，要求王某退回重赔保险金，王某拒绝，双方遂引起争议。最终王某与保险公司达成一致，王某退还保险公司重赔保险金，即施救费 1 500 元。

解析：保险的基本职能之一就是损失补偿，它不允许被保险人因损失而获利。依据我国《保险法》第六十条的规定，因第三者对保险标的的损害而造成保险事故的，保险人自向被保险人赔偿保险金之日起，在赔偿金额范围内代位行使被保险人对第三者请求赔偿的权利。保险公司赔付了王某车损、第三者责任保险金和施救费，因此保险公司就以上三项保险金取得代位追偿权，即保险公司有权向肇事司机索赔以上三项费用。依据《保险法》第六十一条的规定，保险事故发生后，保险人未赔偿保险金之前，被保险人放弃对第三者请求赔偿的权利的，保险人不承担赔偿保险金的责任。保险人向被保险人赔偿保险金后，被保险人未经保险人同意放弃对第三者请求赔偿的权利的，该行为无效。同时，为了避免王某行使两种请求权而获得双重利益，王某不能就已获赔款范围再向肇事司机行使原有的赔偿请求权，故王某从肇事司机处获得 1 500 元施救费为重赔保险金，其应归属保险公司。依据《保险法》第六十条的规定，保险人依照本条第一款规定行使代位请求赔偿的权利，不影响被保险人就未取得赔偿的部分向第三者请求赔偿的权利。因此，王某有权就货损及车损赔付未足部分向肇事司机索赔，但本案中王某放弃了向肇事司机请求赔偿车损赔付不足部分的权利。

案例 2-12：保险公司推定为全损赔偿后车主无权转让残车的理赔

1999 年 7 月 23 日，个体运输户张某将其私有的解放牌汽车向某保险公司投保了足额车辆损失险和第三者责任险，车辆损失险保险金额为 5 万元，保险期为 1 年。同年 10 月 6 日，在途经邻县一险要处时坠入悬崖下一条湍急的河流中，该车驾驶员（系张某堂兄）随车遇难。事故发生后，张某向保险公司报案索赔。该保险公司经过现场查勘，认为地形险要，无法打捞，按推定全损处理，当即赔付张某人民币 5 万元。同时声明，车内尸体及善后工作保险公司不负责任，由车主自理。到 12 月 10 日，张某想到堂兄尸体及采购货物的 2 800 元现金均在车内，就将残车以 3 500 元的价格转让给邻县的王某，双方约定：由王某负责打捞，车内尸体及现金归张某，残车归王某。12 月 13 日，残车被打捞起来，张某和王某均按约行事。保险公司知悉后，认为张某未经保险公司允许擅自处理实际所有权已转让的残车是违法的，遂产生纠纷。

解析：我国《保险法》第五十九条规定："保险事故发生后，保险人已支付了全部保险金额，并且保险金额等于保险价值的，受损保险标的的全部权利归于保险人；保险金额低于保险价值的，保险人按照保险金额与保险价值的比例取得受损保险标的的部分权利。"本案中，保险公司推定该车全损，给予车主张某全额赔偿，并且保险金额等于保险价值，故受损保险标的的全部权利归于保险人。保险公司已取得残车的实际所有权，因此原车主张某未经保险公司同意转让残车是非法的，其通过转让残车获得 3 500 元的收入，其所获总收入大于总损失，显然不符合汽车保险中的损失补偿原则。因此，保险公司可追回张某所获额外收入 3 500 元。王某获得的是张某非法转让的残车，但由于他是受张某之托打捞尸体及现金，付出了艰辛的劳动，且获得该车是有偿的，可视为善意取得，保险公司不得请求其归还残车。

案例 2-13：被盗车失而复得引起纠纷的理赔

李某购买了一辆新车，按新车购置价在某保险公司投保了车辆综合险并附加盗抢险。一个月后，李某的车停在自家院内不慎被盗。保险公司按保险金额免赔 20%后赔付给李某。两年后，该车被公安机关查获。李某发现该车已破旧不堪，提出不要该车，但向保险公司索要免赔的 20%赔款。对于李某的请求，保险公司内部产生了分歧：第一种意见认为，保险公司将车出售或拍卖，如所得价款多于赔款，多余部分退还给被保险人，否则不予考虑被保险人的要求；第二种意见认为，保险公司只赔付了 80%，也就是只取得了该车 80%的所有权，就物权的角度而言，被保险人还有 20%的物权可以主张，因此找回车辆出售或拍卖款项的 20%应支付给被保险人，同时发生的费用也二八分摊。

解析：我国《保险法》第五十九条规定："保险事故发生后，保险人已支付了全部保险金额，并且保险金额等于保险价值的，受损保险标的的全部权利归于保险人；保险金额低于保险价值的，保险人按照保险金额与保险价值的比例取得受损保险标的的部分权利。"因此，只有在保险人支付了全部保险金额的情况下才能取得该车的全部权利。实际上，根据现行的机动车辆保险赔付办法，保险人支付的是车辆保险金额扣除免赔后的金额，保险人未支付全部保险金额，因此无权取得受损车辆的全部权利。而被保险人签署权益转让书中，保险人获得的权利也仅限于赔款金额。当残车的拍卖款大于赔款金额时，根据权益转让书，保险人也不能将多余的款项归为己有。根据代位追偿原则，保险人通过权益转让书取得对第三者责任方即窃贼的追偿权。当保险补偿不足以恢复到损失发生前的经济状况时，被保险人就不足部分仍有权向第三方追偿。保险人只能在赔偿责任范围内行使代位追偿的权利，保险人代位追偿所得不得超过其向被保险人的赔偿额，即保险人不能因行使代位追偿权而获利。保险人向第三方追偿的金额如果大于其向被保险人的赔偿金额，多余部分应当退还被保险人。

案例 2-14：汽车保险合同中的重复保险案

张先生收购了一台二手丰田轿车并为此购买了商业保险，车辆损失险 25 万元，第三者责任险 15 万元，并投保了盗抢险、车上人员险和不计免赔率特约条款等几项附加险。但是事后得知本车已在另一家保险公司投保了车辆损失险和第三者责任险且并未过期，于是办理了车辆保险的过户变更手续。恰在此时该车辆发生单方事故造成车辆损失 3 500 元。对此张先生认为该车具有两份商业保险而应得到双份赔偿，遂向两家承保公司分别提出了索赔申请。保险公司经过对案件的审查，告知被保险人本次事故其投保的两家保险公司只能分别按照其保险金额与保险金额总和的比例承担赔偿责任。

解析：我国《保险法》第五十六条规定："重复保险的投保人应当将重复保险的有关情况通知各保险人。重复保险的各保险人赔偿保险金的总和不得超过保险价值。除合同另有约定外，各保险人按照其保险金额与保险金额总和的比例承担赔偿保险金的责任。重复保险的投保人可以就保险金额总和超过保险价值的部分，请求各保险人按比例返还保险费。重复保险是指投保人对同一保险标的、同一保险利益、同一保险事故分别与两个以上保险人订立保险合同，且保险金额总和超过保险价值的保险。"本案中，出险车辆分别以不同的时间在两家保险公司投保了车辆保险，并且也及时足额的缴付了保险费，应当讲已经订立了合法的保险合同。损失补偿原则是财产保险的重要原则，就是被保险人出险后在保险责任范围内由保险公司对其损失的补偿或者对所受损财产恢复到出险前的价值或状态，而不允许出现收益。在本赔案中如果按双倍赔付，则违背了这个原则，因此只能按比例赔偿。本案中张先生在第二次对该车辆投保时虽然主观上无过错，但是也没有对承保公司履行如实告之义务，因此造成了车辆的重复保险，在整个投保过程中张先生的行为构成该车辆重复保险的重要原因，应当承担重复保险的责任。

案例 2-15：重复投保，保险公司如何赔偿

张某于 2005 年 1 月给自己的汽车先后从甲、乙、丙三家保险公司购买了车辆损失保险和第三者责任险，保险金额和责任限额分别为 20 万元、15 万元和 10 万元，已构成重复保险。2005 年 8 月 5 日，汽车出险，实际损失为 8 万元，造成第三者受伤花去医药费用等 10 万元。若不考虑免赔：

（1）试用三种分摊方式分别计算甲、乙、丙三家保险公司各应赔付给张某多少钱？

（2）若张某在购买车辆损失保险时，在保险合同中没有约定重复保险的分摊方式，则根据《保险法》的规定，甲、乙、丙三家保险公司应分别赔付给张某多少钱？

解析：三种分摊方式计算如下：

（1）比例分摊法。

甲的赔偿金额 = 20÷（20+15+10）×8 = 3.56（万元）

乙的赔偿金额 = 15÷（20+15+10）×8 = 2.66（万元）

丙的赔偿金额 = 10÷（20+15+10）×8 = 1.78（万元）

（2）限额分摊法。

甲的赔偿金额 = 20÷（20+15+10）×10 = 4.44（万元）

乙的赔偿金额 = 15÷（20+15+10）×10 = 3.33（万元）

丙的赔偿金额 = 10÷（20+15+10）×10 = 2.23（万元）

（3）顺序分摊法。

甲的赔偿金额 = 8（万元）

乙的赔偿金额 = 0（万元）

丙的赔偿金额 = 0（万元）

若张某在购买车辆损失保险时，在保险合同中没有约定重复保险的分摊方式，则根据《保险法》第五十六条的规定，重复保险的各保险人赔偿保险金的总和不得超过保险价值。除合同另有约定外，各保险人按照其保险金额与保险金额总和的比例承担赔偿保险金的责任。甲、乙、丙三家保险公司应分别赔付给张某 3.56 万元、2.66 万元、1.78 万元。

第三章　汽车保险合同

汽车保险这一经济制度主要通过汽车保险合同加以体现。汽车保险合同与其他种类合同相比较有其特殊性，对汽车保险合同特殊性的把握，有助于当事人更好地行使权利，解决好争议和纠纷。本章的主要内容是：汽车保险合同的概念与特征、汽车保险合同的主体、客体和内容、汽车保险合同的组成部分、汽车保险合同的订立与生效、汽车保险合同的履行、变更、解除和终止、汽车保险合同的解释原则和争议处理。

第一节　汽车保险合同的概念与特征

何谓汽车保险合同？其具有怎样的特征？这是我们学习汽车保险合同应当首先了解的内容。

一、汽车保险合同的概念

合同（Contract），又称为契约、协议，是平等主体（自然人、法人、其他组织）之间设立、变更、终止民事权利义务关系的协议。合同作为一种民事法律行为，是当事人协商一致的产物，是两个以上的当事人意思表示相一致的协议。汽车保险合同是合同中的一种，是以汽车为投保对象的财产保险合同，是汽车投保人和汽车保险人之间关于保险权利义务的协议，即投保人和保险人双方协商后在合同中约定，投保人向保险人支付保险费，保险人在保险标的遭受约定的保险事故时承担经济补偿责任。汽车保险合同是汽车保险关系得以设立、变更、终止的根本依据。

二、汽车保险合同的特征

汽车保险合同与其他经济合同一样，具有合同的一般特征，同时汽车保险合同作为保险合同又具有保险合同的独有特征。

（一）汽车保险合同是最大诚信合同

诚信合同即以诚信原则为基础订立的合同。诚信原则是任何经济合同都应该遵守的原则，然而保险合同对当事人的诚信要求更高、更严。汽车保险合同从订立到履行都要求保险双方当事人最大限度地诚实守信。保险人承保及赔付，很大程度上是以投保人或被保险人的告知和保证事项为依据。如果投保人或被保险人不如实告知保险标的的风险情况，不履行保证事项，会影响到保险人的合法权益。保险合同一般是保险人单方面拟订的，投保人可能对保险合同的专业术语及相关内容不清楚、不熟悉，保险人及其代理人在进行展业宣传及承保时，如果不向投保人说明保险合同的条款内容（如免责条款），势必损害到投保人、被保险人的合法权益。

（二）汽车保险合同是双务合同

双务合同指当事人双方互负对待给付义务的合同，是相对于一方当事人只承担义务另一方当事人只享有权利的单务合同而言的。在汽车保险合同中，投保人有按照合同约定支付保险费的义务，被保险人在保险事故发生时享有请求保险人赔偿或者给付保险金的权利；保险人应承担保险合同约定的保险事故发生时赔付保险金的义务，享有收取保险费的权利。

（三）汽车保险合同是有偿合同

汽车保险合同是有偿合同，体现为投保人以支付保险费为代价换取保险人在保险事故发生时承担赔偿或者给付保险金责任的承诺。

（四）汽车保险合同是附和合同（格式合同）

附和合同是指合同的双方当事人不是充分协商合同的重要内容，而是由合同的一方当事人提出合同的主要条款，另一方当事人只能做出取舍的决定而订立的合同。附和合同往往由订立合同的一方当事人事先印制成固定格式，汽车保险合同是典型的附和合同。2002 年以前，我国的汽车保险合同条款由保监会统一制定，2003 年以后由各家保险公司自行制定。投保人对保险合同的内容若同意则投保，若不同意一般也没有修改其中某项条款的权利，当投保人有特殊的要求时，也只能在保险人提供的附加条款中选择。

（五）汽车保险合同是射幸合同

射幸合同是指合同的效果在订约时不能确定的合同。所谓射幸，就是侥幸、碰运气的意思。汽车保险合同之所以是射幸合同，源于保险事故发生的不确定性和偶然性，或者说是因为保险合同履行的结果是建立在保险事故可能发生，也可能不发生的基础上的。射幸性质是针对单个保险合同而言的，就全部保险合同而言，保险人收取的保险费扣除了合理的管理费用和销售费用后应与赔付相当，当然保险人还应当考虑利润。因此，就全部保险合同而言不存在射幸性质。

（六）汽车保险合同是不定值保险合同

不定值保险合同是与定值保险合同相对而言的，指双方当事人在订立合同时不预先确定保险标的的保险价值，仅载明至保险事故发生后，再行估计其价值而确定其损失的保险合同。定值保险合同和不定值保险合同的划分仅适用于财产保险合同，而不适用于人身保险合同，因为人身保险合同中没有什么保险价值。在不定值保险合同中，保险标的的价值是在保险事故发生后才进行估算的，而在保险合同成立至保险事故发生这段时间内，其价值可能发生变化，在保险实践中，通常以市场价格为标准来确定保险价值。保险人的赔偿金最高额以保险标的在保险事故发生时的市场价格为准。在不易用市场价格确定保险价值时，也可用重置成本减折旧的方法或其他的估价方法来确定保险价值。但在不定值保险合同中亦明确保险金额，于保险事故发生后，以所定的保险金额为最高赔偿额，在其范围内对保险标的进行损失评估，以确定赔偿实际支付金额，即损失高于定额的，以定额为限；低于定额的，以实际损失为准。汽车损失保险之所以确定为不定值保险，其依据是“损失补偿原则”。汽车在使用过程中的折旧以及汽车价格的波动，使汽车的价值无法在投保时完全确定。对于价格下跌中的受损汽车按照投保时的价值赔偿，被保险人实际获得的赔偿就会超过该车辆的实际价值，这是违背损失补偿原则的。

第二节　汽车保险合同的主体、客体和内容

合同的三个构成要素是主体、客体和内容。汽车保险合同的构成要素是汽车保险合同中相对应的主体、客体和内容。汽车保险合同的主体主要是车辆投保人、被保险人、保险人及保险合同的辅助人。汽车保险合同的客体不是保险标的而是保险利益。汽车保险合同虽为格式合同，但其内容却较为丰富。

一、汽车保险合同的主体

汽车保险合同的主体包括保险合同的投保人、被保险人、保险人和保险合同的辅助人。

（一）投保人

投保人是指与保险人订立汽车保险合同，并按照汽车保险合同负有支付保险费义务的人。投保人可以是自然人、法人或其他组织，投保人还应该具备两个条件：

（1）投保人应该具有完全民事行为能力；

（2）投保人应该对保险标的——车辆及相关损失和责任具有保险利益。

当投保人是自然人时，必须年满 18 周岁且精神正常，才可以与保险人签订保险合同。

（二）保险人

保险人是指与投保人订立保险合同，并承担赔偿或给付保险金责任的可以从事汽车保险业务的保险公司。《保险法》规定，设立保险公司应当具备下列条件：

（1）主要股东具有持续盈利能力，信誉良好，最近三年内无重大违法违规记录，净资产不低于人民币二亿元；

（2）有符合《保险法》和《中华人民共和国公司法》规定的章程；

（3）其注册资本的最低限额为人民币二亿元，国务院保险监督管理机构根据保险公司的业务范围、经营规模，可以调整其注册资本的最低限额，但不得低于二亿元；

（4）有具备任职专业知识和业务工作经验的董事、监事和高级管理人员；

（5）有健全的组织机构和管理制度；

（6）有符合要求的营业场所和与经营业务有关的其他设施；

（7）法律、行政法规和国务院保险监督管理机构规定的其他条件。

（三）被保险人

被保险人是指其财产或者人身受保险合同保障，享有保险金请求权的人。在汽车保险合同中，被保险人可以是投保人，也可以是被保险人准许的合格驾驶员。被保险

人虽然不是汽车保险合同的直接当事人，但在汽车保险实践中，被保险人应该履行一定的义务：

（1）维护保险标的安全，接受保险人安全监督和建议的义务；

（2）保险车辆在合同有效期内危险增加的通知义务；

（3）保险事故发生的通知义务；

（4）保险事故发生时的积极施救义务。

（四）辅助人

汽车保险合同的辅助人是指辅佐、帮助保险双方当事人订立及履行汽车保险合同的人。辅助人通常包括保险代理人、保险经纪人和保险公估人，这三者一起构成了完整的保险中介市场。

1. 保险代理人

保险代理人是根据保险人的委托，向保险人收取代理手续费，并在保险人授权的范围内代为办理保险业务的单位和个人。保险代理人必须与所代理的保险人签订保险代理合同，在保险人授权范围内，保险人对代理人的代理行为承担民事法律责任。

2. 保险经纪人

保险经纪人是基于投保人的利益，为投保人与保险人订立保险合同提供中介服务，并依法收取佣金的单位。

3. 保险公估人

保险公估人是指依法设立的，接受保险当事人委托，专门从事保险标的的评估、勘验、鉴定、估损、理算等业务的单位。

二、汽车保险合同的客体

汽车保险合同的客体是保险双方当事人权利义务所共同指向的对象。汽车保险合同的客体不是保险标的，而是保险利益。保险利益是指投保人或被保险人对保险标的具有的法律上承认的利益。保险标的是订立保险合同的必要内容，是保险利益的载体，而保险合同保障的是投保人、被保险人对保险标的所具有的合法利益。没有保险利益，保险合同将会失去客体要件而无效。汽车保险合同的保险标的是汽车及因汽车引起的相关损失和责任。

三、汽车保险合同的内容

汽车保险合同的内容就是保险合同当事人的权利和义务，体现在保险条款中。保险条款一般分为基本条款和特约条款。基本条款是规定保险合同双方权利义务基本事项的条款。特约条款是由保险双方当事人根据特殊需要，共同约定的条款。特约条款可以包括附加条款、保证条款和协会条款。附加条款是指保险合同当事人在保险合同基本条款的基础上，约定的补充条款，以增加或限制基本条款所规定的权利与义务，如宽限期条款、合同效力中止和复效。附加条款是保险合同的特约条款中使用最普遍的条款。保证条款是指投保人或被保险人对特定事项进行保证，以确认某项事实的真实性或承诺某种行为的条款，是投保人或被保险人必须遵守的条款。协会条款是指保险行业为满足某种需要，经协商一致而制定的条款，如伦敦保险人协会制定的有关船舶和货物运输的条款。我国《保险法》第十八条规定了保险合同的基本条款、投保人和保险人可以约定与保险有关的其他事项。

根据合同约束力的不同，保险条款还可以分为法定条款与任意条款。法定条款是指根据法律必须在保险合同中明确规定的条款。任意条款，又称为任选条款，是指由保险合同当事人根据需要约定的条款。

根据我国《保险法》第十八条的规定，汽车保险合同应当包括下列主要内容：

（一）保险人的名称和住所

保险人就是与投保人订立保险合同，并承担赔偿或给付保险金责任的保险公司。在汽车保险中，即有权经营汽车保险的保险公司。

（二）投保人、被保险人的姓名或者名称、住所

投保人是指与保险公司订立保险合同、负有支付保险费义务的人。被保险人是指其财产或人身受保险合同保障，享有保险金请求权的人。在汽车保险中，投保人就是为汽车办理保险并支付保险费的单位或个人，即汽车的所有者（行驶证上登记的车主）或者是汽车的使用者。在汽车保险中，如果车主为自己的汽车投保，则投保人与被保险人是一致的；如果其他人为不归自己所有的汽车投保，则投保人与被保险人是不一致的，这两种情况都是保险公司允许的。投保人与被保险人不一致会产生两种后果：一是被保险人不负交保险费的义务，该项义务由投保人承担，即谁投保谁交保险费。二是车辆发生部分损失时，可由投保人向保险公司索赔；车辆全部损失时（如车辆被盗抢、碰撞中车辆报废等），必须由被保险人向保险公司索赔，投保人无此项权利。在投保人与被保险人一致的情况下，则没有以上两种区分。

（三）保险标的

保险标的是保险对象的财产及其有关利益，是保险利益的载体。汽车保险的保险标的是保险车辆本身、被保险人或其允许的驾驶员在汽车行驶过程中给他人造成财产损失或人身伤害，依法及保险合同约定应当承担的经济赔偿责任。

（四）保险责任和责任免除

保险责任是保险公司承担赔偿或给付保险金责任的项目。汽车保险合同中的保险责任采用列明方式，具体列明保险人承担哪些保险（责任）事故引起的损失赔偿（或责任赔偿），施救、救助、诉讼等费用负担的规定。责任免除也称除外责任，是根据法律规定或合同约定，保险人不负责赔偿或给付责任的范畴，是对保险人承担责任的限制，意味着被保险人也要对某些风险自行承担责任。

（五）保险期间和保险责任开始时间

保险合同自生效到终止的期间为保险期间，即保险合同的有效期间。保险责任开始的时间是保险人开始承担保险责任的时间，从保险人承担责任开始到终止的期间为保险责任期间，在此期间内发生保险事故，保人应当承担保险责任，反之保险人不承担保险责任。通常情况下，汽车保险合同由投保人交纳保费后由保险人承担保险责任，保险人开始承担保险责任的具体时间为“零时起保制”，即无论投保人在当天何时交纳保费，保险人开始承担保险责任的时间为当天的 24 点。汽车保险责任的期间一般为一

年，在保单上会载明保险期间的起讫时间。

(六) 保险金额

保险金额简称保额，是机动车辆保险利益的货币价值表现，是保险合同约定的保险人承担赔偿或给付保险金责任的最高限额，即投保人对保险标的的实际投保金额，同时又是保险公司收取保险费的计算基础。由于汽车保险是不定值保险，所以车损险的保险金额可以由投保人和保险人协商确定，但是不能超过汽车的实际价值。由于第三者责任险中可能涉及人身伤害事故赔偿的处理，而人的生命价值无法用货币度量，因此只能由投保人与保险人在订立第三者责任险时协商确定保险金额，作为发生保险事故时保险人赔偿（第三者人身伤亡和财产毁损）的限额。

(七) 保险费以及支付办法

保险费是投保人向保险人支付的用以换取保险人承担保险责任的代价。在保险合同中要明确规定保险费的数额，并明确投保人支付保险费的方式，是一次付清还是分期支付，是现金支付还是用其他手段支付。当前，汽车保险中保费通常是一次性付清的，且不允许保险代理人向投保人收取现金，投保人一般通过银行转账或销售终端机（POS 机）刷卡支付。

(八) 保险金赔偿或者给付办法

因保险事故损坏的被保险的机动车或第三者财产，通常是尽量修复。修理前，被保险人应当会同保险人检验，协商确定修理项目、方式和费用。实际上，对车辆损失险、第三者责任险、车上人责任险的保险责任，保险人要依据被保险车辆驾驶人在事故中所负责任比例承担相应的赔偿责任。对汽车损失、施救费用、第三者的人身及财产损失、车上人员的人身损害、汽车被盗抢损失如何赔偿，均有相应的具体规定。在给付办法上，通常是由投保人、被保险人或相关责任人垫付，然后保险人再将保险赔款打入垫付者的银行卡中。当然，如果发生车辆全损或推定全损，或出现当场死亡、当事人无力支付或者提起诉讼要求保险人支付等情形，则不存在垫付。

(九) 违约责任和争议处理

根据我国《合同法》第一百零七条的规定，一方当事人违约，另一方当事人有权要求违约方继续履行合同义务，或者要求采取其他补救措施，或者要求赔偿损失。争议处理是指合同当事人对保险合同发生争议或纠纷时的解决方式，主要有协商、调解、仲裁和诉讼等方式。通常情况下，汽车保单上会约定争议处理的方式。

(十) 订立合同的年、月、日

汽车保险合同必须载明订立的年、月、日。

以上 10 条内容属于汽车保险合同的基本条款，同时也是法定条款，其中体现了保险双方的基本权利和义务。投保人的基本权利包括保险金请求权和解约权。投保人的义务包括：如实告之义务；交付保险费义务；保险事故发生后及时通知义务；提供有关证明和资料义务；防灾防损和施救义务。投保人的义务就是保险人的权利。保险人的义务包括：说明义务；及时签单义务；保密义务；赔偿或给付保险金的义务；支付其他必要特殊费用的义务；查勘义务等。

第三节 汽车保险合同的组成部分

汽车保险合同由投保单、保险单和暂保单、保险凭证、批单等组成。

一、投保单

投保单也称要保书或投保申请书，是由投保人填写，用以表明愿意与保险人订立保险合同的书面申请，即要约。投保单通常由保险人事先以统一格式印制，列有保险人必须了解的各个项目，投保人本人据实逐一填写并签字或盖章后生效，保险人审核同意签章承保，出具保险单，这意味保险人接受了投保人的书面要约，保险合同即告成立，保险人按照约定的时间开始承担保险责任。在保险双方当事人约定的时间后，保险人仍未签发保险单，投保单仍具法律效力。投保单不是正式的保险合同，然而保险人一经接受投保人的投保申请，投保人在投保单上写明的内容即成为保险合同内容的一部分。

二、保险单和暂保单

保险单简称保单，是保险人与投保人之间订立保险合同的正式的书面凭证，记载有保险合同的主要内容，如保险项目、保险责任、责任免除、附注条件等，它是保险双方当事人确定权利、义务和在发生保险事故遭受经济损失后，投保人或被保险人向保险人索赔的重要依据。

暂保单是保险人出具正式保单以前签发的临时保险合同，用以证明保险人同意承保。暂保单具有与正式保单同等的法律效力。同正式保单相比，暂保单的内容较为简单，仅包括保险标的、保险责任、保险金额以及保险关系当事人的权利义务等，保险期限短，有效期一般为30天，可由保险人或兼业保险代理机构签发，而正式保单内容较为复杂，保险期间通常为一年，保险单只能由保险人签发。

三、保险凭证

保险凭证又称为保险卡或保险标志，是一种简化了的保险单，是保险人向投保人签发的证明保险合同已经成立的一种书面凭证。在汽车保险业务中，保险人除签发保险单外，还需出具保险凭证，用以证明被保险人已经投保汽车损失险及第三者责任险，供被保险人或其允许的驾驶人随身携带或张贴使用，便于交通事故的处理。保险凭证的法律效力与保险单相同，保险凭证上未列明的事项以保险单为准。

四、批单

批单是更改保险合同某些内容的更改说明书。在汽车保险业务中，往往涉及车辆过户、转让、出售等变更车辆所有权的行为，因而也带来汽车保险单中的某些要素如被保险人、保险金额、保险期限等内容变更，这些变更内容需要用某种形式将其记载下来，或者重新出具保险单。但是在实际业务中，这样的变更行为较为频繁，重新出具保险单较为繁琐，于是出现了批单并得以广泛使用。投保人或被保险人在保险有效期内如果需要对保单内容进行部分更改，需向保险人提出申请，保险人如同意更改则将批改的内容在保单或保险凭证上批注或附贴便条。凡经批改过的内容均以批单为准，批单是保险单中的一个重要组成部分。

保险人经与投保人协商同意，可将双方约定的承保内容及彼此的权利义务关系以书面协议形式明确下来。这种书面协议也是保险合同的一种形式。同正式保单相比，书面协议的内容不事先拟就，而是根据保险关系双方当事人协商一致的结果签订，具有较大的灵活性和针对性，是一种不固定格式的保险单，它与保险单具有同等法律效力。由于汽车保险合同是格式合同，以上书面协议的形式较少发生。

第四节　汽车保险合同的订立与生效

汽车保险合同的订立过程也就是要约和承诺的过程，通常情况下，投保人与保险人意思表示一致，汽车保险合同成立，在投保人交纳完毕保费后，汽车保险合同开始生效。

一、汽车保险合同的订立

保险合同的订立是指投保人和保险人在意思表示一致的情况下设立保险合同的行为。保险合同是双方当事人约定保险权利和义务的协议，是当事人之间的一种合意行为，需要经过一方当事人提出保险要求，另一方当事人表示同意承保的程序。在法律上，通常把提出保险要求称之为“保险上的要约”，把同意承保称之为“保险上的承诺”，保险合同只有经过要约和承诺两个阶段才能成立。

投保人要约是订立保险合同的首要程序，且须采取书面形式。保险实务中，这种书面形式即为投保单。投保人必须按照保险人事先印制好的投保单所列举的内容逐一填写，投保人填写的内容准确与否，直接关系到投保人是否履行了“如实告知”义务。当然，对于投保单上没有列举的内容，投保人不承担告知义务。投保人把填写好的投保单交给保险人，就完成了投保要约的过程。

保险上的承诺就是保险人认可了投保人在投保单上填写的全部内容，接受了投保人在投保单上提出的所有条件，同意在双方合意的条件下承担保险责任。保险人承诺是保险合同成立的必须程序。保险人承诺既可以由保险人自己做出，也可以由保险代理人做出。

在汽车保险实务中，保险人收到投保人的投保单后，要根据投保单填写的内容，决定是否接受投保，或者决定是否有条件地接受投保并确定保险费率，这个过程称为核保。在核保过程中，核保人员会按标的物的不同风险类别给予不同的费率，保证业务质量，保证保险经营的稳定性。投保人的投保申请通过保险人的核保后，保险人出具保险单以及其他凭证，保险合同的订立就全部完成了。

二、保险合同的成立与生效

在保险实践中，一些保险合同当事人对保险合同的成立、生效与保险责任开始三者存在模糊认识，甚至错误地把保险合同的成立、生效与保险责任开始混为一谈，导致实践中保险合同纠纷频繁发生。司法机关在审判过程中对这个问题的认识也不统一，给保险合同纠纷案件的审理工作增加了难度。因此，有必要在法律上明确规定保险合同成立、生效与保险人开始承担保险责任的不同内涵，以正确指导保险合同的订立和履行。

（一）保险合同的成立与生效

保险合同的成立是保险双方当事人就保险合同条款达成协议。保险合同的生效是指保险合同对保险双方当事人产生法律约束力。根据我国《保险法》第十三条的规定，投保人提出保险要求，经保险人同意承保，保险合同成立。依法成立的保险合同，自成立时生效。投保人和保险人可以对合同的效力约定附条件或者附期限。汽车保险实务中，保险人在投保单上签字盖章，并注明订立时间后，保险合同即告成立。保险合同的生效除了形式要件外，还必须具备一些实质要件。例如，订立合同的双方当事人资格是否合格，保险合同有没有与保险法律、法规相抵触的条款，合同内容有没有违背公序民俗等。汽车保险合同若同时具备形式要件和实质要件，一般情况下合同成立即意味着开始生效，但也有特殊情况，如附加条件生效的保险合同和有试保期生效的保险合同等。我国保险公司普遍推行“零时起保制”，即把保险合同生效的时间放在合同成立日的次日零时。

（二）保险合同的生效时间与保险责任的开始时间

保险期限是指保险合同的有效期，保险合同的生效在保险单上就表现为保险期限的起点，而保险责任开始的时间则是保险人承担保险责任的起点，从保险人开始承担保险责任到保险责任终止的时间为保险责任期间。保险责任开始的时间才是被保险人真正享受保险合同保障的时间。保险合同生效的时间与保险人承担保险责任的时间可能一致，也可能不一致，即保险合同生效后并不意味着保险公司立即开始承担保险责任。在保险实务中，如果没有特别约定，保险合同生效的时间与保险责任开始的时间是一致的。我国《保险法》第十四条规定：“保险合同成立后，投保人按照约定交付保险费，保险人按照约定的时间开始承担保险责任。”因此，保险合同的当事人可以在合同中约定保险责任开始的时间，该时间可以约定在合同生效以前某一个时点，也可以约定在合同生效以后的某一时点。这种授权性的规范既体现了对当事人意思表示的充分尊重，也增加了实践操作的灵活性。

（三）关于缴付保险费与合同成立、生效之间的关系

根据我国《保险法》第十三条和第十四条的规定，保险合同属于诺成性合同，只要投保人与保险人就保险合同的主要内容达成了合意，保险合同即告成立，并不以投保人是否缴付保险费为合同成立的必要条件。投保人是否缴付保险费并不影响保险合同的成立，保险公司只要同意承保，即使投保人没有缴付保险费，保险合同依然成立；即使投保人缴付了保险费，但保险公司未同意承保，保险合同仍未成立。因此，保险

费的缴付与保险合同的成立没有必然联系。在汽车保险实践中，若投保人不交付保费，保险人不会签发保单，即汽车保险合同不成立，合同不成立，则谈不上生效。

三、汽车保险合同的无效

保险合同无效是指投保人和保险人双方虽然订立了保险合同，因不具备法律规定的生效条件，不受法律承认和保护，一开始就不产生法律效力。根据《中华人民共和国合同法》（简称《合同法》）第五十二条的规定，有下列情形之一的，合同无效：

（1）一方以欺诈、胁迫的手段订立合同，损害国家利益；

（2）恶意串通，损害国家、集体或者第三人利益；

（3）以合法形式掩盖非法目的；

（4）损害社会公共利益；

（5）违反法律、行政法规的强制性规定。

作为合同的一种的汽车保险合同，当然要遵循《合同法》的规定。

除此以外，我国《保险法》第十七条规定："对保险合同中免除保险人责任的条款，保险人在订立合同时应当在投保单、保险单或者其他保险凭证上作出足以引起投保人注意的提示，并对该条款的内容以书面或者口头形式向投保人作出明确说明；未作提示或者明确说明的，该条款不产生效力。"

第五节　汽车保险合同的履行、变更、解除和终止

汽车保险合同成立后，主体合格，当事人意思表示真实，合同的内容与形式均合法，没有违反强制性法律法规规定，且投保人按期交纳了保费，则为有效合同。有效合同当事人必须完全履行，在履行过程中，合同的主体和内容可能会发生变更，出现法定或约定的情形，投保人或保险人有权解除合同。汽车保险合同在期间到期、当事人权利义务履行完毕或保险标的物灭失等情形下终止。

一、汽车保险合同的履行

汽车保险合同的履行是指汽车保险合同成立后，双方当事人完成各自承担的义务，保证对方权利实现的整个行为过程。汽车保险合同的履行是投保人和保险人双方义务的履行。

（一）投保人的合同履行

投保人主要履行下列义务：

（1）按期、足额缴纳保险费；

（2）维护保险标的的安全；

（3）履行危险增加通知义务；

（4）履行出险通知义务；

（5）保险事故发生时，履行积极施救义务等。

(二) 保险人的合同履行

保险人主要履行下列义务：

(1) 承担赔偿或给付保险金责任；

(2) 承担施救及其他合理费用。

二、汽车保险合同的变更

汽车保险合同的变更是指在汽车保险合同有效期限内，由于订立保险合同时所依据的主客观情况发生变化，双方当事人按照法定或合同约定的程序，对原保险合同的某些条款进行修改或补充的行为。根据保险合同的内容，这种变更行为可分为主体变更、客体变更、条款变更三种。一般而言，保险合同的变更是一种双方民事行为，其生效的条件是投保人或被保险人提出变更书面申请，保险人同意后签发批单或批注。

(一) 汽车保险合同的主体变更

汽车保险合同的主体变更是指保险合同当事人的变更，主要是指投保人、被保险人的变更。保险人一般不会变更，除非发生合并或分立。投保人或被保险人将保险标的转让给他人的，应该变更投保人或被保险人。

(二) 保险合同的内容变更

在保险合同的有效期内，投保人或被保险人与保险人经协商同意，可以变更保险合同的有关内容，比如保险标的的用途、保险责任范围的扩大或缩小等。保险合同内容发生变更，投保人或被保险人应主动向保险人申请办理批改手续，保险人同意后，应在原保单或者其他保险凭证上批注或附贴批单，或者由投保人和保险人订立变更的书面协议。变更了的部分保险合同与原保险合同中未变更部分重新组成一份完整的汽车保险合同，成为合同当事人享有合同权利和履行合同义务的依据。

三、汽车保险合同的解除

汽车保险合同的解除是指在保险合同的有效期间届满前，当事人依照法律规定或者合同约定提前终止合同效力的法律行为。根据行使解除权的主体不同，汽车保险合同的解除可以分为投保人解除和保险人解除。

(一) 投保人解除保险合同

由于汽车保险合同是在平等自愿的基础上订立的，因而在一般情况下，投保人可以随时提出解除保险合同。我国《保险法》第十五条规定："除本法另有规定或者保险合同另有约定外，保险合同成立后，投保人可以解除合同，保险人不得解除合同。"

1.《保险法》第五十四条规定的解除情形

保险责任开始前，投保人可以要求解除合同，但是投保人应当向保险人支付手续费，通常情况下该退保手续费为应交保险费金额的3%，保险人应当退还保险费。保险责任开始后，投保人也可以要求解除保险合同，投保人应当支付自保险责任开始之日起至合同解除之日止期间的保险费，保险人退还投保人剩余保险费。

2.《保险法》第五十八条规定的解除情形

保险标的发生部分损失的，自保险人赔偿之日起30日内，投保人可以解除合同，保险人应当将保险标的未受损失部分的保险费，按照合同约定扣除自保险责任开始之日起至合同解除之日止应收的部分后，退还投保人。

（二）保险人解除保险合同

按照各国的保险法规定，保险人一般不能解除保险合同，否则应承担违约责任。根据我国《保险法》的规定，保险人在下列情况下有权解除保险合同：

1.《保险法》第十六条规定的解除情形

投保人故意隐瞒事实，不履行如实告知义务的，或者因过失未履行如实告知义务，足以影响保险人决定是否同意承保或者提高保险费率的，保险人有权解除保险合同。此处规定的合同解除权，自保险人知道有解除事由之日起，超过 30 日不行使而消灭。自合同成立之日起超过 2 年的，保险人不得解除合同。当然，通常情况下汽车保险合同的有效期间是一年，因此自合同成立之日起超过 2 年的情形几乎不会发生。发生保险事故的，保险人应当承担赔偿或者给付保险金的责任。保险人在合同订立时已经知道投保人未如实告知的情况的，保险人不得解除合同。投保人故意隐瞒事实，不履行如实告知义务，保险人不仅不承担保险合同解除之前的保险事故赔偿与给付责任，而且也不退还所交保险费。因过失造成未向保险人如实告知的，保险人同样不承担在保险合同解除前发生保险事故的赔偿与给付责任，但可以退还所交保险费。

2.《保险法》第二十七条规定的解除情形

被保险人在未发生保险事故的情况下谎称发生了保险事故，向保险人提出赔付保险金的请求，保险人有权解除保险合同，并不退还保险费。投保人、被保险人故意制造保险事故的，保险人有权解除保险合同，不承担赔付责任。

3.《保险法》第四十九条规定的解除情形

因保险标的转让导致危险程度显著增加的，保险人自收到通知之日起 30 日内，可以按照合同约定增加保险费或者解除合同。保险人解除合同的，应当将已收取的保险费按照合同约定扣除自保险责任开始之日起至合同解除之日止应收的部分后，退还投保人。

4.《保险法》第五十一条规定的解除情形

投保人、被保险人未按约定履行其对保险标的的安全应尽责任的，保险人有权要求增加保险费或解除保险合同。

5.《保险法》第五十二条规定的解除情形

在保险合同有效期内，保险标的危险程度增加的，被保险人按照合同约定应及时通知保险人，保险人有权要求增加保险费或者解除保险合同。被保险人未履行通知义务的，因保险标的危险程度增加而发生的保险事故，保险人不承担赔偿责任；保险人解除合同的，应当将已收取的保险费，按照合同约定扣除自保险责任开始之日起至合同解除之日止应收的部分后，退还投保人。

6.《保险法》第五十八条规定的解除情形

保险标的发生部分损失的，自保险人赔偿之日起 30 日内，除合同另有约定外，保险人也可以解除合同，但应当提前 15 日通知投保人。就汽车保险合同而言，在保险期间内，事故的发生可能是多次的，除法定或合同约定情形外，保险人不能因发生一次保险事故给予理赔后就解除合同。

(三) 保险双方约定解除保险合同

保险双方约定解除保险合同简称为约定解除或协议注销。保险合同当事人在不违反法律法规或公共利益的前提下，可以在合同中约定当一定的事实发生时，一方或双方当事人有权解除合同，并且可以约定行使解除权的期限。

四、汽车保险合同的终止

汽车保险合同的终止是指保险合同双方当事人消灭合同确定的权利和义务的行为。汽车保险合同一旦终止，就失去法律效力，但是原合同中争议处理条款的效力和当事人要求赔偿的权利不受影响。汽车保险合同的终止，可以分为以下三种情形：

(一) 自然终止

自然终止是指汽车保险合同有效期届满而终止的情形。汽车保险合同一般是一年期的合同，一年期满后原合同终止。当投保人提出“续保”时，并不是原合同的继续，当保险人对风险状况进行审查后确认承保时，标志着一个新合同的成立。

(二) 义务履行而终止

保险事故发生后，由于保险人履行了赔付保险金的全部责任，导致合同终止。这里的全部责任是指发生了保险人应当按约定的保额全部赔偿或给付的保险事故，保险人赔付后即承担了全部责任。但是在汽车保险中，保险人履行赔偿责任并不意味保险责任终止，保险合同继续有效。例如，中国人民财产保险公司在其第三者责任保险和车上人员责任保险条款中就规定：“被保险人获得赔偿后，保险合同继续有效，直至保险期限届满。”如果保险标的只是部分受损，依据我国《保险法》第五十八条规定，保险人履行部分赔付保险责任后，保险合同是否终止要视情况而定。如果保险人或投保人行使解除权，则保险合同终止，若没有行使解除权则保险合同继续有效。中国人民财产保险公司在其机动车损失保险、机动车盗抢保险条款中进行了如下规定：“下列情况下，保险人支付赔款后，机动车损失保险、机动车盗抢保险的保险责任终止，保险人不退还机动车损失保险、机动车盗抢保险及其附加险的保险费：

（一）被保险机动车发生全部损失；

（二）按投保时被保险机动车的实际价值确定保险金额的，一次赔款金额与免赔金额之和（不含施救费）达到保险事故发生时被保险机动车的实际价值；

（三）保险金额低于投保时被保险机动车的实际价值的，一次赔款金额与免赔金额之和（不含施救费）达到保险金额。”

可见，对未达到以上情况的，保险合同并不终止，保险人的保险责任仍须承担。

(三) 当事人行使终止权而终止

在符合法律规定或合同约定的条件下，当事人具有终止权，在履行适当的义务后即行使终止权而使保险合同终止，包括解除合同而终止。终止的时间为解除合同的书面通知送达对方当事人之时。如果合同双方当事人通过协商达成解除合同的协议，该协议生效之时即是原合同终止之时。就汽车保险合同而言，投保人享有解除权，投保人一旦行使解除权，则该汽车保险合同终止。

第六节　汽车保险合同的解释原则和争议处理

当汽车保险合同中的某些条款发生歧义时，则存在一个解释的问题，按照怎样的原则进行解释，则具有较强的指导意义和实践意义。汽车保险合同在履行中难免会发生争议和纠纷，如何解决这些争议和纠纷也是应当掌握的。

一、汽车保险合同的解释原则

汽车保险合同生效后，双方当事人在主张权利或履行义务时，往往会涉及对合同条款，乃至对条款中语言文字的理解。不同的理解会产生保险纠纷，甚至引起仲裁或诉讼。因此，为了判明当事人的真实意图，保护当事人的合法权利，准确处理保险纠纷，有必要确立保险合同的解释原则。《合同法》第四十一条规定："对格式条款的理解发生争议的，应当按照通常理解予以解释。对格式条款有两种以上解释的，应当作出不利于提供格式条款一方的解释。格式条款和非格式条款不一致的，应当采用非格式条款。"《合同法》第一百二十五条规定："当事人对合同条款的理解有争议的，应当按照合同所使用的词句、合同的有关条款、合同的目的、交易习惯以及诚实信用原则，确定该条款的真实意思。合同文本采用两种以上文字订立并约定具有同等效力的，对各文本使用的词句推定具有相同含义。各文本使用的词句不一致的，应当根据合同的目的予以解释。"《保险法》第三十条规定："采用保险人提供的格式条款订立的保险合同，保险人与投保人、被保险人或者受益人对合同条款有争议的，应当按照通常理解予以解释。对合同条款有两种以上解释的，人民法院或者仲裁机构应当作出有利于被保险人和受益人的解释。"保险实务中，对保险合同的解释，主要采用以下原则：

（一）文义解释的原则

文义解释的原则是指对于保险合同条款的文字，应当按普遍的理解、通常的含义并结合上下文进行解释的原则。根据这一原则，保险人在制定保险合同条款时，如果使用的文字具有特殊含义，则应当给出必要说明，否则一律按通常文义解释。对保险专业术语、法律术语及其他专业术语，可以依据《保险法》及相关的法律、法规或行业惯例等进行解释。

（二）意图解释的原则

解释保险合同条款应遵循签约当时双方当事人的真实意图，以当时的客观情况为出发点进行解释。保险合同的条款是保险双方当事人意思表示一致而确立的，因此解释时应充分尊重双方当事人订立合同时的真实意图。在双方对合同条款有歧义而又无法运用文义解释原则时，应通过分析背景材料等方式，对签约当时双方当事人的真实意图进行逻辑上的推断。

（三）整体解释的原则

对保险合同的解释应当从合同的整体内容考虑，应把合同的所有条款和构成部分看成相互衔接 ，具有严密逻辑性的统一整体，切忌断章取义。不能孤立地对某一条款进行解释，而宜从合同的全部内容及此种合同制定的总体联系，分析、理解和说明当事人争议的合同内容和含义。由于保险合同条款专业性强，较之一般合同条款的制定有更高的技术要求，对保险合同解释时，更应注重条款的前后联系和整体的协调。在同一保险合同中先后出现数次的同一词语，其解释应当保持一致。

（四）有利于被保险人的解释原则

有利于被保险人的解释原则是对格式合同解释时必须遵循的原则，即当保险合同出现纠纷时，按照其他解释原则难以判明当事人真实意图时，采取保护被保险人的原则。产生这一原则的根本原因是保险合同双方当事人的地位实质上是不平等的。保险合同由保险人事先制订，投保方只能做出接受与否的选择；在专业知识、保险信息等许多方面，投保方处于绝对劣势。因此，我国《合同法》第四十一条和《保险法》第三十条都规定了这一原则。

就汽车保险合同而言，以上解释原则均适用。需说明的是，汽车保险合同这一格式合同中的条款历经多年修订和保险人的周密考虑，产生歧义的情形已经少之又少，汽车保险合同需解释的情形也较少发生。

二、汽车保险合同的争议处理

我国《合同法》第一百二十八条对合同争议的处理方式提出了明确规定：“当事人可以通过和解或者调解解决合同争议。当事人不愿和解、调解或者和解、调解不成的，可以根据仲裁协议向仲裁机构申请仲裁。涉外合同的当事人可以根据仲裁协议向中国仲裁机构或者其他仲裁机构申请仲裁。当事人没有订立仲裁协议或者仲裁协议无效的，可以向人民法院起诉。当事人应当履行发生法律效力的判决、仲裁裁决、调解书；拒不履行的，对方可以请求人民法院执行。”中国人民财产保险股份有限公司也在机动车保险合同中明确规定：“ 因履行本保险合同发生的争议，由当事人协商解决。协商不成的，提交保险单载明的仲裁机构仲裁。保险单未载明仲裁机构或者争议发生后未达成仲裁协议的，可向人民法院起诉。本保险合同争议处理适用中华人民共和国法律。”

（一）协商或和解

协商，即和解，是指无第三人参加的情况下，由合同双方在自愿、互谅、实事求是的基础之上，对出现争议直接沟通，友好磋商，消除纠纷，求大同存小异，对所争议问题达成一致意见，自行解决争议的办法。协商解决争议不仅可以节约时间、节约费用，更重要的是可以在协商过程中，增进彼此了解，强化双方互相信任，有利于圆满解决纠纷，并继续执行合同。事实上，大多数汽车保险公司在履行中出现争议或纠纷是通过当事人协商解决的。

（二）调解

调解是在第三人主持下，合同当事人双方依据自愿合法的原则，在明辨是非、分清责任的基础上达成协议，从而解决纠纷的方法。调解主持人可以是合同双方当事人共同选择的，也可以是司法机关或仲裁机关。不同之处在于，前者达成的调解协议只是一种合同，不具有强制执行的效力；后者达成的调解协议属于司法调解协议，一旦生效就具有强制执行的效力，即一方当事人不执行协议，另一方当事人就可以申请法院强制执行。就汽车保险合同而言，由第三人调节解决的情形较少。

（三）仲裁

仲裁指由仲裁机构的仲裁员对当事人双方发生的争执、纠纷进行居中调解，并做出裁决，从而解决争议的法律制度。申请仲裁必须以双方自愿基础上达成的仲裁协议为前提，仲裁协议可以是订立保险合同时列明的仲裁条款，也可以是在争议发生前或发生时或发生后达成的仲裁协议。仲裁机构主要是指依法设立的仲裁委员会，它独立于国家行政机关，而且不实行级别管辖和地域管辖。仲裁裁决具有法律效力，当事人须执行。仲裁实行“一裁终局”的制度，即裁决书做出之日即发生法律效力，一方不履行仲裁裁决的，另一方当事人可以根据民事诉讼的有关规定向法院申请强制执行仲裁裁决。当事人就同一纠纷不得向同一仲裁委员会或其他仲裁委员会再次提出申请，也不得向法院提起诉讼，仲裁委员会和法院也不予受理，除非申请撤销原仲裁裁决。

（四）诉讼

诉讼是指保险合同当事人的任何一方按法律程序，通过法院对另一方当事人提出权益主张，由人民法院依法定程序解决争议，进行裁决的一种方式。在我国，保险合同纠纷属民事诉讼法规范。与仲裁不同，法院在受理案件时，实行级别管辖和地域管辖、专属管辖和选择管辖相结合的方式。《中华人民共和国民事诉讼法》第二十四条规定：“因保险合同纠纷提起的诉讼，由被告住所地或者保险标的物所在地人民法院管辖。”《最高人民法院关于适用〈中华人民共和国民事诉讼法〉若干问题的意见》中规定：“因保险合同纠纷提起的诉讼，如果保险标的物是运输工具或者运输中的货物，由被告住所地或者运输工具登记注册地、运输目的地、保险事故发生地的人民法院管辖。”因此，保险合同双方当事人只能选择有权受理的法院起诉。我国现行保险合同纠纷诉讼案件与其他诉讼案一样实行的是两审终审制，即当事人不服一审法院判决的，可以在法定的上诉期内向高一级人民法院上诉，第二审裁决为终局裁决。一经终审裁决，立即发生法律效力，当事人必须执行；否则，法院有权强制执行。当事人对二审判决还不服的，还可以提出进入申诉和抗诉程序。

案例解析

案例 3-1：因特别约定条款引起的保险纠纷

赵某为其奥迪车向某财产保险公司投保了车辆保险，保险金额 34 万元人民币。因为是新车，投保单上没有填写牌照号码。保险公司在保险单正本“特别约定”一栏中盖上了红色长方形图章，其内容是“领取牌照三日内通知保险公司，过期不负保险责任”。但赵某从交警部门领取牌照后一直没有通知保险公司。后来，该车在保险期限内发生保险事故，损失金额为人民币 20 万元，赵某依保险单向保险公司索赔。保险公司则认为赵某违反了“特别约定”中的义务，做出了拒绝赔偿的决定。赵某不服，向法院起诉。

解析：依据《保险法》第十八条的规定，投保人和保险人可以约定与保险有关的其他事项。本案例中保单载明的“特别约定”是合同的要件，是合同的基础。如果投保人违反该约定，保险人可以宣布保险合同自始无效。保险人之所以约定该项内容，其原因是保险车辆应当具有其合法的手续，如果没有牌照号码，被保险人和其他人员有可能利用该保单进行欺诈，将别的车辆冒充保险车辆索赔。机动车辆保险条款也有类似规定，因此保险车辆必须有交通管理部门核发的行驶证和号牌，并经检验合格，否则保险单无效。投保人在拿到保单后，应认真阅读上面的“特别约定”。赵某履行“特别约定”的义务是轻而易举的，在公安机关核发牌照后应给保险公司打电话，讲明牌照号码或者开车到保险公司说明，这些对赵某而言都不是件困难的事。由于赵某没有认真阅读和学习保单规定的义务，痛失保险赔款，其教训应为广大投保人和被保险人吸取。

案例 3-2：签车险合同时投保人可以选择合同即时生效吗？

2011 年 3 月，杨先生贷款买了一辆汽车，并委托贷款公司的业务员办理了保险。当杨先生去提车时，发现交强险保险单上的保险不是即时生效，生效时间是次日零时，便提出了质疑。售车公司业务员小王立即要求该贷款公司的业务员将保险生效时间更改为即时生效，却遭到了拒绝。于是，小王拿出了一份内容为“该车目前保险尚未生效，如客户强行上路，所造成损失及相关责任均由客户本人承担”的《风险告知书》，让杨先生在上面签了字，随后将车辆交给杨先生。当晚 7 点左右，杨先生开车时不小心与正在行走的李女士发生碰撞，造成李女士受伤及轿车受损的交通事故。李女士住院花去医疗费 10 万余元，李女士向法院提起诉讼，将杨先生、售车公司和保险公司列为共同被告，要求杨先生和售车公司连带赔偿其各项损失合计 20 余万元，并要求保险公司在交强险范围内承担赔偿责任。法院最后判决保险公司赔偿原告经济损失 12 万元。

解析：本案涉及两个关键问题，一是投保人在投保交强险时能否选择合同即时生效；二是保单中约定的交强险“次日零时起保”对投保人是否有效。

依据我国《保险法》第十三条的规定，投保人提出保险要求，经保险人同意承保，保险合同即成立。依法成立的保险合同，自成立时生效。投保人和保险人可以对合同的效力约定附条件或者附期限。由此可见，一般情况下，保险合同自投保人与保险人就合同的主要条款达成一致协议时成立并生效，但如果当事人另有约定，可以约定保险合同生效的时间。关于保险合同的附生效期限，我国保险公司普遍推行“零时起保制”，把保险合同生效的时间确定在合同成立日的次日零时。这实际上剥夺了投保人选择保险合同即时生效的权利。

交强险不同于商业险，是由政府强制车主购买的，不以盈利为目的，是为了充分保障受害人的利益，对受害人进行社会救助的保险，具有社会公益性。交强险保单中对保险期间有关投保后次日零时生效的规定，使得投保后，保单未正式生效前的时间段内发生交通事故的受害人得不到交强险的保障，出现了“保险真空”，这显然有悖于交强险立法的宗旨。因此，2009 年 3 月 25 日，中国保险监督管理委员会发布的《关于加强机动车交强险承保工作管理的通知》（保监厅函〔2009〕91 号）中规定，保险公司可在保单“特别约定”栏中，就保险期间进行特别说明，写明或加盖“即时生效”等字样，使保单自出单时立即生效；也可打印时间覆盖原保单中的“×年×月×日零时起”字样。2010年3月3日，保监会做出的复函中明确指出，投保人有权提出交强险保单出单时即时生效。这是因为保险合同具有很强的专业性，保险人与投保人之间存在保险信息不对称的情况，保险人有义务将相关法律规定和保险条款向投保人进行说明。投保人在充分了解保险法律法规后，可从最有利于自己的角度选择投保事项。在这起案件中，杨先生办理投保时，代为办理保险的业务员并没有把相关保险事项包括保险生效时间向其作出解释，保险期间设定为2011年3月4日零时至2012年3月3日24时是业务员擅作主张。而且杨先生要求售车公司业务员向对方提出异议并进行更改，也完全表达了他选择保险合同即时生效的真实意愿，但是保险公司却拒绝更正或补充。现在保险公司又以保险单上的保险期间约定作为拒付交强险赔偿款的理由，是不合理的。

本案中保险公司签订保险合同时并未就保险期间与投保人进行协商确定，其确定“保险期间自2011年3月4日零时起”并直接打在保单上的行为应认定为单方行为，不属于双方协商达成的附条件或附期限的条款，属于《合同法》第三十九条规定的“当事人为了重复使用而预先拟定，并在订立合同时未与对方协商的”格式条款。《合同法》第四十条规定“提供格式条款一方免除其责任、加重对方责任、排除对方主要权利的，该条款无效”。《保险法》第十七条规定：“对保险合同中免除保险人责任的条款，保险人在订立合同时应当在投保单、保险单或者其他保险凭证上作出足以引起投保人注意的提示，并对该条款的内容以书面或者口头形式向投保人作出明确说明；未作提示或者明确说明的，该条款不产生效力。”如上所述，“零时生效”条款造成了长达十几个小时的保险空白期，实质上形成了对保险人一定责任的免除，加重了投保人的责任，不仅排除了投保人在此时间段内可能获得的期待利益的权利，而且无形中增加了此时间段内机动车运行对周围环境特别是不特定人的期待利益的损害。由于保险公司不能提供证据证实对该条款履行了明确的说明或告知义务，所以法官认为本案交强险保险单上记载的“次日零时生效”条款无效，应认定为即时生效。本案中，法官对保险合同生效时间的解释，实际上也是对保险合同有利于被保险人解释原则的运用，体现了公平公正。

案例3-3：免责条款未进一步提示说明亦或无效

2011年马某投保车辆与任某货车相撞，交警认定任某全责。马某要求其投保的保险公司赔偿修车费2.8万余元时，保险公司以保险合同无责免赔约定抗辩。马某不服，起诉到法院。法院认为，依《保险法》规定，保险合同中规定有关于保险人责任免除条款的，保险人在订立保险合同时应向投保人明确说明，未明确说明的，该条款不产生效力。此处“明确说明”系指保险人在与投保人签订保险合同之前或签订保险合同之时，对于保险合同中所约定的免责条款，除了在保险单上提示投保人注意外，还应对有关免责条款概念、内容及其法律后果等，以书面或口头形式向投保人或其代理人作出解释，以使投保人明了该条款真实含义和法律后果。现保险公司未提供证据证明其将保险条款交付给马某，亦未提供证据证明其针对免责条款向马某履行了明确说明义务，故保险条款中免责条款对马某不产生效力。依《保险法》第60条规定，因第三者对保险标的的损害而造成保险事故的，保险人自向被保险人赔偿保险金之日起，在赔偿金额范围内代位行使被保险人对第三者请求赔偿的权利。据此，无论是否被保险车辆责任造成损害，保险人均应予以先行赔付，而后保险人取得追偿权，依法向第三者进行代位追偿。现马某提交证据足以证明其驾驶车辆发生交通事故，并造成了损失。故马某要求保险公司赔偿修车费诉请，应予支持。保险公司自向马某赔偿保险金之日起，其在赔偿金额范围内享有代位行使马某对第三者请求赔偿的权利。判决保险公司赔偿马某2.8万余元。

解析：通常情况下，汽车保险合同的免责条款除了在保单中予以明显标注以外（如对免责条款进行加粗提示处理等），如果保险人未向投保人作进一步提示与说明，该免责条款则可能无效。这也是为什么在电话保险中，保险公司代理人通过电话录音的方式向投保人说明何种情形下保险人不予赔偿。此外，本案的另一特别之处是投保人权利的行使与保险人代位权的行使。在交通事故中，当对方负全责时，一般由对方投保的保险公司予以理赔，对方未投保或保险不足以理赔时，则由对方当事人予以赔偿。此时，无责方要求自己投保的保险公司先予理赔就非常有必要，因其要求对方当事人予以赔偿或许不可得（对方可能无力赔偿或者怠于赔偿）。无责方在获得保险赔偿后，保险公司就获得代位权，其有权向致害人追偿。

免责条款未作进一步提示说明亦或无效的情形较多，如“非医保免赔”免责条款未明确说明，应认定无效；约定交强险保险期间自投保次日零时起算的条款因保险人未尽明确说明义务，应系无效的格式条款等。

案例3-4：投保人超载的，保险人可以不计免赔特约条款免责

2012年，孙某驾车追尾由赖某雇佣王某驾驶、挂靠运输公司的超载货车，孙某死亡。交警认定孙某、王某分别负主要责任和次要责任。2013年，孙某近亲属诉请赖某、王某、运输公司及保险公司赔偿。法院认为，王某驾驶机动车载物超过核载质量，违反《道路交通安全法》相关规定，与受害人孙某所驾机动车相撞，造成孙某死亡，由此造成原告损失，理应承担民事赔偿责任。由于王某受赖某雇请，为其所有的货车提供劳务关系，在提供劳务过程中致人损害，接受劳务方即赖某应承担赔偿责任，王某不承担赔偿责任。运输公司作为货车挂靠单位，对赖某赔偿承担连带责任。货车在事故中存在超载情形，保险公司将保险单出具给运输公司时，在履行告知义务过程中存在瑕疵。但本案保单已载明“不计免赔率特约条款”中的“三、因违反安全装载规定而增加的”条款并对其进行了打“√”作为提示。投保人应引起注意，并进行详细阅读，况且作为车辆驾驶员知道亦应当知道其超载行为系违反交通法规行为，亦可能加重保险人负担，故可视为保险人已尽明确说明义务。对保险公司所提享有10%商业险赔偿免赔率的抗辩意见予以支持。判决保险公司在交强险和商业三责险范围内赔偿原告共20万余元，赖某赔偿原告2万余元，运输公司对赖某应承担连带责任。

解析：同样是保险人未尽到向投保人作进一步提示与说明的义务，但由于超载行为系法律明文禁止的周知性事项，超载行为免责规定系法律禁止性规定在保险条款中的援引，即使保险公司对该定义的履行说明义务程度低于法律设定标准，只要未侵害投保人的知情权，保险公司以违反安全装载规定主张适用不计免赔特约条款的，应予支持。此外，本案还涉及雇佣关系、连带责任等知识点。由于王某受赖某雇请，王某在雇请中的致害损失由雇主赖某承担。运输公司作为货车挂靠单位，是该货车法律上的所有权人，理应承担连带的赔偿责任。所谓连带赔偿责任，即本案中孙某近亲属有权直接要求运输公司赔偿2万余元，运输公司在赔偿后可向赖某追偿。

案例3-5：报废汽车投保出险的理赔

某企业一辆货车因年久且设备老化，经批准予以报废，但该企业并未按规定将该车作为报废车辆处理，而是以数千元的价格卖给了王某。王某将该车重新加以拼装整修，并通过关系经当地车管部门年审合格后，以1.5万元的价格卖给运输个体户赵某。赵某明知该车有“乾坤”，但抵不住价格的诱惑将车买下，并向某保险公司投保了机动车辆基本险，保险金额为6万元。几月后，该车翻在路沟，损毁较重。保险公司派人勘查后，决定以8 000元将其修复，但赵某不同意，而是要求保险公司全额赔付。

解析：本案保险合同违反国家法律法规的强制性规定，且以合法形式掩盖非法目的，属于无效的合同。《保险法》第五十一条规定：“被保险人应当遵守国家有关消防、安全、生产操作、劳动保护等方面的规定，维护保险标的的安全。”当时适用的《机动车辆保险条款》第二十二条也规定：“被保险人及其驾驶员应当做好机动车辆的维护、保养工作，保险车辆装载必须符合规定，使其保持安全行驶技术状态。”因此，该车虽然通过了车检部门年审，但实际上并不符合投保车辆的技术、质量标准，且赵某投保金额远高于其购入车价，出险后又拒绝保险人修复受损车辆的建议，其意图在于骗取高额保险赔款，根据《中华人民共和国民法通则》第五十八条之规定，一方以欺诈、胁迫或者乘人之危，使对方在违背真实意思的情况下所为的民事行为无效，以合法形式掩盖非法目的的合同无效。因此，该保险合同是无效合同，从开始订立起就没有法律效力。本案中赵某通过欺诈手段订立保险合同，出险后索要高额赔付，严重违反了有关法律、法规的规定，保险公司可以拒绝赔偿，并不退还保险费。

假设该保险合同有效，赵某因投保时违反了如实告知义务，保险人也有权解除保险合同。根据我国《保险法》第十六条的规定，投保人故意或者因重大过失未履行前款规定的如实告知义务，足以影响保险人决定是否同意承保或者提高保险费率的，保险人有权解除合同。投保人故意不履行如实告知义务的，保险人对于合同解除前发生的保险事故，不承担赔偿或者给付保险金的责任，并不退还保险费。本案中赵某明知该货车有问题，但仍以低价买入，投保时隐瞒了该货车的真实情况，违反了被保险人的告知义务，因此保险公司有权解除该保险合同，并不负赔偿责任。

继续分析可知，赵某投保时保险金额超出保险价值的部分无效。我国《保险法》第五十五条规定：“保险金额不得超过保险价值。超过保险价值的，超过部分无效，保险人应当退还相应的保险费。”赵某以1.5万元的价格买入该车，投保时保险金额却确定为6万元，明显属于超额投保，超出保险价值的4.5万元无效，保险公司应当退还这一部分的保险费。

案例 3-6：保安受业主委托挪车肇事，保险人无权向物业追偿

2012 年，某小区保安尹某使用业主陶某放置在保安室的车辆挪车时，误将油门当刹车，将后车碰撞致损，陶某支付修车费 6.7 万余元。保险公司理赔后向物业公司及尹某追偿。物业公司及尹某拒赔，保险公司诉诸法院。法院认为，《保险法》第 60 条规定，因第三者对保险标的的损害而造成保险事故的，保险人自向被保险人赔偿保险金之日起，在赔偿金额范围内代位行使被保险人对第三者请求赔偿的权利。所谓损害，应理解为第三者主动实施一定侵害行为，或在明知、应知应积极实施某种保护行为时怠于实施对保险标的的保护，即第三者应在主观上、客观上均具有一定过错。《保险法》第 62 条规定，除被保险人家庭成员或其组成人员故意造成本法第 60 条第 1 款规定的保险事故外，保险人不得对被保险人家庭成员或其组成人员行使代位请求赔偿的权利。尹某虽非陶某家庭成员，但其驾驶车辆系受陶某委托，且尹某主观上并无过错。保险条款约定：在保险期间内，被保险人或其允许的合法驾驶人在使用保险车辆过程中发生意外事故致使第三者遭受人身伤亡或财产直接损毁的，对依法应由被保险人承担的经济赔偿责任中超过机动车交通事故责任强制保险各分项限额以上部分，由保险公司按法律和合同规定予以赔偿。可见保险条款中将被保险人与其允许的合法驾驶人置于相同地位，被保险人驾车发生保险事故，保险公司无权向被保险人追偿，同理保险公司亦无权向被保险人允许的合法驾驶人追偿。尹某具有驾驶资质，受车主陶某委托驾驶车辆发生事故，且尹某并无主观过错，交通事故责任应归属于车主陶某。保险公司按保险条款向车主陶某赔偿后，无权向尹某追偿，更无权要求物业公司赔偿。判决驳回保险公司诉请。

解析： 物业公司职员受小区业主委托挪车肇事，保险公司理赔被保险人后向物业公司及其职员追偿的，因肇事者系被保险人允许的合法驾驶人，且主观上无过错，故保险公司代位求偿权诉请，不予支持。这一点，区别于业主的车停放在小区被其他车辆损害，但又不知是那一车辆损害的情形。通常情况下，业主将车辆停放在小区，小区物业对该停放车辆进行了收费，小区物业具有妥善看管的义务，至少应当发现是哪辆车导致的损害。由于小区物业未尽到妥善看管的义务，在保险公司对损害车辆理赔后有权向小区物业进行追偿，即行使代位权。当然，这存在小区物业应当承担多大赔偿责任的问题，在车主有一定过错的情况下（如违规停放）或许不承担全部的赔偿责任。

案例 3-7：投保车辆超载的索赔

某厂与某保险公司签订了机动车保险合同，投保险种为车辆损失险、第三者责任险等。在保险期间内，该厂驾驶员驾驶所投保的车辆发生重大交通事故，赔偿被害人 15.6 万余元。该投保车辆核定载重量为 10 吨，发生事故时，该车却载重至 48 吨。主管部门依据《道路交通事故处理办法》作出交通事故责任认定书，认定驾驶员因违章超载刹车失效，造成事故，负全部责任。事后，该厂依据机动车保险合同向保险公司索赔，保险公司拒赔。该厂诉至法院，要求保险公司承担赔偿责任。一审法院认为，该厂与保险公司签订的机动车辆保险合同为有效合同。保险车辆虽在保险期限内发生交通事故造成损失，但车辆装载不符合规定，该厂要求保险公司支付赔偿保险损失的理由不能成立，不予支持。根据《中华人民共和国保险法》（2002 年修正）第三十六条之规定，判决驳回该厂要求保险公司赔偿保险损失的诉讼请求。该厂不服，上诉至二审法院。二审法院在审理过程中，双方和解，该厂撤回上诉。

解析：该厂以投保单的形式提出了保险要求，经保险公司承保，双方就保险条款达成了协议，故双方之间保险合同关系成立。无论从现行的法律规定，还是法理上分析，保险公司均有权拒赔。

第一，保险公司已就保险合同中的免责条款尽到了明确说明义务，免责条款生效。依据我国《保险法》第十七条之规定，保险人就保险合同的条款内容应负向投保人说明的义务，对保险合同中有关保险人责任免除的条款，保险人在订立合同时应当明确说明，否则责任免除条款不产生法律效力。因此，保险人是否就免除责任的条款尽到了明确说明义务，是保险人将来能否援引该免责条款抗辩的前提条件。本案中，被保险人与保险人签订的机动车辆保险合同背面所附的机动车辆保险条款中“责任免除”部分及投保人、被保险人违反法定、约定的义务时，保险人“有权拒绝赔偿或自书面通知之日起解除保险合同”的约定，均是保险合同中有关保险人的免责条款（其中也包括保险合同的约定解除权）。上述条款，通过保险人在保险单中的“明示告知”以及被保险人在投保单中“对责任免除和被保险人义务条款明确无误”的表示表明被上诉人在订立该保险合同时，已经就保险合同的条款特别是责任免除部分尽到了明确说明的义务。因此，免责条款产生法律效力。我国《保险法》规定的保险人对免责条款的明确说明义务，实际上给保险人提出了超出一般人可以预见的注意义务，目的在于充分保护被保险人和投保人的合法利益。就保险业务的发展及保险实践而言，此规定大有需要探讨之处。对免责条款进行“说明”似可操作，但如何做到使投保人或被保险人“明确”，在实践中较难衡量。因为是否就合同的条款明确，应以投保人或被保险人主观判断为标准，让保险人以证据去证实投保人或被保险人主观状态，似乎强人所难，对保险人而言也不公平。既然法律设置了对保险条款有歧义时可以援用对保险人不利的解释，似乎不应再以是否“明确”说明作为合同条款产生效力与否的依据。

第二，保险人不利解释条款并非只要被保险人对合同条款提出异议就援用。本案双方在保险条款中明确约定：“保险车辆装载必须符合《中华人民共和国道路交通管理条例》中有关机动车辆装载的规定，使其保持安全行驶技术状态”，同时约定“在保险合同有效期限内，保险车辆转卖、转让、赠送他人、变更用途或增加危险程度，被保险人应当事先书面通知保险人并申请批改”，并且还约定被保险人不履行规定义务的，保险人有权拒绝赔偿或自书面通知之日起解除保险合同。上述约定既然已经成为保险合同的内容，双方当事人就应受其约束。上述条款不仅规定了被保险人的义务，同时也应是保险人在被保险人不履行上述义务时免除责任的条款。关于车辆装载问题，根据《中华人民共和国道路交通安全法》第四十八条的规定，机动车载物应当符合核定的载重量，严禁超载；根据《中华人民共和国道路交通安全法实施条例》第五十四条的规定，机动车载物不得超过机动车行驶证上核定的载重量；根据《中华人民共和国道路交通管理条例》第三十条的规定，不准超过行驶证上核定的载重量，这些规定属于法律、行政法规的强制性规定，通常人们应当是明知的，特别是本案司机作为专业驾驶人员，对车辆的装载规定更应明确，故保险条款关于车辆装载的约定并非不明确或不好操作。因此，被保险人认为属于双方对保险条款的解释有争议，法院应做出有利于被保险人解释的理由不能成立。

第三，被保险人负有保险标的的危险程度增加时及时通知的义务。从被保险人车辆行驶证上看，投保车辆的核定载重量为10吨，其却故意违反行政法规的强制性规定，严重超载至48吨，导致交通事故的发生，该严重超载行为一方面是违反《中华人民共和国道路交通安全法》的行为，另一方面也是违反双方所签订的保险合同的违约行为。合同中已约定了此种情况下保险人应免责，且依照《保险法》第五十二条的规定，在保险合同有效期内，保险标的的危险程度增加的，被保险人应当按照合同约定及时通知保险人。本案被保险人严重超载运输，增加了保险标的的危险程度，直接导致了保险事故的发生，且未履行通知义务，保险人对该保险事故不应承担赔偿责任。

案例3-8：保险公司经办人擅改签单日期导致保险合同纠纷的理赔

张女士于2010年9月20日买了一辆新车，并随车一起购买了保险，一年内，该车没发生任何事故。2010年车险到期后，张女士忘了续保的事，直到保险公司的代理人通知她续保时，她才想起来车险已过期。2011年10月10日张女士出差回来到保险公司办理了期限仍是一年的续保手续并且缴清了保费。保险公司的经办人为了使两份车险有连续性，就把签单日填成了2011年9月20日，当时张女士也没有仔细看就将保单收起来了。2012年9月25日，张女士倒车时发生碰撞事故，马上向保险公司报了案。保险公司在处理赔偿时，以张女士的保单已经过期为由拒绝赔付。张女士找出了保险公司当时收缴保费的收据，确认办理续保的日期是2011年10月10日。张女士拿着收据，找到车险专家寻求帮助。

解析：本案的关键在于认清保险合同与保险单证的关系。保险合同由投保单、保险单、保险条款、保险凭证和批单组成。《保险法》第十三条规定："投保人提出保险要求，经保险人同意承保，保险合同成立。保险人应当及时向投保人签发保险单或者其他保险凭证。"由此可知，保单的签发是合同一方（保险公司）的一项义务，而不是合同成立的条件。在本案中保险单上载明的内容尽管可以作为一项重要的证据，但也只是一项证明而已。合同要反映的是订立时双方当事人的真实意思表示，因此只要有足够证据证明保单的内容与合同的内容不符，被保险人就可以获得赔偿。张女士投保了一年期的保险并且缴清了保费，而保险经办人在投保人不知情的情况下，改动了保险的起保日，导致保险期限缩短，不足一年，这对张女士而言明显有失公平。投保人可以要求更正保险公司的保险期。所幸张女士找到了当时支付保险费的收据，证实续保时间是2011年10月10日。因此，保险公司应当负赔偿责任。

此外，就保险公司经办人擅自更改保险日期这一事件而言，属于违反《保险法》规定的行为，保险公司要承担这种行为带来的后果，不能让投保人张女士承担保险公司过错造成的损失。从本案例中可以得到一些教训，保险公司工作人员在办理承保业务中，不应为自己工作上的便利，不经与投保人协商就私自对某些保险事项进行决定，为今后发生纠纷埋下种子。同时，投保人在拿到保险单及其他保险凭证时应认真核对，如果发现错误之处应及时要求更正，以防将来一旦发生事故引起本可以避免的纠纷，而且会牵涉较多的时间、精力和金钱。就广大车主而言，一定要在车险到期后及时续保，因为一方面车辆“脱保”后难以得到保险公司的理赔，另一方面车辆在“脱保”后超过一定时间，车主再续保可能会面临保险费率上浮的问题，同时还需要重新验车，增加了投保手续。

案例 3-9：驾校教练车下指导学员导致事故，保险公司不予理赔

2012 年，驾校教练李某车下指挥学员倒车入库时被撞身亡。驾校赔偿李某亲属 70 万元后，诉请保险公司赔偿交强险 12 万元。法院认为，保险合同是投保人与保险人约定保险权利义务关系的协议，在保险合同中所约定的保险事故发生后，保险人应履行赔付保险金义务，但对符合责任免除情形的保险事故，保险人可依约免除赔付保险金责任。本案中，驾校与保险公司之间交强险合同依法成立并生效，对双方均有约束力。根据该合同所附条款约定，被保险机动车在驾驶人未取得驾驶资格情况下发生交通事故，保险公司仅垫付抢救费用，对于其他损失和费用不负责垫付和赔偿，且对于垫付抢救费用，保险公司有权向致害人追偿。涉案被保险机动车虽为教练车，主要用于培训学员驾驶技能，而学员一般均未取得驾驶资格，但依《道路交通安全法实施条例》第 20 条第 2 款规定，学员在道路上学习机动车驾驶技能应使用教练车，且教练员应随车进行指导，学员在学习驾驶过程中有道路交通违法行为或发生交通事故，由教练员承担责任。由此可见，学员在教练场驾驶教练车时，教练员须随车进行指导，如教练员未随车指导，学员单独驾车即为无证驾驶，驾校作为专业的驾驶员培训机构，对此规定应清楚和明知。故涉案保险合同条款中虽未约定学员在驾驶被保险车辆过程中教练员必须随车指导，但不能据此认为保险公司放弃了主张该免责事由的权利。法院判决驳回驾校诉请。

解析：驾校在培训过程中，教练员未按法律规定随车指导学员驾驶被保险车辆，该学员单独驾车应属无证驾驶，由此发生交通事故致人损害，保险公司有权依法律的规定，不承担保险赔偿责任。该案给我们的一个重要启示是：汽车保险在理赔过程中合同没有约定的，依法定。通常违反法律规定的成为保险公司当然的免责事由。本案中，需注意的另一方面是关于交强险合同的约定：被保险机动车在驾驶人未取得驾驶资格情况下发生交通事故，保险公司仅垫付抢救费用，对于其他损失和费用不负责垫付和赔偿，且对于垫付抢救费用，保险公司有权向致害人追偿。驾校教练李某车下指挥学员倒车入库，则视学员为无证驾驶，既然是无证驾驶，则按照交强险合同的约定执行。

案例 3-10：车主可否对商业险“零时起保”说不

2013 年 8 月 5 日，夏某从某 4S 店购得广州本田轿车一辆，整车交付 20 万元现款，其中包含了4S店代办车险的费用。当夏某兴奋地驾驶爱车回家途中，与一机动三轮车相撞，致机动三轮车驾驶员腿部受伤、两车不同程度损坏的后果。交警部门认定夏某对事故发生负全责。夏某认为自己已向保险公司投保了机动车交强险、车辆损失险、第三者责任险，便及时向保险公司报案并申请理赔。保险公司只同意就交强险部分进行理赔，对其他商业险种则拒绝理赔。

2013年12月3日，夏某将保险公司告上法庭。保险公司在法庭上称，拒赔夏某车辆商业险是有依据的。合同的签订与生效是两个不同的概念，签订了保险合同不代表保险合同立即生效。《保险法》第十三条规定："投保人和保险人可以对合同的效力约定附条件或者附期限。"保险人与投保人订立机动车商业保险合同时，约定于合同签订的次日零时生效，"次日零时"才是保险责任开始的时间起点。该约定属于对合同生效所附的期限，在此期限到来之前合同不生效。夏某车辆事故发生在购车后至商业保险合同生效之前的"真空期"，保险公司当然不应承担保险责任。

法院判决保险公司应就与车辆事故有关的所有保险险种进行赔付，支付各项保险赔付款6.2万元。

解析：关于"零时起保"制存在着较大争议。首先，"零时起保"属格式条款，不是当事人双方真实意思的表示。格式条款是一方为不特定的相对人预先制定的反复使用的条款。其特点是条款内容相对固定，相对人不能就条款内容进行协商，只能概括地接受或者拒绝。因此，格式条款的运用易导致对消费者利益的损害。依照我国《保险法》的相关规定，保险合同的生效规则有两种：一是法定生效规则，即依法成立的保险合同，自成立时生效；二是约定生效规则，即投保人和保险人约定对合同的生效可以附条件或者附期限。根据约定的条件是否出现或期限是否截至确定合同是否生效。机动车商业险的"零时起保"条款，就是保险公司依惯例制定并报保监会备案的格式条款。被保险人如果要投保机动车商业险，就只有被动接受该条款。因此，该条款实质上只是保险公司单方的意思表示，而非与投保人协商一致形成的合意。

其次，保险人须对"零时起保"格式条款尽到提示或说明义务，未尽到此义务的，该条款不生效力。依据《保险法》第十七条的规定，订立保险合同，采用保险人提供的格式条款的，保险人向投保人提供的投保单应当附格式条款，保险人应当向投保人说明合同的内容。未作提示或者明确说明的，该条款不产生效力。如果保险公司在与投保人订立保险合同时，未对"零时起保"格式条款尽到提示或说明义务，该条款不生效。应适用保险合同法定生效规则。

最后，即使保险公司已尽到提示或说明义务，"零时起保"格式条款也可能因存在法律禁止内容而归于无效。投保人投保机动车商业险的目的是为了最大限度地规避购车后可能存在的财产或人身风险。《保险法》第十九条规定："采用保险人提供的格式条款订立的保险合同中的下列条款无效：（一）免除保险人依法应承担的义务或者加重投保人、被保险人责任的；（二）排除投保人、被保险人或者受益人依法享有的权利的。"保险公司制定的"零时起保"格式条款不仅加重投保人的责任，而且排除了投保人在"真空期"可能获得期待利益的权利。投保人对格式条款无法做出选择，只能被动接受。由于该格式条款的内容出现了《保险法》第十九条的禁止性规定，因而属于无效条款。无效条款对保险合同的当事人自始没有约束力。因此，这种名为“约定”，实为“强制”的附期限条款，可视为没有约定，只能适用保险合同的法定生效规则。尽管如此，在保险实践中，“零时起保”制仍被普遍实施。

就本案而言，事故发生后，夏某才得知车辆商业保险合同中存在“零时起保”格式条款，说明保险公司在签订合同时并未履行告知义务。保险公司也没有相关证据证实履行了告知义务，故该格式条款不产生效力。依保险合同法定生效规则，该保险合同自合同成立之时生效。合同生效后夏某车辆发生交通事故，保险公司应依合同内容承担相应的保险义务。

2009 年 3 月 25 日，保监会下发了《关于加强机动车交强险承保工作管理的通知》，明确规定交强险实行“即时生效”制，从而终结了之前交强险与商业险一样“零时起保”的做法。但是保监会并没有将这一要求推及交强险之外的其他商业险种。这就带来了机动车保险合同生效时间上的“双轨制”，即交强险采用即时生效制，其他商业险则采用“零时起保”制。

本案中，法院之所以裁决由保险人承担保险赔付的责任，主要依据并非“零时起保”制违法，而是保险人没有尽到告知义务，夏某并不知有此约定。因此，要从根本上遏制此类纠纷，还需要保险监管机构取缔机动车商业险中这种违法的格式条款。当然，这并非意味着完全排斥保险公司与投保人之间订立附生效期限的保险合同。只要双方以充分协商为基础形成合意，完全可以依法签订附生效期限的个性化的保险合同。

案例 3-11：事故车辆发生全部损失的，应按保险合同约定的方法计算实际价值

胡某所有的苏 EXXXXX 轿车投保有甲保险公司机动车损失保险。保险条款规定，保险合同中的实际价值是指新车购置价减去折旧金额后的价格。保险期间，保险车辆因驾驶员操作不当驶入鱼塘受损。4S 店确定保险车辆修理费用 507 927.82 元。甲保险公司委托苏州某检测技术有限公司对保险车辆出险前市场实际价格进行鉴定，评估价值 179 000 元。甲保险公司遂出具损失情况确认书，判定保险车辆全损，损失按检测公司意见 179 000 元确定，残值按竞价拍卖处理。后双方未能就赔偿金额协商一致，胡某遂提起诉讼。法院认为，本案事故车辆投保时按新车购置价确定保险金额，发生全部损失时，应按保险合同约定的方法计算实际价值。甲保险公司自行单方委托检测公司出具的对事故车辆实际价值的评估意见书未得到投保人胡某的认可，且根据保险条款足可确定事故发生时保险车辆的实际价值，故对意见书的结论不予采信。判决甲保险公司赔偿胡某保险金 311 138 元。

解析：汽车保险合同一旦成立并生效，其条款对当事人均具有约束力。保险公司不应当单方按照有利于自己的原则进行理赔。事实上，保险公司出具的保险合同是格式合同，本身对投保人就不利。在理赔过程中，保险公司既担任运动员又担任裁判员，本身就不公平。在此情形下，保险公司不按照合同的约定，仍然按照有利于自身的原则予以理赔不仅违约，更是对投保人和被保险人合法权益的侵害。这一做法不可取，也不明智。

第四章　汽车保险产品

汽车保险产品，即汽车保险公司所推出的产品，这一产品实质上是保险公司提供的服务，这些产品主要表现形式是险种。对险种应当从以下几方面去把握：险种涵义、保险责任、责任免除、保险金额（责任限额）、保险期限、保险人义务、投保人义务、被保险人义务、赔偿处理、争议解决等。汽车保险的产品主要有交强险与商业保险，商业保险包括主险、附加险。2012 年 3 月 14 日，中国保险业协会发布了《机动车辆商业保险示范条款》，对已有的主险和附加险进行了适当调整，各保险公司可以参考或使用该示范条款拟定本公司的商业车险条款。

第一节　交强险

机动车交通事故责任强制保险简称交强险。2004 年 5 月 1 日《中华人民共和国道路交通安全法》规定，国家实行机动车辆第三者责任强制保险制度，设立道路交通事故社会救助基金。2006 年 7 月 1 日我国开始实施《机动车交通事故责任强制保险条例》(以下简称《条例》)，实施后不久就对该《条例》进行了修订，2008 年 2 月 1 日开始实施新修订的《条例》。

一、交强险的涵义及性质

《条例》所称机动车交通事故责任强制保险是指由保险公司对被保险机动车发生道路交通事故造成本车人员、被保险人以外的受害人的人身伤亡、财产损失，在责任限额内予以赔偿的强制性责任保险。

实行交强险制度是通过国家法规强制机动车所有人或管理人购买相应的责任保险，以提高商业三责险的投保面，在最大程度上为交通事故受害人提供及时和基本的保障。交强险还具有一般责任保险所没有的强制性，只要是在中国境内道路上行驶的机动车的所有人或者管理人都应当投保交强险，未投保的机动车不得上路行驶。这种强制性不仅体现在强制投保上，也体现在强制承保上，具有经营机动车交通事故责任强制保险资格的保险公司不得拒绝承保，也不能随意解除合同。商业三责险则属于民事合同，机动车主或者是管理人拥有是否选择购买的权利，保险公司也享有拒绝承保的权利。

二、交强险的发展和作用

从 2006 年 7 月至 2016 年年底，交强险已累计处理赔案 1.9 亿件（其中垫付 250 万件），累计赔付成本 7 441 亿元。10 年来，交强险已累计提取救助基金 140 亿元，累计代收车船税 3 564 亿元，经营交强险的保险公司也从开办最初的 11 家增加到了 66 家。交强险制度不断完善，服务能力不断提升，先后建立了“交强险财产损失无责赔付简化处理机制”“交强险重大人伤事故提前结案处理机制”“交强险财产损失互碰自赔处理机制”和“直接向受害人支付赔款机制”。这些制度形成覆盖交强险财产损失及人身伤亡快速理赔的完整体系，提高了事故处理的效率。

三、交强险的保险责任

保险责任是指被保险车辆在中国境内使用时发生交通事故，造成受害人的人身伤亡或财产损失，依法应当由被保险人承担的损害赔偿责任，保险人按照《条例》的规定对每次事故在各责任限额内负责赔偿。其责任限额如下：

第一，机动车在道路交通事故中有责任的赔偿限额：死亡伤残赔偿限额为 110 000 元人民币，医疗费用赔偿限额为 10 000 元人民币，财产损失赔偿限额为 2 000 元人民币。

第二，机动车在道路交通事故中无责任的赔偿限额：死亡伤残赔偿限额为 11 000 元人民币，医疗费用赔偿限额为 1 000 元人民币，财产损失赔偿限额为 100 元人民币。

死亡伤残赔偿限额是指被保险机动车发生交通事故，保险人对每次保险事故所有受害人的死亡伤残费用所承担的最高赔偿金额。死亡伤残费用包括丧葬费、死亡补偿费、受害人亲属办理丧葬事宜支出的交通费用、残疾赔偿金、残疾辅助器具费、护理费、康复费、交通费、被抚养人生活费、住宿费、误工费以及被保险人依照法院判决或者调解承担的精神损害抚慰金等。

医疗费用赔偿限额是指被保险机动车发生交通事故，保险人对每次保险事故所有受害人的医疗费用所承担的最高赔偿金额。医疗费用包括医药费、诊疗费、住院费、住院伙食补助费以及必要合理的后续治疗费、整容费、营养费等。

财产损失赔偿限额是指被保险机动车发生交通事故，保险人对每次保险事故所有受害人的财产损失承担的最高赔偿金额。

四、交强险的保费

交强险的基础费率共分家庭自用车、非营业客车、营业客车、非营业货车、营业货车、特种车、摩托车和拖拉机八大类 42 种车型，每种车型保险费率各不相同。但是对同一车型，其基础保费全国执行统一价格。例如，家庭自用车 6 座以下基础保费每年 950 元，家庭自用汽车 6 座及以上基础保费每年 1 100 元。2007 年 6 月 27 日，保监会颁布了《机动车交通事故责任强制保险费率浮动暂行办法》，该办法规定，交强险费率浮动与道路交通事故相联系，暂不与道路交通违法行为相联系。具体如下：

第一，上一年度未发生有责任道路交通事故，浮动比率为-10%；

第二，上两个年度未发生有责任道路交通事故，浮动比率为-20%；

第三，上三个及以上年度未发生有责任道路交通事故，浮动比率为-30%；

第四，上一年度发生一次有责任不涉及死亡的道路交通事故，浮动比率为0%；

第五，上一年度发生两次及两次以上有责任道路交通事故，浮动比率为 10%；

第六，上一年度发生有责任道路交通死亡事故，浮动比率为 30%。

上述情况同时出现多种的，不累加，从高计。

因此，交强险最终保费 = 基础保费×（1+与道路交通事故相联系的浮动比率）

五、交强险的标志

被保险人应当在被保险机动车上放置交强险标志。保险标志式样全国统一。保险单、保险标志由保监会监制，任何单位或者个人不得伪造、变造或者使用伪造、变造的保险单、保险标志。

六、交强险保险合同的解除

保险公司不得解除机动车交通事故责任强制保险合同。但是，投保人对重要事项未履行如实告知义务的除外。投保人对重要事项未履行如实告知义务，保险公司解除合同前，应当书面通知投保人，投保人应当自收到通知之日起 5 日内履行如实告知义务；投保人在上述期限内履行如实告知义务的，保险公司不得解除合同。保险公司解除机动车交通事故责任强制保险合同的，应当收回保险单和保险标志，并书面通知机动车管理部门。

投保人不得解除机动车交通事故责任强制保险合同，但有下列情形之一的除外：

第一，被保险机动车被依法注销登记的；

第二，被保险机动车办理停驶的；

第三，被保险机动车经公安机关证实丢失的；

第四，投保人重复投保交强险的，解除后一个投保的交强险。

七、交强险保险期间

一般情况下交强险保险期间为一年，但有下列情形之一的，可以投保短期保险：

第一，临时入境的境外机动车；

第二，据保费期限不足一年的机动车；

第三，临时上道路行驶的机动车（如临时牌照的机动车，临时提车，到异地办理注册登记的新购机动车等）；

第四，保监会规定的其他情形。

投保短期保险的，按照短期月费率计算保费，不足一个月的按一个月计算。

短期基础保费 = 年基础保费×短期月费率系数

八、交强险保险赔偿

（一）总原则

被保险机动车发生道路交通事故造成本车人员、被保险人以外的受害人人身伤亡、财产损失的，由保险公司依法在机动车交通事故责任强制保险责任限额范围内予以赔偿。道路交通事故的损失是由受害人故意造成的，保险公司不予赔偿。

（二）垫付抢救费用

有下列情形之一的，保险公司在机动车交通事故责任强制保险责任限额范围内垫付抢救费用，并有权向致害人追偿：

第一，驾驶人未取得驾驶资格或者醉酒的；

第二，被保险机动车被盗抢期间肇事的；

第三，被保险人故意制造道路交通事故的。

以上所列情形之一，发生道路交通事故的，造成受害人的财产损失，保险公司不承担赔偿责任。

（三）救助基金垫付费用

国家设立道路交通事故社会救助基金。有下列情形之一时，道路交通事故中受害人人身伤亡的丧葬费用、部分或者全部抢救费用，由救助基金先行垫付，救助基金管理机构有权向道路交通事故责任人追偿：

第一，抢救费用超过机动车交通事故责任强制保险责任限额的；

第二，肇事机动车未参加机动车交通事故责任强制保险的；

第三，机动车肇事后逃逸的。

救助基金的来源包括按照机动车交通事故责任强制保险的保险费的一定比例提取的资金；对未按照规定投保机动车交通事故责任强制保险的机动车的所有人、管理人的罚款；救助基金管理机构依法向道路交通事故责任人追偿的资金；救助基金孳息；其他资金。

（四）赔偿程序

被保险机动车发生道路交通事故的，由被保险人向保险公司申请赔偿保险金。保险公司应当自收到赔偿申请之日起 1 日内，书面告知被保险人需要向保险公司提供的与赔偿有关的证明和资料。

保险公司应当自收到被保险人提供的证明和资料之日起 5 日内，对是否属于保险责任做出核定，并将结果通知被保险人；对不属于保险责任的，应当书面说明理由；对属于保险责任的，在与被保险人达成赔偿保险金的协议后 10 日内，赔偿保险金。

被保险人与保险公司对赔偿有争议的，可以依法申请仲裁或者向人民法院提起诉讼。

保险公司可以向被保险人赔偿保险金，也可以直接向受害人赔偿保险金。但是，因抢救受伤人员需要保险公司支付或者垫付抢救费用的，保险公司在接到公安机关交通管理部门通知后，经核对应当及时向医疗机构支付或者垫付抢救费用。因抢救受伤人员需要救助基金管理机构垫付抢救费用的，救助基金管理机构在接到公安机关交通管理部门通知后，经核对应当及时向医疗机构垫付抢救费用。

（五）索赔材料

交强险索赔材料如下：交强险保险单；被保险人出具的索赔申请书；被保险人和受害人身份证明、被保险机动车行驶证和驾驶人的驾驶证；交警出具的事故证明，或法院等机构出具的法律文书及其他证明；被保险人依法选择自行协商方式处理交通事故的，应提供合乎规定的协议书；受害人财产损失证明、人身伤残证明、医疗证明及损失清单和费用单据；其他与确认保险事故的性质、原因、损失程度等有关的证明和资料。

（六）责任免除

具有下列情形之一的，投保交强险的保险公司不承担赔偿责任：道路交通事故的损失是由受害人故意造成的，保险公司不予赔偿；被保险人所有的财产及被保险机动车上的财产遭受的损失，保险公司不予赔偿；被保险机动车发生交通事故，致使受害人停业、停驶、停电、停水、停气、停产、通信或者网络中断、数据丢失、电压变化等造成的损失以及受害人财产因市场价格变动造成的贬值、修理后因价值降低造成的损失等其他各种间接损失，保险公司不予赔偿；因交通事故产生的仲裁或者诉讼费用以及其他相关费用，保险公司不予赔偿。

九、投保人被保险人义务

投保人和被保险人应当履行下列义务：①投保人投保时，应当如实填写投保单，向保险人如实告知重要事项，并提供被保险机动车的行驶证和驾驶证复印件。重要事项包括机动车的种类、厂牌型号、识别代码、号牌号码、使用性质和机动车所有人或者管理人的姓名（名称）、性别、年龄、住所、身份证或者驾驶证号码（组织机构代码）、续保前该机动车发生事故的情况及保监会规定的其他事项。投保人未如实告知重要事项，对保险费计算有影响的，保险人按照保单年度重新核定保险费计收。②签订交强险合同时，投保人不得在保险条款和保险费率之外，向保险人提出附加其他条件的要求。③投保人续保的，应当提供被保险机动车上一年度交强险的保险单。④在保险合同有效期内，被保险机动车因改装、加装、使用性质改变等导致危险程度增加的，被保险人应当及时通知保险人，并办理批改手续。否则，保险人按照保单年度重新核定保险费计收。⑤被保险机动车发生交通事故，被保险人应当及时采取合理、必要的施救和保护措施，并在事故发生后及时通知保险人。⑥发生保险事故后，被保险人应当积极协助保险人进行现场查勘和事故调查。发生与保险赔偿有关的仲裁或者诉讼时，被保险人应当及时书面通知保险人。

十、交强险的互碰自赔

自 2009 年 2 月 1 日起，交强险财产损失互碰自赔处理机制在全国范围内施行。在互碰自赔实施前，车险赔付方式相对麻烦，两车发生碰撞后，如果双方都有责任，各方保险公司要对事故对方的车辆进行定损，一方车主垫付对方车辆的修车款项后，再向自己投保的保险公司索赔，理赔流程和手续较为复杂。

（一）互碰自赔的涵义

车损 2 000 元以下的小事故不用找对方保险公司索赔，可直接找自己的保险公司索赔。互碰自赔实施后，符合条件的车主，可以直接到自己的保险公司定损索赔，从而减少了在两家保险公司间的往返奔波。

（二）互碰自赔的条件

根据中国保险协会下发的《交强险损失互碰自赔处理办法》的规定，当机动车之间发生轻微互碰交通事故时，同时满足以下条件，适用“互碰自赔”处理机制：

（1）两车或多车互碰，各方均投保交强险；

（2）仅涉及车辆损失（包括车上财产和车上货物），不涉及人员伤亡和车外财产损失，各方车损金额均在交强险有责任财产损失赔偿限额（2 000 元）以内；

（3）由交通警察认定或当事人根据出险地关于交通事故快速处理的有关规定自行协商确定双方均有责任（包括同等责任、主次责任等）；

（4）当事人同意采用“互碰自赔”方式处理。

可见，互碰自赔只限于交强险，商业车险暂不执行互碰自赔。这主要是由于交强险有责任财产损失赔偿限额最高 2 000 元的规定，且交强险是强制投保，上路行驶的车辆均需投保，而商业车险是自主投保，发生碰撞的车辆不一定都有商业险，因此超过 2 000 元的损失不便实行“自赔”。交强险采用“无过错”赔偿方式，商业车险按照“按责赔偿”方式，两种赔偿方式亦不相同。

（三）互碰自赔提供的材料

当事人向保险公司提出索赔时应当提供如下索赔材料：索赔申请书；责任认定书、调解书或自行协商处理协议书；损失情况确认书（定损单）；车辆修理费发票（原件）；驾驶证和行驶证（复印件或照片）。

（四）互碰自赔的赔付

如果客户去的修车点有保险公司驻点，则只需将索赔材料交给保险公司服务人员即可，修理费由保险公司直接赔付给修车店，无须客户去负担。如果客户去的修车点没有保险公司驻点，客户则需携索赔材料到保险公司理赔中心柜台申请。如果手续齐全，一般保险公司第二天就会把赔付款转到客户的银行账号上。

第二节　汽车商业保险

汽车商业保险分主险（基本险）与附加险两类。主险是指能够独立承保的险种，其通常是对汽车经常面临的风险给予的保障。附加险是指不能独立存在，只有购买主险后才能购买的险种，其通常是对主险保险责任的补充，其所承保的与主险承保的不重复。

一、我国汽车商业保险改革历程

自 1999 年以来，我国的汽车商业险经历了如下几个重要的发展时期：

第一，1999 年 2 月 13 日，保监会颁布了《机动车辆保险条款》，该条款规定汽车主险有车辆损失险、第三者责任险；附加险有盗抢险、玻璃单独破碎险、车辆停驶损失险、自燃损失险、车上责任险、无过失责任险、新增设备损失险、车载货物掉落责任险、不计免赔特约条款。各保险公司均照此执行。

第二，2002 年 3 月 4 日，保监会发布了《改革机动车辆保险条款费率管理办法有关问题的通知》，该通知规定，条款费率不再由保监会统一制定，各公司可自主制定报保监会备案即可，个性化条款自2003年1月1日起在全国范围内实施。

第三，2006年7月1日起，实行由保险业协会统一制定A、B、C三套条款。各保险公司只能选择其一，保险公司一旦选择了某种条款则在该公司推出的保险产品中应当包括该种条款的所有险种。需要说明的是，A、B、C三套条款主要对车损险和三者责任险进行了统一，其他险种条款由保险公司自己制定，报保险监督管理部门备案即可。

A款险种构成：机动车第三者责任保险、家庭自用汽车损失保险、非营业用汽车损失保险、营业用汽车损失保险、摩托车保险、拖拉机保险、特种车保险。

B款险种构成：商业第三者责任保险、车辆损失险。

C款险种构成：机动车损失保险、机动车第三者责任保险。

第四，2007年4月1日起，开始实施2007年版A、B、C三套条款，其实施规则与2006年版相同，与2006年版相比主要区别在于条款涵盖险种明显增多。具体如下：

A款险种构成：机动车第三者责任保险、家庭自用汽车损失保险、非营业用汽车损失保险、营业用汽车损失保险、摩托车保险、拖拉机保险、特种车保险、机动车车上人员责任保险、机动车盗抢保险、玻璃单独破碎险、车身划痕损失险、可选免赔额特约条款、不计免赔率特约条款。

B款险种构成：商业第三者责任保险、车辆损失险、全车盗抢险、车上人员责任险、摩托车保险、拖拉机保险、玻璃单独破碎险条款、车身划痕损失险条款、基本险不计免赔率特约条款。

C款险种构成：机动车损失保险、机动车第三者责任保险、机动车车上人员责任险、机动车全车盗抢损失险、摩托车保险、拖拉机保险、玻璃单独破碎险、车身油漆单独损伤险、车损免赔额特约条款、基本险不计免赔率特约条款。

事实上，无论保险公司选择哪套条款，都可以通过自主确定险种的方式弥补该套险种在保险产品种类上的不足。因此，就保险产品覆盖的范围而言，主要保险公司差别不大；就个性化而言，主要体现在各保险公司自己推出的保险产品上，这些产品既可以是主险，也可以是附加险。

第五，2012年3月14日，中国保险业协会发布了《机动车辆商业保险示范条款》。该条款为保险公司提供了商业车险条款行业范本，各保险公司可以参考或使用该条款中所列条款。该条款所列的机动车商业险的主险有：机动车损失保险、机动车第三者责任保险、机动车车上人员责任险、机动车全车盗抢险。附加险有：玻璃单独破碎险、自燃损失险、新增设备损失险、车身划痕损失险、发动机涉水损失险、修理期间费用补偿险、车上货物责任险、精神损害抚慰金责任险、不计免赔险、机动车损失保险无法找到第三方特约险、指定修理厂险。

第六，2014年7月，保监会向各财险公司发布了《关于深化商业车险条款费率管理制度改革的指导意见（征求意见稿）》。2015年6月1日，商业车险改革试点在黑龙江、山东、广西、重庆、陕西、青岛六个地区全面落地，保险公司开始销售新的商业车险产品，执行新的商业车险条款费率管理制度。2016年1月1日起，改革试点增加天津、内蒙古、吉林、安徽、河南、湖北、湖南、广东、四川、青海、宁夏、新疆

12 个地区。2016 年 6 月，商业车险改革在全国范围内实施。2017 年 6 月，保监会宣布进一步扩大保险公司自主定价权，下调商业车险费率浮动系数下限，通过市场化手段进一步降低商业车险费率水平。商业车险经过改革，发生了下列变化：①保险行业协会对机动车辆商业保险险种名称进行了规范，并统一进行了编码，详见表 4.1“中国保险行业协会机动车辆商业保险险种名称、编码一览表”。②按车辆实际价值计算保费，同价不同款汽车保费不同。费改前，车主购买保险时是按新车购置价来确定保险费用的。费改后，车辆是以实际价值确定保费投保车损险的，发生全损时，车辆即可获得实际损失的赔偿。比对费改前，消费者需要支付的费用更低。③保险责任范围有所扩大。被保险人或司机的家人可在三责险项下进行赔付，相比过去撞到自家人保险不赔情况，费改之后，其保险责任的范围变得更广了。除此之外，因为台风、热带风暴、暴雪、冰凌、沙尘暴、冰雹等自然灾害所导致的车辆损失，也增加到车损险保险责任中，各险种均删除了多项责任免除约定。④出险越少，驾驶习惯好，保费越低。费改后保险公司给出的价格，不仅取决于车主上一年的出险率，还要参照车主的驾驶行为习惯和驾驶风险。简单计算一下，上一年没有出险，综合算下来，车险费率最低可以享受到基准费率的 6 折，如果连续两年没出险，保费最低可以打 5 折，如果连续 3 年（或以上）没出险，保费最低可以打到 4 折左右。相反，如果车辆上一年出现多次理赔，则将按次数相应上浮费率，出险 1 次保费不打折，出险 2 次、3 次、4 次保费分别上浮 25%、50%、75%，出险 5 次及以上保费将翻倍。⑤增加“代位求偿”权。当本人遇到对方负全责的保险事故，如果对方因为投保额不足，或者没有能力赔偿，受损一方可以要求自己的保险公司先行赔付，然后由保险公司负责向对方追偿。

表 4.1　中国保险行业协会机动车辆商业保险险种名称、编码一览表

<table>
<tr><th colspan="2">原险种名称</th><th>调整后的险种名称、编码</th></tr>
<tr><td colspan="2">中国保险行业协会机动车损失保险（全面型）</td><td>机动车损失保险（IACJQL0001）</td></tr>
<tr><td colspan="2">机动车损失保险（全面型）附加绝对免赔率特约险</td><td>附加绝对免赔率特约险（IACJQL0101）</td></tr>
<tr><td colspan="2">机动车损失保险（全面型）附加车轮单独损坏除外特约险</td><td>附加车轮单独损坏除外特约险（IACJQL0201）</td></tr>
<tr><td rowspan="10">中国保险行业协会机动车综合商业保险</td><td>机动车损失保险</td><td>机动车损失保险（IACJZL0001）</td></tr>
<tr><td>机动车第三者责任保险</td><td>机动车第三者责任保险（IACJZT0001）</td></tr>
<tr><td>机动车车上人员责任保险</td><td>机动车车上人员责任保险（IACJZP0001）</td></tr>
<tr><td>机动车全车盗抢保险</td><td>机动车全车盗抢保险（IACJZR0001）</td></tr>
<tr><td>玻璃单独破碎险</td><td>附加玻璃单独破碎险（IACJZL0101）</td></tr>
<tr><td>自燃损失险</td><td>附加自燃损失险（IACJZL0201）</td></tr>
<tr><td>新增加设备损失险</td><td>附加新增加设备损失险（IACJZL0301）</td></tr>
<tr><td>车身划痕损失险</td><td>附加车身划痕损失险（IACJZL0401）</td></tr>
<tr><td>发动机涉水损失险</td><td>附加发动机涉水损失险（IACJZL0501）</td></tr>
<tr><td>修理期间费用补偿险</td><td>附加修理期间费用补偿险（IACJZL0601）</td></tr>
</table>

表4.1(续)

原险种名称		调整后的险种名称、编码
中国保险行业协会机动车综合商业保险	车上货物责任险	附加车上货物责任险（IACJZT0101）
	精神损害抚慰金责任险	附加精神损害抚慰金责任险（IACJZU0101）
	不计免赔率险	附加不计免赔率险（IACJZU0201）
	机动车损失保险无法找到第三方特约险	附加机动车损失保险无法找到第三方特约险（IACJZL0701）
	指定修理厂险	附加指定修理厂险（IACJZL0801）
	机动车第三者责任保险附加法定节假日限额翻倍险	机动车第三者责任保险附加法定节假日限额翻倍险（IACJZT0201）
中国保险行业协会机动车单程提车保险	机动车损失保险	单程提车机动车损失保险（IACDZL0001）
	机动车第三者责任保险	单程提车机动车第三者责任保险（IACDZT0001）
	机动车车上人员责任保险	单程提车机动车车上人员责任保险（IACDZP0001）
	不计免赔率险	附加不计免赔率险（IACDZU0101）
	机动车损失保险无法找到第三方特约险	附加单程提车机动车损失保险无法找到第三方特约险（IACDZL0101）
中国保险行业协会特种车综合商业保险	特种车损失保险	特种车损失保险（IACTZL0001）
	特种车第三者责任保险	特种车第三者责任保险（IACTZT0001）
	特种车车上人员责任保险	特种车车上人员责任保险（IACTZP0001）
	特种车全车盗抢保险	特种车全车盗抢保险（IACTZR0001）
	玻璃单独破碎险	附加玻璃单独破碎险（IACTZL0101）
	自燃损失险	附加自燃损失险（IACTZL0201）
	新增加设备损失险	附加新增加设备损失险（IACTZL0301）
	修理期间费用补偿险	附加修理期间费用补偿险（IACTZL0401）
	车上货物责任险	附加车上货物责任险（IACTZT0101）
	精神损害抚慰金责任险	附加精神损害抚慰金责任险（IACTZU0101）
	不计免赔率险	附加不计免赔率险（IACTZU0201）
	特种车损失保险无法找到第三方特约险	附加特种车损失保险无法找到第三方特约险（IACTZL0501）
	指定修理厂险	附加指定修理厂险（IACTZL0601）
	起重、装卸、挖掘车辆损失扩展条款	附加起重、装卸、挖掘车辆损失扩展条款（IACTZL0701）
	特种车辆固定设备、仪器损坏扩展条款	附加特种车辆固定设备、仪器损坏扩展条款（IACTZL0801）

表4. 1（续）

原险种名称		调整后的险种名称、编码
中国保险行业协会机动车出境综合商业保险	机动车损失保险	机动车损失保险（IACCZL0001）
	机动车第三者责任保险	机动车第三者责任保险（IACCZT0001）
	机动车车上人员责任保险	机动车车上人员责任保险（IACCZP0001）
	机动车全车盗抢保险	机动车全车盗抢保险（IACCZR0001）
	车上货物责任险	附加车上货物责任险（IACCZT0101）
	不计免赔率险	附加不计免赔率险（IACCZU0101）
	起重、装卸、挖掘车辆损失扩展条款	附加起重、装卸、挖掘车辆损失扩展条款（IACCZL0101）
	特种车辆固定设备、仪器损坏扩展条款	附加特种车辆固定设备、仪器损坏附加扩展条款（IACCZL0201）

备注：IAC 表示协会条款；第四位字母用 J、D、M、T、C 分别表示机动车、单程提车、摩托车拖拉机、特种车、出境车；第五位 Z\ Q 分别表示综合型和全面型；第六位 L 表示车损险，T 表示第三者责任险，P 表示车上人员责任险，R 表示盗抢险，U 表示不特定险种；第七、八位，00 表示主险，01、02……表示附加险；最后 2 位数字表示开发版本。

二、主险（基本险）简介

依据《机动车综合商业保险条款（2014 版）》的规定，主险包括商业第三者责任险、车辆损失险、全车盗抢险、车上人员责任险共四个独立的险种，投保人可以选择投保其中部分险种，也可以选择投保全部险种。

（一）机动车损失保险

1. 保险责任

保险期间内，被保险人或其允许的驾驶人在使用被保险机动车过程中，因下列原因造成被保险机动车的直接损失，且不属于免除保险人责任的范围，保险人依照本保险合同的约定负责赔偿：

（1）碰撞、倾覆、坠落。碰撞是指被保险机动车或其符合装载规定的货物与外界固态物体之间发生的、产生撞击痕迹的意外撞击。倾覆是指被保险机动车由于自然灾害或意外事故，造成本被保险机动车翻倒，车体触地，失去正常状态和行驶能力，不经施救不能恢复行驶。坠落是指被保险机动车在行驶中发生意外事故，整车腾空后下落，造成本车损失的情况。非整车腾空，仅由于颠簸造成被保险机动车损失的，不属于坠落。

（2）火灾、爆炸。火灾是指由被保险机动车本身以外的火源引起的、在时间或空间上失去控制的燃烧（即有热、有光、有火焰的剧烈的氧化反应）所造成的灾害。

（3）外界物体坠落、倒塌。坠落是指被保险机动车在行驶中发生意外事故，整车腾空后下落，造成本车损失的情况。非整车腾空，仅由于颠簸造成被保险机动车损失的，不属于坠落。外界物体倒塌是指被保险机动车自身以外的物体倒下或陷下。

（4）雷击、暴风、暴雨、洪水、龙卷风、冰雹、台风、热带风暴。暴风是指风速在28.5米/秒（相当于11级大风）以上的大风，风速以气象部门公布的数据为准。暴雨是指每小时降雨量达16毫米以上，或连续12小时降雨量达30毫米以上，或连续24小时降雨量达50毫米以上。洪水是指山洪暴发、江河泛滥、潮水上岸及倒灌。但规律性的涨潮、自动灭火设施漏水以及在常年水位以下或地下渗水、水管爆裂不属于洪水责任。

（5）地陷、崖崩、滑坡、泥石流、雪崩、冰陷、暴雪、冰凌、沙尘暴。

（6）受到被保险机动车所载货物、车上人员意外撞击。

（7）载运被保险机动车的渡船遭受自然灾害（只限于驾驶人随船的情形）。

（8）发生保险事故时，被保险人或其允许的驾驶人为防止或者减少被保险机动车的损失所支付的必要的、合理的施救费用，由保险人承担；施救费用数额在被保险机动车损失赔偿金额以外另行计算，最高不超过保险金额的数额。

2. 责任免除

驾驶人有下列情形之一的，不论任何原因造成被保险机动车的任何损失和费用，保险人均不负责赔偿。

（1）事故发生后，在未依法采取措施的情况下驾驶被保险机动车或者遗弃被保险机动车离开事故现场；

（2）饮酒、吸食或注射毒品、服用国家管制的精神药品或者麻醉药品。饮酒是指驾驶人饮用含有酒精的饮料，驾驶机动车时血液中的酒精含量大于等于20 mg/100 mL的情形；

（3）无驾驶证，驾驶证被依法扣留、暂扣、吊销、注销期间；

（4）驾驶与驾驶证载明的准驾车型不相符合的机动车；

（5）实习期内驾驶公共汽车、营运客车或者执行任务的警车、载有危险物品的机动车或牵引挂车的机动车；

（6）驾驶出租机动车或营业性机动车无交通运输管理部门核发的许可证书或其他必备证书；

（7）学习驾驶时无合法教练员随车指导；

（8）非被保险人允许的驾驶人；

此外，事故发生后，被保险人或其允许的驾驶人故意破坏、伪造现场、毁灭证据的，保险人也不负责赔偿。

下列原因导致的被保险机动车的损失和费用，保险人不负责赔偿。

（1）地震及其次生灾害；

（2）战争、军事冲突、恐怖活动、暴乱、污染（含放射性污染）、核反应、核辐射；

（3）人工直接供油、高温烘烤、自燃、不明原因火灾；

（4）违反安全装载规定；

（5）被保险机动车被转让、改装、加装或改变使用性质等，被保险人、受让人未及时通知保险人，并且因转让、改装、加装或改变使用性质等导致被保险机动车危险程度显著增加；

（6）被保险人或其允许的驾驶人的故意行为。

下列损失和费用，保险人不负责赔偿。

（1）因市场价格变动造成的贬值、修理后因价值降低引起的减值损失；

（2）自然磨损、朽蚀、腐蚀、故障、本身质量缺陷；

（3）遭受保险责任范围内的损失后，未经必要修理并检验合格继续使用，致使损失扩大的部分；

（4）投保人、被保险人或其允许的驾驶人知道保险事故发生后，故意或者因重大过失未及时通知，致使保险事故的性质、原因、损失程度等难以确定的，保险人对无法确定的部分，不承担赔偿责任，但保险人通过其他途径已经及时知道或者应当及时知道保险事故发生的除外；

（5）修理前被保险人未与保险人一起检验，协商确定修理项目、方式和费用的，导致无法确定的损失；

（6）被保险机动车全车被盗窃、被抢劫、被抢夺、下落不明，以及在此期间受到的损坏，或被盗窃、被抢劫、被抢夺未遂受到的损坏，或车上零部件、附属设备丢失；

（7）车轮单独损坏，玻璃单独破碎，无明显碰撞痕迹的车身划痕，以及新增设备的损失；

（8）发动机进水后导致的发动机损坏。

3. 保险金额

保险金额按投保时被保险机动车的实际价值确定。投保时被保险机动车的实际价值由投保人与保险人根据投保时的新车购置价减去折旧金额后的价格协商确定或其他市场公允价值协商确定。新车购置价是指保险合同签订地购置与被保险机动车同类型新车的价格，无同类型新车市场销售价格的，由投保人与保险人协商确定。折旧金额可根据表 4. 2 参考折旧系数表确定。

折旧金额 = 新车购置价×被保险机动车已使用月数×月折旧系数

市场公允价值是指熟悉市场情况的买卖双方在公平交易的条件下和自愿的情况下所确定的价格，或无关联的双方在公平交易的条件下一项资产可以被买卖或者一项负债可以被清偿的成交价格。

表 4. 2　　参考折旧系数表

车辆种类	月折旧系数			
	家庭自用	非营业	营业	
			出租	其他
9 座以下客车	0. 60%	0. 60%	1. 10%	0. 90%
10 座以下客车	0. 90%	0. 90%	1. 10%	0. 90%
微型载货汽车	/	0. 90%	1. 10%	1. 10%
带拖挂的载货汽车	/	0. 90%	1. 10%	1. 10%
低速货车和三轮汽车	/	1. 10%	1. 40%	1. 4%
其他车辆	/	0. 90%	1. 10%	0. 90%

折旧按月计算，不足一个月的部分，不计折旧。最高折旧金额不超过投保时被保险机动车洗车购置价的 80%。

4. 赔偿处理

（1）及时通知义务。发生保险事故时，被保险人或其允许的驾驶人应当及时采取合理的、必要的施救和其允许的驾驶人根据有关法律法规规定选择自行协商方式处理交通事故的，应当立即通知保险人。

被保险人或其允许的驾驶人根据有关法律法规规定选择自行协商方式处理交通事故的，应当协助保险人勘验事故各方车辆、核实事故责任，并依照《道路交通事故处理程序规定》签订记录交通事故情况的协议书。

（2）免赔率与免赔额。被保险机动车一方负次要事故责任的，实行 5%的事故责任免赔率；负同等事故责任的，实行 10%的事故责任免赔率；负主要事故责任的，实行 15%的事故责任免赔率；负全部事故责任或单方肇事事故的，实行 20%的事故责任免赔率。被保险机动车的损失应当由第三方负责赔偿，无法找到第三方的，实行 30%的绝对免赔率；违反安全装载规定，但不是事故发生的直接原因的，增加 10%的绝对免赔率；对于投保人与保险人在投保时协商确定绝对免赔额的，在实行免赔率的基础上增加每次事故绝对免赔额。

（3）赔偿的原则

因保险事故损坏的被保险机动车，应当尽量修复。修理前被保险人应当会同保险人检验，协商确定修理项目、方式和费用。对未协商确定的，保险人可以重新核定。被保险机动车遭受损失后的残余部分由保险人、被保险人协商处理。如折归被保险人的，由双方协商确定其价值并在赔款中扣除。因第三方对被保险机动车的损害而造成保险事故，被保险人向第三方索赔的，保险人应积极协助；被保险人也可以直接向本保险人索赔，保险人在保险金额内先行赔付被保险人，并在赔偿金额内代位行使被保险人对第三方请求赔偿的权利。被保险人已经从第三方取得损害赔偿的，保险人进行赔偿时，相应扣减被保险人从第三方已取得的赔偿金额。保险人未赔偿之前，被保险人放弃对第三方请求赔偿的权利的，保险人不承担赔偿责任。被保险人故意或者因重大过失致使保险人不能行使代位请求赔偿的权利的，保险人可以扣减或者要求返还相应的赔款。保险人向被保险人先行赔付的，保险人向第三方行使代位请求赔偿的权利时，被保险人应当向保险人提供必要的文件和所知道的有关情况。

保险人受理报案、现场查勘、核定损失、参与诉讼、进行抗辩、要求被保险人提供证明和资料、向被保险人提供专业建议等行为，均不构成保险人对赔偿责任的承诺。

（4）赔偿的计算

全部损失的计算：

赔款 =（保险金额 - 被保险人已从第三方获得的赔偿金额）×（1 - 事故责任免赔率）×（1 - 绝对免赔率之和）- 绝对免赔额

此处的全部损失是指被保险机动车发生事故后灭失，或者受到严重损坏完全失去原有形体、效用，或者不能再归被保险人所拥有的，为实际全损；或被保险机动车发生事故后，认为实际全损已经不可避免，或者为避免发生实际全损所需支付的费用超过实际价值的，为推定全损。

部分损失的计算：

赔款=(实际修复费用-被保险人已从第三方获得的赔偿金额)×(1-事故责任免赔率)×(1-绝对免赔率之和)-绝对免赔额

此处部分损失的计算应当在保险金额以内。

此外，机动车损失保险的赔偿还包括施救费的计算。施救的财产中，含有本保险合同未保险的财产，应按保险合同保险财产的实际价值占总施救财产的实际价值比例分摊施救费用。

被保险机动车发生保险事故，导致全部损失，或一次赔款金额与免赔金额之和（不含施救费）达到保险金额，保险人按保险合同约定支付赔款后，保险责任终止，保险人不退还机动车损失保险及其附加险的保险费。

（5）索赔应提供的资料

被保险人索赔时，应当向保险人提供与确认保险事故的性质、原因、损失程度等有关的证明和资料。这些资料包括：保险单、损失清单、有关费用单据、被保险机动车行驶证和发生事故时驾驶人的驾驶证。属于道路交通事故的，被保险人应当提供公安机关交通管理部门或法院等机构出具的事故证明、有关的法律文书（判决书、调解书、裁定书、裁决书等）及其他证明。被保险人或其允许的驾驶人根据有关法律法规的规定选择自行协商方式处理交通事故的，被保险人应当提供依照《道路交通事故处理程序规定》签订记录交通事故情况的协议书。

（二）机动车第三者责任保险

1. 保险责任

保险期间内，被保险人或其允许的驾驶人在使用被保险机动车过程中发生意外事故，致使第三者遭受人身伤亡或财产直接损毁，依法应当对第三者承担的损害赔偿责任，且不属于免除保险人责任的范围，保险人依照本保险合同的约定，对于超过机动车交通事故责任强制保险各分项赔偿限额的部分负责赔偿。

2. 责任免除

驾驶人有下列情形之一者，保险人均不负责赔偿：

（1）事故发生后，在未依法采取措施的情况下驾驶被保险机动车或者遗弃被保险机动车离开事故现场；

（2）饮酒、吸食或注射毒品、服用国家管制的精神药品或者麻醉药品；

（3）无驾驶证，驾驶证被依法扣留、暂扣、吊销、注销期间；

（4）驾驶与驾驶证载明的准驾车型不相符合的机动车；

（5）实习期内驾驶公共汽车、营运客车或者执行任务的警车、载有危险物品的机动车或牵引挂车的机动车；

（6）驾驶出租机动车或营业性机动车无交通运输管理部门核发的许可证书或其他必备证书；

（7）学习驾驶时无合法教练员随车指导；

（8）非被保险人允许的驾驶人；

事故发生后，被保险人或其允许的驾驶人故意破坏、伪造现场、毁灭证据的，保险人不负责赔偿责任。

被保险机动车有下列情形之一者，保险人均不负责赔偿：

（1）发生保险事故时被保险机动车行驶证、号牌被注销的，或未按规定检验或检验不合格；

（2）被扣押、收缴、没收、政府征用期间；

（3）在竞赛、测试期间，在营业性场所维修、保养、改装期间；

（4）全车被盗窃、被抢劫、被抢夺、下落不明期间。

下列原因导致的人身伤亡、财产损失和费用，保险人不负责赔偿：

（1）地震及其次生灾害、战争、军事冲突、恐怖活动、暴乱、污染（含放射性污染）、核反应、核辐射；

（2）第三者、被保险人或其允许的驾驶人的故意行为、犯罪行为，第三者与被保险人或其他致害人恶意串通的行为；

（3）被保险机动车被转让、改装、加装或改变使用性质等，被保险人、受让人未及时通知保险人，且因转让、改装、加装或改变使用性质等导致被保险机动车危险程度显著增加。

下列人身伤亡、财产损失和费用，保险人不负责赔偿：

（1）被保险机动车发生意外事故，致使任何单位或个人停业、停驶、停电、停水、停气、停产、通讯或网络中断、电压变化、数据丢失造成的损失以及其他各种间接损失；

（2）第三者财产因市场价格变动造成的贬值，修理后因价值降低引起的减值损失；

（3）被保险人及其家庭成员、被保险人允许的驾驶人及其家庭成员所有、承租、使用、管理、运输或代管的财产的损失，以及本车上财产的损失；

（4）被保险人、被保险人允许的驾驶人、本车车上人员的人身伤亡；

（5）停车费、保管费、扣车费、罚款、罚金或惩罚性赔款；

（6）超出《道路交通事故受伤人员临床诊疗指南》和国家基本医疗保险同类医疗费用标准的费用部分；

（7）律师费，未经保险人事先书面同意的诉讼费、仲裁费；

（8）投保人、被保险人或其允许的驾驶人知道保险事故发生后，故意或者因重大过失未及时通知，致使保险事故的性质、原因、损失程度等难以确定的，保险人对无法确定的部分，不承担赔偿责任，但保险人通过其他途径已经及时知道或者应当及时知道保险事故发生的除外；

（9）因被保险人违反本条款第三十四条约定，导致无法确定的损失；

（10）精神损害抚慰金；

（11）应当由机动车交通事故责任强制保险赔偿的损失和费用；

保险事故发生时，被保险机动车未投保机动车交通事故责任强制保险或机动车交通事故责任强制保险合同已经失效的，对于机动车交通事故责任强制保险责任限额以内的损失和费用，保险人不负责赔偿。

3. 责任限额

每次事故的责任限额，由投保人和保险人在签订本保险合同时协商确定。通常情况下有 6 个档，限额分别是 5 万元、10 万元、20 万元、50 万元、100 万元和 100 到 1 000 万元。

主车和挂车连接使用时视为一体，发生保险事故时，由主车保险人和挂车保险人按照保险单上载明的机动车第三者责任保险责任限额的比例，在各自的责任限额内承担赔偿责任，但赔偿金额总和以主车的责任限额为限。

4. 赔偿处理

（1）及时通知义务。发生保险事故时，被保险人或其允许的驾驶人应当及时采取合理的、必要的施救和保护措施，防止或者减少损失，并在保险事故发生后 48 小时内通知保险人。被保险人或其允许的驾驶人根据有关法律法规规定选择自行协商方式处理交通事故的，应当立即通知保险人。被保险人或其允许的驾驶人根据有关法律法规规定选择自行协商方式处理交通事故的，应当协助保险人勘验事故各方车辆、核实事故责任，并依照《道路交通事故处理程序规定》签订记录交通事故情况的协议书。

（2）交通事故赔付比例。保险人依据被保险机动车一方在事故中所负的事故责任比例，承担相应的赔偿责任。被保险人或被保险机动车一方根据有关法律法规规定选择自行协商或由公安机关交通管理部门处理事故未确定事故责任比例的，按照下列规定确定事故责任比例：被保险机动车一方负主要事故责任的，事故责任比例为 70%；被保险机动车一方负同等事故责任的，事故责任比例为 50%；被保险机动车一方负次要事故责任的，事故责任比例为 30%。涉及司法或仲裁程序的，以法院或仲裁机构最终生效的法律文书为准。

（3）免赔率。保险人在依据本保险合同约定计算赔款的基础上，在保险单载明的责任限额内，按照下列方式免赔：被保险机动车一方负次要事故责任的，实行 5%的事故责任免赔率；负同等事故责任的，实行 10%的事故责任免赔率；负主要事故责任的，实行 15%的事故责任免赔率；负全部事故责任的，实行 20%的事故责任免赔率；违反安全装载规定的，实行 10%的绝对免赔率。

（4）赔偿的原则。保险人对被保险人给第三者造成的损害，可以直接向该第三者赔偿。被保险人给第三者造成损害，被保险人对第三者应负的赔偿责任确定的，根据被保险人的请求，保险人应当直接向该第三者赔偿。被保险人怠于请求的，第三者有权就其应获赔偿部分直接向保险人请求赔偿。

被保险人给第三者造成损害，被保险人未向该第三者赔偿的，保险人不得向被保险人赔偿。

因保险事故损坏的第三者财产，应当尽量修复。修理前被保险人应当会同保险人检验，协商确定修理项目、方式和费用。对未协商确定的，保险人可以重新核定。

保险人受理报案、现场查勘、核定损失、参与诉讼、进行抗辩、要求被保险人提供证明和资料、向被保险人提供专业建议等行为，均不构成保险人对赔偿责任的承诺。

（5）赔偿的计算

当（依合同约定核定的第三者损失金额-机动车交通事故责任强制保险的分项赔偿

限额）×事故责任比例 等于或高于每次事故赔偿限额时：

赔款=每次事故赔偿限额×(1-事故责任免赔率)×(1-绝对免赔率之和)

当（依合同约定核定的第三者损失金额-机动车交通事故责任强制保险的分项赔偿限额）×事故责任比例低于每次事故赔偿限额时：

赔款=(依合同约定核定的第三者损失金额-机动车交通事故责任强制保险的分项赔偿限额)×事故责任比例×(1-事故责任免赔率)×(1-绝对免赔率之和)

保险人按照《道路交通事故受伤人员临床诊疗指南》和国家基本医疗保险的同类医疗费用标准核定医疗费用的赔偿金额。未经保险人书面同意，被保险人自行承诺或支付的赔偿金额，保险人有权重新核定。不属于保险人赔偿范围或超出保险人应赔偿金额的，保险人不承担赔偿责任。

（6）索赔应提供的资料。被保险人索赔时，应当向保险人提供与确认保险事故的性质、原因、损失程度等有关的证明和资料。被保险人应当提供保险单、损失清单、有关费用单据、被保险机动车行驶证和发生事故时驾驶人的驾驶证。属于道路交通事故的，被保险人应当提供公安机关交通管理部门或法院等机构出具的事故证明、有关的法律文书（判决书、调解书、裁定书、裁决书等）及其他证明。被保险人或其允许的驾驶人根据有关法律法规规定选择自行协商方式处理交通事故的，被保险人应当提供依照《道路交通事故处理程序规定》签订记录交通事故情况的协议书。

（三）机动车车上人员责任保险

1. 保险责任

保险期间内，被保险人或其允许的驾驶人在使用被保险机动车过程中发生意外事故，致使车上人员遭受人身伤亡，且不属于免除保险人责任的范围，依法应当对车上人员承担的损害赔偿责任，保险人依照本保险合同的约定负责赔偿。

2. 责任免除

驾驶人有下列情形之一者，保险人不负责赔偿。

（1）事故发生后，在未依法采取措施的情况下驾驶被保险机动车或者遗弃被保险机动车离开事故现场；

（2）饮酒、吸食或注射毒品、服用国家管制的精神药品或者麻醉药品；

（3）无驾驶证，驾驶证被依法扣留、暂扣、吊销、注销期间；

（4）驾驶与驾驶证载明的准驾车型不相符合的机动车；

（5）实习期内驾驶公共汽车、营运客车或者执行任务的警车、载有危险物品的机动车或牵引挂车的机动车；

（6）驾驶出租机动车或营业性机动车无交通运输管理部门核发的许可证书或其他必备证书；

（7）学习驾驶时无合法教练员随车指导；

（8）非被保险人允许的驾驶人。

事故发生后，被保险人或其允许的驾驶人故意破坏、伪造现场、毁灭证据的，保险人不负责赔偿。

被保险机动车有下列情形之一者，保险人不负责赔偿。

（1）发生保险事故时被保险机动车行驶证、号牌被注销的，或未按规定检验或检验不合格；

（2）被扣押、收缴、没收、政府征用期间；

（3）在竞赛、测试期间，在营业性场所维修、保养、改装期间；

（4）全车被盗窃、被抢劫、被抢夺、下落不明期间。

下列原因导致的人身伤亡，保险人不负责赔偿：

（1）地震及其次生灾害、战争、军事冲突、恐怖活动、暴乱、污染（含放射性污染）、核反应、核辐射；

（2）被保险机动车被转让、改装、加装或改变使用性质等，被保险人、受让人未及时通知保险人，且因转让、改装、加装或改变使用性质等导致被保险机动车危险程度显著增加；

（3）被保险人或驾驶人的故意行为。

下列人身伤亡、损失和费用，保险人不负责赔偿：

（1）被保险人及驾驶人以外的其他车上人员的故意行为造成的自身伤亡；

（2）车上人员因疾病、分娩、自残、斗殴、自杀、犯罪行为造成的自身伤亡；

（3）违法、违章搭乘人员的人身伤亡；

（4）罚款、罚金或惩罚性赔款；

（5）超出《道路交通事故受伤人员临床诊疗指南》和国家基本医疗保险同类医疗费用标准的费用部分；

（6）律师费，未经保险人事先书面同意的诉讼费、仲裁费；

（7）投保人、被保险人或其允许的驾驶人知道保险事故发生后，故意或者因重大过失未及时通知，致使保险事故的性质、原因、损失程度等难以确定的，保险人对无法确定的部分，不承担赔偿责任，但保险人通过其他途径已经及时知道或者应当及时知道保险事故发生的除外；

（8）精神损害抚慰金；

（9）应当由机动车交通事故责任强制保险赔付的损失和费用。

3. 赔偿限额

驾驶人每次事故责任限额和乘客每次事故每人责任限额由投保人和保险人在投保时协商确定。投保乘客座位数按照被保险机动车的核定载客数（驾驶人座位除外）确定。

4. 赔偿处理

（1）及时通知义务。发生保险事故时，被保险人或其允许的驾驶人应当及时采取合理的、必要的施救和保护措施，防止或者减少损失，并在保险事故发生后 48 小时内通知保险人。被保险人或其允许的驾驶人根据有关法律法规规定选择自行协商方式处理交通事故的，应当立即通知保险人。被保险人或其允许的驾驶人根据有关法律法规规定选择自行协商方式处理交通事故的，应当协助保险人勘验事故各方车辆、核实事故责任，并依照《道路交通事故处理程序规定》签订记录交通事故情况的协议书。

（2）交通事故赔付比例。保险人依据被保险机动车一方在事故中所负的事故责任比例，承担相应的赔偿责任。被保险人或被保险机动车一方根据有关法律法规规定选择自行协商或由公安机关交通管理部门处理事故未确定事故责任比例的，按照下列规定确定事故责任比例：被保险机动车一方负主要事故责任的，事故责任比例为70%；被保险机动车一方负同等事故责任的，事故责任比例为50%；被保险机动车一方负次要事故责任的，事故责任比例为30%。涉及司法或仲裁程序的，以法院或仲裁机构最终生效的法律文书为准。

（3）免赔率。保险人在依据本保险合同约定计算赔款的基础上，在保险单载明的责任限额内，按照下列方式免赔：被保险机动车一方负次要事故责任的，实行5%的事故责任免赔率；负同等事故责任的，实行10%的事故责任免赔率；负主要事故责任的，实行15%的事故责任免赔率；负全部事故责任或单方肇事事故的，实行20%的事故责任免赔率。

（4）赔偿的原则。保险人按照《道路交通事故受伤人员临床诊疗指南》和国家基本医疗保险的同类医疗费用标准核定医疗费用的赔偿金额。未经保险人书面同意，被保险人自行承诺或支付的赔偿金额，保险人有权重新核定。因被保险人原因导致损失金额无法确定的，保险人有权拒绝赔偿。保险人受理报案、现场查勘、核定损失、参与诉讼、进行抗辩、要求被保险人提供证明和资料、向被保险人提供专业建议等行为，均不构成保险人对赔偿责任的承诺。

（5）赔偿的计算。对每座的受害人，当（依合同约定核定的每座车上人员人身伤亡损失金额-应由机动车交通事故责任强制保险赔偿的金额）×事故责任比例高于或等于每次事故每座赔偿限额时：

赔款=每次事故每座赔偿限额×(1-事故责任免赔率)

对每座的受害人，当（依合同约定核定的每座车上人员人身伤亡损失金额-应由机动车交通事故责任强制保险赔偿的金额）×事故责任比例低于每次事故每座赔偿限额时：

赔款=(依合同约定核定的每座车上人员人身伤亡损失金额-应由机动车交通事故责任强制保险赔偿的金额)×事故责任比例×(1-事故责任免赔率)

（6）索赔应提交的资料

被保险人索赔时，应当向保险人提供与确认保险事故的性质、原因、损失程度等有关的证明和资料。被保险人应当提供保险单、损失清单、有关费用单据、被保险机动车行驶证和发生事故时驾驶人的驾驶证。属于道路交通事故的，被保险人应当提供公安机关交通管理部门或法院等机构出具的事故证明、有关的法律文书（判决书、调解书、裁定书、裁决书等）和通过机动车交通事故责任强制保险获得赔偿金额的证明材料。被保险人或其允许的驾驶人根据有关法律法规规定选择自行协商方式处理交通事故的，被保险人应当提供依照《道路交通事故处理程序规定》签订记录交通事故情况的协议书和通过机动车交通事故责任强制保险获得赔偿金额的证明材料。

（四）机动车全车盗抢保险

1. 保险责任

保险期间内，被保险机动车的下列损失和费用，且不属于免除保险人责任的范围，保险人依照本保险合同的约定负责赔偿：① 被保险机动车被盗窃、抢劫、抢夺，经出险当地县级以上公安刑侦部门立案证明，满 60 天未查明下落的全车损失；② 被保险机动车全车被盗窃、抢劫、抢夺后，受到损坏或车上零部件、附属设备丢失需要修复的合理费用；③ 被保险机动车在被抢劫、抢夺过程中，受到损坏需要修复的合理费用。

2. 责任免除

下列情况下，不论任何原因造成被保险机动车的任何损失和费用，保险人均不负责赔偿：

（1）被保险人索赔时未能提供出险当地县级以上公安刑侦部门出具的盗抢立案证明；

（2）驾驶人、被保险人、投保人故意破坏现场、伪造现场、毁灭证据；

（3）被保险机动车被扣押、罚没、查封、政府征用期间；

（4）被保险机动车在竞赛、测试期间，在营业性场所维修、保养、改装期间，被运输期间。

下列损失和费用，保险人不负责赔偿：

（1）地震及其次生灾害导致的损失和费用；

（2）战争、军事冲突、恐怖活动、暴乱导致的损失和费用；

（3）因诈骗引起的任何损失，或者因投保人、被保险人与他人的民事、经济纠纷导致的任何损失；

（4）被保险人或其允许的驾驶人的故意行为、犯罪行为导致的损失和费用；

（5）非全车遭盗窃，仅车上零部件或附属设备被盗窃或损坏；

（6）新增设备的损失；

（7）遭受保险责任范围内的损失后，未经必要修理并检验合格继续使用，致使损失扩大的部分；

（8）被保险机动车被转让、改装、加装或改变使用性质等，被保险人、受让人未及时通知保险人，且因转让、改装、加装或改变使用性质等导致被保险机动车危险程度显著增加而发生保险事故；

（9）投保人、被保险人或其允许的驾驶人知道保险事故发生后，故意或者因重大过失未及时通知，致使保险事故的性质、原因、损失程度等难以确定的，保险人对无法确定的部分，不承担赔偿责任，但保险人通过其他途径已经及时知道或者应当及时知道保险事故发生的除外；

（10）因被保险人违反本条款第五十八条约定，导致无法确定的损失。

3. 保险金额

保险金额在投保时被保险机动车的实际价值内协商确定。投保时被保险机动车的实际价值由投保人与保险人根据投保时的新车购置价减去折旧金额后的价格协商确定或其他市场公允价值协商确定。折旧金额可根据保险合同列明的参考折旧系数表确定。

4. 赔偿处理

（1）及时通知义务。被保险机动车全车被盗抢的，被保险人知道保险事故发生后，应在 24 小时内向出险当地公安刑侦部门报案，并通知保险人。

（2）免赔率。保险人在依据本保险合同约定计算赔款的基础上，按照下列方式免赔：发生全车损失的，绝对免赔率为20%；发生全车损失，被保险人未能提供《机动车登记证书》、机动车来历凭证的，每缺少一项，增加1%的绝对免赔率。

5. 赔偿的计算

被保险机动车全车被盗抢的，按以下方法计算赔款：

赔款=保险金额×(1-绝对免赔率之和)

被保险机动车发生被保险机动车全车被盗窃、抢劫、抢夺后，受到损坏或车上零部件、附属设备丢失需要修复时，以及被保险机动车在被抢劫、抢夺过程中，受到损坏需要修复时，保险人按实际修复费用在保险金额内计算赔偿。因保险事故损坏的被保险机动车，应当尽量修复。修理前被保险人应当会同保险人检验，协商确定修理项目、方式和费用。对未协商确定的，保险人可以重新核定。

6. 索赔应提交的资料

被保险人索赔时，须提供保险单、损失清单、有关费用单据、《机动车登记证书》、机动车来历凭证以及出险当地县级以上公安刑侦部门出具的盗抢立案证明。保险人按照本保险合同的约定，认为被保险人索赔提供的有关证明和资料不完整的，应当及时一次性通知被保险人补充提供。

被保险机动车发生本保险事故，导致全部损失，或一次赔款金额与免赔金额之和达到保险金额，保险人按本保险合同约定支付赔款后，本保险责任终止，保险人不退还机动车全车盗抢保险及其附加险的保险费。

三、附加险简介

附加险条款的法律效力优于主险条款。附加险条款未尽事宜，以主险条款为准。除附加险条款另有约定外，主险中的责任免除、免赔规则、双方义务同样适用于附加险。现以《中国保险行业协会机动车综合商业保险示范条款》中的附加险为例进行介绍。这些附加险包括玻璃单独破碎险、自燃损失险、新增加设备损失险、车身划痕损失险、发动机涉水损失险、修理期间费用补偿险、车上货物责任险、精神损害抚慰金责任险、不计免赔率险、机动车损失保险无法找到第三方特约险、指定修理厂险等。

（一）玻璃单独破碎险

1. 投保条件

投保了机动车损失保险的机动车，可投保这一附加险。

2. 保险责任

此处的玻璃单独破碎是指未发生被保险机动车其他部位的损坏，仅发生被保险机动车前后挡风玻璃和左右车窗玻璃的损坏。保险期间内，被保险机动车挡风玻璃或车窗玻璃的单独破碎，保险人按实际损失金额赔偿。

3. 投保方式

投保人与保险人可协商选择按进口或国产玻璃投保。保险人根据协商选择的投保方式承担相应的赔偿责任。

4. 责任免除

安装、维修机动车过程中造成的玻璃单独破碎。另外，这一附加险不适用主险中的各项免赔率、免赔额约定。

（二）自燃损失险

1. 投保条件

投保了机动车损失保险的机动车，可投保本附加险。

2. 保险责任

保险期间内，指在没有外界火源的情况下，由本车电器、线路、供油系统、供气系统等被保险机动车自身原因或所载货物自身原因起火燃烧造成的本车的损失；

发生保险事故时，被保险人为防止或者减少被保险机动车的损失所支付的必要的、合理的施救费用，由保险人承担；施救费用数额在被保险机动车损失赔偿金额以外另行计算，最高不超过本附加险保险金额的数额。

3. 责任免除

（1）自燃仅造成电器、线路、油路、供油系统、供气系统的损失；

（2）由于擅自改装、加装电器及设备导致被保险机动车起火造成的损失；

（3）被保险人在使用被保险机动车过程中，因人工直接供油、高温烘烤等违反车辆安全操作规则造成的损失；

（4）本附加险每次赔偿实行20%的绝对免赔率，不适用主险中的各项免赔率、免赔额约定。

4. 保险金额

保险金额由投保人和保险人在投保时被保险机动车的实际价值内协商确定。

5. 赔偿处理

全部损失，在保险金额内计算赔偿；部分损失，在保险金额内按实际修理费用计算赔偿。

（三）新增加设备损失险

1. 投保条件

投保了机动车损失保险的机动车，可投保本附加险。

2. 保险责任

此处的新增设备是指被保险机动车出厂时原有设备以外的，另外加装的设备和设施。保险期间内，投保了本附加险的被保险机动车因发生机动车损失保险责任范围内的事故，造成车上新增加设备的直接损毁，保险人在保险单载明的本附加险的保险金额内，按照实际损失计算赔偿。

3. 责任免除

本附加险每次赔偿的免赔约定以机动车损失保险条款约定为准。

4. 保险金额

保险金额根据新增加设备投保时的实际价值确定。新增加设备的实际价值是指新增加设备的购置价减去折旧金额后的金额。

（四）车身划痕损失险

1. 投保条件

投保了机动车损失保险的机动车，可投保本附加险。

2. 保险责任

此处的车身划痕损失是指仅发生被保险机动车车身表面油漆的损坏，且无明显碰撞痕迹。保险期间内，投保了本附加险的机动车在被保险人或其允许的驾驶人使用过程中，发生无明显碰撞痕迹的车身划痕损失，保险人按照保险合同约定负责赔偿。

3. 责任免除

（1）被保险人及其家庭成员、驾驶人及其家庭成员的故意行为造成的损失；

（2）因投保人、被保险人与他人的民事、经济纠纷导致的任何损失；

（3）车身表面自然老化、损坏，腐蚀造成的任何损失；

（4）本附加险每次赔偿实行15%的绝对免赔率，不适用主险中的各项免赔率、免赔额约定。

4. 保险金额

保险金额为2 000元、5 000元、10 000元或20 000元，由投保人和保险人在投保时协商确定。

5. 赔偿处理

（1）在保险金额内按实际修理费用计算赔偿。

（2）在保险期间内，累计赔款金额达到保险金额，本附加险保险责任终止。

（五）发动机涉水损失险

1. 投保条件

这一附加险仅适用于家庭自用汽车、党政机关、事业团体用车、企业非营业用车，并且只有在投保了机动车损失保险后，方可投保这一附加险。

2. 保险责任

保险期间内，投保了本附加险的被保险机动车在使用过程中，因发动机进水后导致的发动机的直接损毁，保险人负责赔偿；发生保险事故时，被保险人为防止或者减少被保险机动车的损失所支付的必要的、合理的施救费用，由保险人承担；施救费用数额在被保险机动车损失赔偿金额以外另行计算，最高不超过保险金额的数额。

3. 责任免除

这一附加险每次赔偿均实行15%的绝对免赔率，不适用主险中的各项免赔率、免赔额约定。

4. 赔偿处理

发生保险事故时，保险人在保险金额内计算赔偿。

（六）修理期间费用补偿险

1. 投保条件

只有在投保了机动车损失保险的基础上方可投保本附加险，机动车损失保险责任终止时，本保险责任同时终止。

2. 保险责任

保险期间内，投保了本条款的机动车在使用过程中，发生机动车损失保险责任范围内的事故，造成车身损毁，致使被保险机动车停驶，保险人按保险合同约定，在保险金额内向被保险人补偿修理期间费用，作为代步车费用或弥补停驶损失。

3. 责任免除

下列情况下，保险人不承担修理期间费用补偿：

（1）因机动车损失保险责任范围以外的事故而致被保险机动车的损毁或修理；

（2）不在保险人认可的修理厂修理时，因车辆修理质量不合要求造成返修；

（3）被保险人或驾驶人拖延车辆送修期间；

（4）本附加险每次事故的绝对免赔额为 1 天的赔偿金额，不适用主险中的各项免赔率、免赔额约定。

4. 保险金额

这一附加险保险金额=补偿天数×日补偿金额。补偿天数及日补偿金额由投保人与保险人协商确定并在保险合同中载明，保险期间内约定的补偿天数最高不超过 90 天。

5. 赔偿处理

全车损失，按保险单载明的保险金额计算赔偿；部分损失，在保险金额内按约定的日赔偿金额乘以从送修之日起至修复之日止的实际天数计算赔偿，实际天数超过双方约定修理天数的，以双方约定的修理天数为准。保险期间内，累计赔款金额达到保险单载明的保险金额，这一附加险保险责任终止。

（七）车上货物责任险

1. 投保条件

投保了机动车第三者责任保险的机动车，可投保本附加险。

2. 保险责任

保险期间内，发生意外事故致使被保险机动车所载货物遭受直接损毁，依法应由被保险人承担的损害赔偿责任，保险人负责赔偿。

3. 责任免除

（1）偷盗、哄抢、自然损耗、本身缺陷、短少、死亡、腐烂、变质、串味、生锈，动物走失、飞失、货物自身起火燃烧或爆炸造成的货物损失；

（2）违法、违章载运造成的损失；

（3）因包装、紧固不善，装载、遮盖不当导致的任何损失；

（4）车上人员携带的私人物品的损失；

（5）保险事故导致的货物减值、运输延迟、营业损失及其他各种间接损失；

（6）法律、行政法规禁止运输的货物的损失；

（7）本附加险每次赔偿实行 20% 的绝对免赔率，不适用主险中的各项免赔率、免赔额约定。

4. 责任限额

责任限额由投保人和保险人在投保时协商确定。

5. 赔偿处理

被保险人索赔时，应提供运单、起运地货物价格证明等相关单据。保险人在责任限额内按起运地价格计算赔偿。

（八）精神损害抚慰金责任险

1. 投保条件

只有在投保了机动车第三者责任保险或机动车车上人员责任保险的基础上方可投保这一附加险。在投保人仅投保机动车第三者责任保险的基础上附加本附加险时，保险人只负责赔偿第三者的精神损害抚慰金；在投保人仅投保机动车车上人员责任保险的基础上附加本附加险时，保险人只负责赔偿车上人员的精神损害抚慰金。

2. 保险责任

保险期间内，被保险人或其允许的驾驶人在使用被保险机动车的过程中，发生投保的主险约定的保险责任内的事故，造成第三者或车上人员的人身伤亡，受害人据此提出精神损害赔偿请求，保险人依据法院判决及保险合同约定，对应由被保险人或被保险机动车驾驶人支付的精神损害抚慰金，在扣除机动车交通事故责任强制保险应当支付的赔款后，在本保险赔偿限额内负责赔偿。

3. 责任免除

（1）根据被保险人与他人的合同协议，应由他人承担的精神损害抚慰金；

（2）未发生交通事故，仅因第三者或本车人员的惊恐而引起的损害；

（3）怀孕妇女的流产发生在交通事故发生之日起 30 天以外的；

（4）本附加险每次赔偿实行 20%的绝对免赔率，不适用主险中的各项免赔率、免赔额约定。

4. 赔偿限额

本保险每次事故赔偿限额由保险人和投保人在投保时协商确定。

5. 赔偿处理

本附加险赔偿金额依据人民法院的判决在保险单所载明的赔偿限额内计算赔偿。

（九）不计免赔率险

1. 投保条件

投保了任一主险及其他设置了免赔率的附加险后，均可投保这一附加险。

2. 保险责任

保险事故发生后，按照对应投保的险种约定的免赔率计算的、应当由被保险人自行承担的免赔金额部分，保险人负责赔偿。

3. 责任免除

下列情况下，应当由被保险人自行承担的免赔金额，保险人不负责赔偿：

（1）机动车损失保险中应当由第三方负责赔偿而无法找到第三方的；

（2）因违反安全装载规定而增加的；

（3）发生机动车全车盗抢保险约定的全车损失保险事故时，被保险人未能提供《机动车登记证书》、机动车来历凭证的，每缺少一项而增加的；

（4）机动车损失保险中约定的每次事故绝对免赔额；

（5）可附加这一条款但未选择附加这一条款的险种约定的；

（6）不可附加这一条款的险种约定的。

（十）机动车损失保险无法找到第三方特约险

投保了机动车损失保险后，可投保这一附加险。投保了这一附加险后，对于被保险机动车损失应当由第三方负责赔偿，但因无法找到第三方而增加的由被保险人自行承担的免赔金额，保险人负责赔偿。

（十一）指定修理厂险

投保了机动车损失保险的机动车，可投保这一本附加险。投保了这一附加险后，机动车损失保险事故发生后，被保险人可指定修理厂进行修理。

需要说明的是，并非每一家经营汽车保险业务的保险人均具有以上附加险产品，有些保险公司还推出了不同于以上险种的汽车保险产品。通常情况下，保险人具有哪些附加险产品会在保单所附的“机动车保险条款”中列明。即使是同一种附加险，不同保险公司在其称谓、投保范围、保险责任、责任免除、赔偿限额、赔偿处理等方面的规定也可能有所不同。

四、车险产品的组合

针对车险产品的种类，现介绍几种车险产品的组合。

（1）交强险+第三者责任险组合。该组合的优点是费用低，并且当发生事故时，至少能保证对方的赔付。该组合的缺点是保障有限，没有车辆损失险，一旦出险，车辆的损失仅依靠交强险赔付，车主损失较大。

（2）交强险+第三者责任险+车辆损失险组合。该组合的优点是保障基本风险，一旦出险，车主和第三者均可获得部分赔偿。该组合的缺点是保障不够完善，没有考虑出事故后车上人员的赔付。

（3）交强险+第三者责任险+车辆损失险+不计免赔险组合。该组合的优点是性价比高，基本较大的风险都有保障，保费不高但险种实用。该组合的缺点是对于较高档的车不太实用，一旦出现自燃、偷盗等问题损失较大。

（4）交强险+第三者责任险+车辆损失险+不计免赔险+车上责任险+玻璃单独碎险组合。该组合的优点是在基本险种的基础上加上了车上责任、玻璃险等附加险种，更加全方位地保护用车。该组合的缺点是由于增加了附加险，保费相对较高。

（5）交强险+第三者责任险+车辆损失险+不免赔特约险+车上责任险+玻璃单独碎险+划痕险+自燃损失险+全车盗抢险组合。该组合的优点是几乎所有与汽车有关的事故损失都能得到赔偿。该组合的缺点是价格贵，个别险种出险率较低，如自燃损失险、全车盗抢险等。

综上，其实车险的选择并非越多越好，要综合自己的驾驶水平、行车习惯、行车环境等多种因素进行考虑。另外，需要注意以下几个误区。

1. 误以为 12 万元以下交强险都可赔

按照现行交强险规定：在被保险人有责的情况下，医疗费赔偿的限额为 10 000 元，死亡伤残类的限额为 110 000 元，财产损失的限额为 2 000 元。在无责的情况下，医疗费赔偿的限额为 1 000 元，死亡伤残类的限额为 11 000 元，财产损失的限额为 100 元。也就是说，交强险的赔偿是按照项目计算的，122 000 元的限额不是所有的损失费用的简单相加，各个大类之间的限额是不能混同的。

2. 误以为上了“全险”出险了就全赔

机动车的保险由交强险和商业险组成，而商业险又由车辆损失险、第三者责任保险、盗抢险、不计免赔险、车上人员险、玻璃险、涉水险等众多险种构成。“不计免赔”主要作用就是把你应当承担的那部分责任损失再次转给保险公司，买了不计免赔，保险公司正常情况下就全赔。通常所谓的“全险”，就是包含了交强险、车辆损失险、第三者责任保险、盗抢险、不计免赔险等主要险种；对于玻璃险等特别险种是不包含在其中的，投保人要了解每个险种的承保范围才能按需投保。

3. 误以为任何损失保险都能赔

驾驶者故意造成的损失或间接损失等，是不能受赔。同时，我国法律规定，存在违法驾车情形，如醉酒、无证驾驶等，保险公司只能在交强险人身损害限额内先行垫付赔偿款项，同时有权向侵权人追偿，而第三者责任险则因存在违法事由而不予赔偿 。

4. 误以为车主不承担相应责任

如果没有投保交强险，即使发生事故时的驾驶人不是车主，车主和事故的发生没有任何关系，也要在交强险 12. 2 万元的限额内与驾驶人承担连带责任，超出交强险限额的部分再由驾驶人承担相应责任。

5. 误以为可以先修理后报销

有些车主，在车辆出险后并不是立刻向保险公司报案，而是先找修理厂，修完车后再找保险公司报销费用。这说明他们并不了解理赔的一般程序。如果车主不向保险公司报案而先修理车辆，在理赔时保险公司认为修理费用高出定损的费用，差额部分将有可能由车主自己承担。所以先定损后修车，是对被保险人自身利益的保护。

6. 误以为定损、修理、理赔不分家

几乎所有车主都认为，和 4S 店联合定损就是实际的维修费，也是保险理赔的金额。实际上定损是保险公司的程序，之所以和修配厂联合定损，是因为保险公司不是全能的，它要听取 4S 店的意见。4S 店不能左右定损额度，保险公司会综合各方情况后，给出合理的定损额度，定损一旦完成，理赔额度也基本确定了。至于如何修理由车主和修配厂来决定，实际修车费用根据车主要求可能高于或低于定损额度。

7. 误以为委托修理厂理赔与保险公司理赔一样

很多车主为了避免麻烦，发生事故后不与保险公司直接联系，就将理赔全权委托给较为熟悉的修理厂。这样做虽然挺简单，但也存在不小的风险。一些规模小、资质差的修理厂往往利用客户的信任，用便宜的零部件为客户修理，以高价的零部件向保险公司索赔，这样修理厂就可以获取不同零部件之间的差价。这样做如果被保险公司查实，车主不但需要自己承担责任，还会在保险公司留下不良的记录。即使没有被保险公司发现，在续保时车主也会由于事故记录增多，而得不到费率上的优惠。

案例解析

案例 4-1：事故发生当时肇事车辆逃逸，事后不久又找到了逃逸车主，保险公司理应在交强险规定的限额内赔付

2009 年 2 月 16 日晚，方某驾驶一辆小型越野客车，在湖北省十堰市东岳路将骑自行车的李某挂倒致伤。事故发生后，方某驾车逃逸。经事故调处大队认定，方某负事故的全部责任。李某遗留 10 级伤残，入院治疗费用花去 1.6 万余元。肇事车挂靠单位某运输公司为该车在某保险公司投保交强险，时间为 2009 年 1 月至 2010 年 1 月。李某向方某、运输公司及保险公司索赔 4 万余元，因协商不能达成一致，导致诉讼。方某辩称，当时不知道车辆撞伤了原告，也不存在逃逸，要求保险公司依法予以赔偿，运输公司认为，自己的车辆投有交强险，应由保险公司赔偿；保险公司则辩称，该交通事故驾驶员肇事逃逸，按照保险合同约定，不在保险范围赔偿之内，故拒绝赔偿李某损失。

解析：交强险的初衷在于对受害人的损失的弥补。本案中，车辆造成他人受伤的事实不因肇事司机的逃逸而改变。虽然《机动车交通事故责任强制保险条例》规定，在肇事司机逃逸的情况下由交通事故社会救助基金承担垫付责任，但是根据保护交通事故受害者的立法宗旨可知，此情形应当特指肇事车辆逃逸无法查知的情形。因为如果肇事车辆无法查知，就无法确定交强险的承保人，在此情形下，无法确定承担责任的保险公司。但是在能够查知承保人的情况下，承担责任的主体已经明确，就应当由承保人对受害者进行赔偿。保险公司提供给被保险人的格式条款中并没有将肇事司机逃逸规定为保险人的免责事由。《机动车交通事故责任强制保险条例》也未明确规定保险公司在此种情况下可以免责。因此，法院一审判决如下：李某的 4 万余元损失由保险公司在保险合同约定的交强险范围内予以赔偿，不足部分由方某予以赔偿。

案例 4-2：同是肇事逃逸，同是由保险公司在交强险范围内承担赔偿责任，但理由却不相同

2009 年 5 月 20 日晚，某县某镇的王三驾驶自己的面包车从县城沿 107 国道回家，因车辆灯光弱，将同向骑自行车行驶的李四撞死。事故发生后，王三未停车保护现场，而是驾车逃逸。经事故责任认定，王三负事故全部责任。事故发生后，王三一次性赔偿受害人家属 20 万元。因王三的面包车于 2008 年 12 月 25 日在该县某保险公司投保机动车交通事故责任强制保险，申请理赔，保险公司以王三肇事逃逸，拒绝理赔，为此王三将保险公司告上法庭。

解析：法院审理后认为：根据保险合同条款责任部分约定，承保车辆发生交通事故，致使受害人人身伤亡的，依法应由王三承担损害赔偿责任的，保险公司应在责任限额 11 万元内承担赔偿。如发生驾驶人未取得驾驶证，醉酒驾车、被保险机动车盗抢期间肇事、故意制造交通事故情形的，交强险不予以承担责任。显然肇事逃逸不在此列，保险合同条款也未列明肇事逃逸是责任免除范围，保险公司应承担理赔责任。因此，该县人民法院对这起保险合同索赔案判决承保车辆交强险的保险公司赔偿事故损失 11 万元。

本案与案例 4-1 在判决结果上相同，但在理由之阐述上却不相同。案例 4-1 强调的理由是《机动车交通事故责任强制保险条例》第二十四条社会救助基金垫付的情形之一——机动车肇事后逃逸的，这有一个前提，即由于逃逸不知是哪一个保险公司承保交强险才由救助基金垫付。这是通过排除适用《机动车交通事故责任强制保险条例》第二十四条证明应由保险公司在交强险赔偿限额内承担赔偿责任。案例 4-2 主要是通过排除适用《机动车交通事故责任强制保险条例》第二十二条，即保险公司承担垫付责任后有权向致害人追偿的情形，以及保险公司的免责事由中也未列出肇事逃逸这一项，从而证明承保车辆交强险的保险公司应赔偿事故损失。简言之，肇事逃逸既不是保险公司代位求偿的情形，也不是保险公司免责的事由，故保险公司应予赔偿。

案例 4-3：司机无责，交强险是否赔付

2011 年 6 月 26 日，张某驾驶摩托车途径一立交桥下，左转弯时与直行的公交车右后轮胎发生碰撞，造成张某受伤及摩托车损坏的后果。经肇事地公安交警部门处理，认定张某属于酒后无证驾驶无牌照的摩托车转弯时未让直行车辆先行，应负此次事故的全部责任，公交车驾驶人李某无责任。经调查，张某的摩托车未参加任何保险，李某驾驶的公交车在某保险公司投保了交强险，保险期限从 2011 年 4 月 16 至 2012 年 4 月 15 日。事故发生后，张某经住院治疗，现在已经痊愈。张某通过熟人打听到，像他这样的情况，因为对方驾驶人没有事故责任，对方保险公司将不会进行任何赔偿。为此张某和李某一同到公交车投保的保险公司就张某能否得到赔付进行咨询。

解析：公交车投保了交强险，故保险公司应在无责任的各赔偿限额内进行赔付，并非完全不予赔偿。根据《机动车交通事故责任强制保险条例》的规定，保险公司应当在无责任死亡伤残赔偿限额 11 000 元、无责任医疗费用赔偿限额 1 000 元、无责任财产损失赔偿限额 100 元内对摩托车驾驶人张某进行赔付。本案需要注意的是，两机动车发生交通事故，一方投保有交强险，另一方没有投保交强险，没有投保交强险的一方给对方造成人身及财产损害的，应当由自己承担；投保交强险的一方给对方造成损失的，保险公司可按交强险的规定承担赔偿。当然，由于交强险是强制保险，没有投保就上路是要受到行政处罚的。

案例 4-4：互碰自赔，车主理赔无须两头跑

2009 年 2 月 3 日在福州斗门至火车站方向，李某驾驶的轿车与一辆出租车相刮，李某车尾受损，出租车前杠受损。双方一致同意采用互碰自赔，把车开到不影响交通的地方停下后再报案。李某所投保的保险公司人员到场查勘定损，确定李某的车辆损失约 400 多元，符合交强险互碰自赔的 2 000 元限额。随后李某把轿车开到 4S 店修理。由于 4S 店刚好有保险公司服务人员驻点，李某直接把索赔材料交给服务人员。这样李某只需等轿车修好后，就可直接把车开走。修理费由保险公司直接赔付给 4S 店。

解析：自 2009 年 2 月 1 日起，交强险财产损失互碰自赔处理机制在全国范围内施行，车损 2 000 元以下的小事故不用找对方保险公司索赔，可直接找自己的保险公司索赔。在互碰自赔实施前，车险赔付方式相对麻烦，两车发生碰撞后，如果双方都有责任，各方保险公司要对事故对方的车辆进行定损，一方车主垫付对方车辆的修车款项后，再向自己投保的保险公司索赔，理赔流程和手续较为复杂。互碰自赔实施后，符合条件的车主可以直接到自己的保险公司定损索赔，从而减少了在两家保险公司间的往返奔波。根据中国保险协会下发的《交强险损失互碰自赔处理办法》规定，当机动车之间发生轻微互碰交通事故时，同时满足以下条件，适用“互碰自赔”处理机制：第一，两车或多车互碰，各方均投保交强险；第二，仅涉及车辆损失（包括车上财产和车上货物），不涉及人员伤亡和车外财产损失，各方车损金额均在交强险有责任财产损失赔偿限额（2 000 元）以内；第三，由交通警察认定或当事人根据出险地关于交通事故快速处理的有关规定自行协商确定双方均有责任（包括同等责任、主次责任）；第四，当事人同意采用“互碰自赔”方式处理。如果客户去的修车点有保险公司驻点，则只需将索赔材料交给保险公司服务人员即可，修理费由保险公司直接赔付给 4S 店，无须客户去负担。如果客户去的修车点没有保险公司驻点，客户则需携索赔材料到保险公司理赔中心柜台申请。如果手续齐全，一般保险公司第二天就会把赔付款转到客户的银行账号上。当事人向保险公司提出索赔时应当提供如下索赔材料：第一，索赔申请书；第二，责任认定书、调解书或自行协商处理协议书；第三，损失情况确认书（定损单）；第四，车辆修理费发票（原件）；第五，驾驶证和行驶证（复印件或照片）。

在出现碰撞后，车主应记住对方的车牌号码、承保公司、保单号码、驾驶证、驾驶员名字、联系电话。双方交换意见后，各自把车开到不影响交通的地方停车，然后报案等待保险公司人员过来现场查勘定损。同时，车主可自行填写“道路交通事故自行撤离单”，撤离单一般在投保时由保险公司提供，客户也可从网上下载。车主也可由保险公司人员到场查勘时代为填写。

此外，要注意的是目前互碰自赔只限于交强险，商业车险暂不执行互碰自赔。这是由于：首先，交强险属于强制投保，有责任财产损失赔偿限额最高 2 000 元，而商业车险是自主投保，是对超过交强险赔偿限额外的损失进行补偿，发生碰撞的车辆不一定都有商业险或者保额有高有低，因此超过 2 000 元的损失不便于实行自赔。其次，交强险采用“无过错”赔偿方式，而商业车险按照“按责赔偿”方式，两种赔偿方式也不同。最后，如果商业车险实行互碰自赔，会面临一个问题，即如果宝马轿车与普通轿车发行碰撞，虽然也无人伤，只是小刮小碰，双方也同意互碰自赔。但是宝马一个车灯可能就上万元，其维修费用要比普通汽车贵得多。宝马车的承保公司未必就愿意承担原本应由普通轿车承保公司所承担的赔偿责任。

案例 4-5：机械故障，保险公司拒赔

某车主（被保险人）报案称车辆在行驶途中发生事故导致无法行进，要求理赔工作人员查勘现场并且要求索赔。经查勘，车辆是由于传动轴一端的螺栓发生损坏导致传动轴的脱落使车辆无法行驶，保险公司以免责事由：“自然磨损、腐蚀、故障、轮胎单独损坏”为由拒绝理赔。

解析： 理赔工作人员能够准确判断出事故车辆是由于传动轴一端的螺栓损坏导致传动轴脱落，从而使车辆无法行驶。该车的故障是机械故障，是车主由于自己的疏忽大意不注重保养所致，因此被拒绝赔款也在情理之中。当然，由于机械故障导致交通事故发生的，保险公司则应在规定范围内赔偿。

案例 4-6：新增设备未投保，保险公司拒赔

某车主（被保险人）报案称自己的普通型桑塔纳轿车在行驶中发生自燃，虽经过抢救，车辆的前部仍然烧毁了 40%，索赔程序开始后保险公司对损坏项目进行核对理赔。在此过程中车主与理赔人员发生了异议，车主认为其车内的一台索尼高级音响设备应该由保险公司赔偿，而理赔人员却没能将其列入清单。后经过核实，桑塔纳普通型轿车出厂时所安装的音响设备为凯歌牌，而车主的音响设备是出厂后自己要求汽修厂更换的，这样一来，索尼高级音响就成为了新增加的附属设备，同时又未能够对这套音响进行投保。

解析： 理赔人员应当根据汽车专业相关知识，查明事故车辆自燃的原因，并对损坏程度做出准确判断、估算出赔偿金额。在保险条款的责任免除中“车辆标准配置以外，未投保的新增设备的损失”是不予以理赔的，而车主又没有购买新增设备的附加险，故理赔员对其拒赔是合理合法的。

案例 4-7：不计免赔险并非万能，买保险时需注意

刘小姐为自己的爱车买保险时，特意挑选了一份不计免赔险。她认为，所谓不计免赔险就是不管什么情况下都可以赔偿的保险，这样就可以大大降低开车的风险。不久以后，刘小姐外出办事时发现车身被人用利器划伤，当时她没太在意，直到理赔时，被告知车身划痕险有 15%的免赔率（这意味着她要自行承担 15%的维修费）。刘小姐感到纳闷：难道买了不计免赔险也不能获得全赔吗？

解析： 不计免赔险正式名称为不计免赔率特约条款，是车险的一个附加险种，车主只要投保了这个险种，就能把本应由自己负责的 5%～20%的赔偿责任再转由保险公司承担。不计免赔分成主险的不计免赔和附加险的不计免赔。刘小姐购买的是主险的不计免赔，并非附加险的不计免赔。刘小姐所投保的“车身划痕险”属于附加险种，因此“基本险不计免赔险”不能对其免赔率部分进行赔偿。在此情况下，刘小姐可考虑购买“附加险不计免赔险”来转嫁风险。当然，并非在任何情况下，只要被保险人购买了不计免赔险，保险人均给予理赔，下列情况下，应当由被保险人自行承担免赔金额：第一，机动车损失保险中应当由第三方负责赔偿而无法找到第三方的；第二，被保险人根据有关法律法规规定选择自行协商方式处理交通事故，但不能证明事故原因的；第三，因违反安全装载规定而增加的；第四，投保时指定驾驶人，保险事故发生时为非指定驾驶人使用被保险机动车而增加的；第五，投保时约定行驶区域，保险事故发生在约定行驶区域以外而增加的；第六，因保险期间内发生多次保险事故而增加的；第七，发生机动车盗抢保险规定的全车损失保险事故时，被保险人未能提供机动车行驶证、机动车登记证书、机动车来历凭证、车辆购置税完税证明（车辆购置附加费缴费证明）或免税证明而增加的；第八，可附加不计免赔条款但未选择附加该条款的险种规定的；第九，不可附加不计免赔条款险种规定的。

案例 4-8：司机压死自己，保险公司也给予赔偿

2011 年 11 月的一天，周万涛驾驶自家货车去锦州城郊的一处山上拉松树。周万涛将车停到山坡上后，到后面去装货，这时车辆倒溜，因来不及躲闪周万涛被碾轧身亡。悲剧发生后，周万涛的家人查阅投保情况发现，车辆投保了机动车交通事故责任强制保险及商业险中的第三者责任险，其中在商业险中约定了不计免赔率特别条款，保险有效期为 2011 年 4 月 20 日至 2012 年 4 月 19 日。于是，周万涛的家人向保险公司提出索赔要求，但保险公司以“受害人为保险合同的被保险人，应认定车上人”为由，拒绝赔偿。双方争执无果，周万涛的家人无奈向锦州市凌河区法院提起诉讼，请求判令保险公司赔偿相应损失。

法院认为，死者周万涛与保险公司签订的保险合同符合相关法律规定，依法应予保护。本案中导致其死亡的事故发生在交通运输过程中，属于交通意外事故，判定其属于第三者还是保险车辆的车上人员，必须以其“在事故发生当时”这一特定的时间，是否身处被保险车辆之上为依据，在车上即“车上人员”，在车下即“车下人员”与“第三者”。

法院还认为，由于机动车辆系交通工具，任何人都不可能永远置身于车上，因此机动车保险合同所涉及的“第三者”和“车上人员”均不是永久的、固定不变的身份。周万涛并非在驾驶车辆过程中致死，在发生事故时，他在车下，不属于本车人员，其身份亦由被保险人转化为受害人，即为交强险及第三者责任险的理赔对象。最终，法院一审判决如下：投保的保险公司被判给付交强险保险赔偿金 12 万元，第三者责任险赔偿金 10 万元，共计 22 万元赔偿。

解析：

第一，第三者责任险的涵义。

机动车第三者责任保险以被保险人在使用保险车辆的过程中发生的意外事故中应该承担的民事赔偿责任作为保险标的的险种。要准确把握这一定义应当注意把握这一定义中以下几个构成要素：

首先，对第三者的理解。第三者责任保险合同中的第三者是指除投保人、被保险人、保险人以外的，因保险车辆发生意外事故遭受人身伤亡或财产损失的保险车辆下的受害者。我们可以这样理解，在保险合同中保险人是第一方，也叫第一者；被保险人或使用保险车辆的致害人是第二方，也叫第二者；除保险人和被保险人之外的人，因保险车辆的意外事故致使保险车辆下的人员或财产遭受损害的，即受害人为第三方，也叫第三者。由此可知，除投保人、被保险人、保险人以外，车上人员亦不构成第三者，即驾驶员和车上的乘客不构成第三者。

其次，对意外事故的理解。意外则是非故意的，若为故意行为（无论是驾驶员的故意还是第三者的故意）均不在赔偿之列。意外事故是指行为人不可预见以及不可抗拒的并造成人员伤亡或财产损失的突发事件。意外事故又分为道路交通事故和非道路事故。非道路事故是指在道路以外地方发生的事故，对于非道路事故公安交通管理部门一般不予受理，可请出险当地政府有关部门根据道路交通事故处理有关规定处理。

最后，对民事赔偿责任的理解。民事赔偿责任的主要依据是《中华人民共和国道路交通安全法实施条例》（以下简称《条例》）和最高人民法院《关于审理人身损害赔偿案件适用法律若干问题的解释》（以下简称《解释》）。《条例》第九十五条规定："交通事故损害赔偿项目和标准依照有关法律的规定执行"。《解释》第十七条规定："受害人遭受人身损害，因就医治疗支出的各项费用以及因误工减少的收入，包括医疗费、误工费、护理费、交通费、住宿费、住院伙食补助费、必要的营养费，赔偿义务人应当予以赔偿。受害人因伤致残的，其因增加生活上需要所支出的必要费用以及因丧失劳动能力导致的收入损失，包括残疾赔偿金、残疾辅助器具费、被扶养人生活费，以及因康复护理、继续治疗实际发生的必要的康复费、护理费、后续治疗费，赔偿义务人也应当予以赔偿。受害人死亡的，赔偿义务人除应当根据抢救治疗情况赔偿本条第一款规定的相关费用外，还应当赔偿丧葬费、被扶养人生活费、死亡补偿费以及受害人亲属办理丧葬事宜支出的交通费、住宿费和误工损失等其他合理费用。"

湖北省 2018 年道路交通事故损害赔偿项目和标准见表 4. 3。

表 4. 3　　湖北省 2018 年道路交通事故损害赔偿项目和标准

序号	赔偿项目	标准（元）
1	城镇居民人均可支配收入（年）	31 889
2	农村居民人均纯收入（年）	13 812
3	城镇居民人均消费性支出（年）	21 276
4	农村居民人均年生活消费支出（年）	11 633
5	在岗职工平均工资（年）	55 903
6	农、林、牧、渔业在岗职工人均年平均工资收入	34 150
7	采矿业在岗职工人均年平均工资收入	46 354
8	制造业在岗职工人均年平均工资收入	47 878
9	电力、燃气及水的生产和供应业在岗职工人均年平均工资收入	83 782
10	建筑业在岗职工人均年平均工资收入	50 199
11	交通运输、仓储及邮政业在岗职工人均年平均工资收入	64 574
12	信息传输、信息技术服务和软件业在岗职工人均年平均工资收入	79 110
13	批发和零售业在岗职工人均年平均工资收入	41 302
14	住宿和餐饮业在岗职工人均年平均工资收入	35 708
15	金融业在岗职工人均年平均工资收入	114 305
16	房地产业在岗职工人均年平均工资收入	52 376
17	租赁和商务服务业在岗职工人均年平均工资收入	43 518
18	科学研究、技术服务与地质勘查业在岗职工人均年平均工资收入	85 697
19	水利、环境和公共设施管理业在岗职工人均年平均工资收入	53 491

表4.3(续)

序号	赔偿项目	标准（元）
20	居民服务和其他服务业在岗职工人均年平均工资收入	35 214
21	教育业在岗职工人均年平均工资收入	74 994
22	卫生、社会保障和社会福利业在岗职工人均年平均工资收入	79 191
23	文艺、体育和娱乐业在岗职工人均年平均工资收入	57 055
24	公共管理、社会保障和社会组织在岗职工人均年平均工资收入	80 809

道路交通事故赔偿范围标准及计算公式如下：

1. 残疾赔偿金=受诉法院所在地上一年年度城镇（农村居民）人均收入×伤残系数×赔偿年限

残疾赔偿金根据受害人丧失劳动能力程度或者伤残等级，按照受诉法院所在地上一年年度城镇居民人均可支配收入或者农村居民人均纯收入标准，自定残之日起按20年计算。60周岁以上的，年龄每增加1岁减少1年；75周岁以上的，按5年计算。即受害人在60岁以下城镇居民残疾赔偿金=城镇居民人均可支配收入(元)×20年×伤残赔偿指数。

2. 残疾辅助器具费=适用普通器具的合理费用

残疾辅助器具费按照普通适用器具的合理费用标准计算。伤情有特殊需要的，可以参照辅助器具配制机构的意见确定相应的合理费用标准。辅助器具的更换周期和赔偿期限参照配制机构的意见确定。

3. 丧葬费=受诉法院所在地上一年年度职工月平均工资×6个月

丧葬费按照受诉法院所在地上一年年度职工月平均工资标准，以6个月总额计算。

4. 被抚养人生活费=受诉法院所在地上一年年度城镇居民（农村居民）人均年消费性支出×抚养年限

被抚养人是指受害人依法应当承担抚养义务的未成年人或者丧失劳动能力又无其他生活来源的成年近亲属。被抚养人还有其他抚养人的，赔偿义务人只赔偿受害人依法应当负担的部分。被抚养人有数人的，年赔偿总额累计不超过上一年年度城镇居民人均消费性支出额或者村居民人均年生活消费支出额。

5. 住院伙食补助费=国家机关一般工作人员出差伙食补助标准（元/天）×住院天数

6. 医疗费赔偿金=诊疗费+医药费+住院费+其他

医疗费根据医疗机构出具的医药费、住院费等收款凭证，结合病历诊断证明等相关证据确定。赔偿数额，按一审法庭辩论终结前实际发生的数额确定。器官功能恢复训练所必要的康复费、适当的整容费及其他后续治疗费、赔偿权利人可以待实际发生后另行起诉。但根据医疗证明或者鉴定结论确定必然发生的费用，可以与已经发生的医疗费一并予以赔偿。

7. 误工费=误工月收入×误工时间

误工费根据受害人的误工时间和收入状况确定。误工时间根据受害人接受治疗的医疗机构出具的证明确定。受害人因伤致残持续误工的，误工时间可以计算至定残日前一天。受害人有固定收入的，误工费按照实际减少的收入计算。受害人无固定收入的，按照其最近三年的平均收入计算；受害人不能举证证明其最近三年的平均收入状况的，可以参照受诉法院所在地相同或者相近行业上一年年度职工的平均工资计算。

8. 护理费=交通事故发生地护工同等级别护理劳务报酬标准×护理天数

护理人员有收入的，参照误工费的规定计算；护理人员没有收入或者雇佣护工的，参照当地护工从事同等级别护理的劳务报酬标准计算。护理人员原则上为一人，但医疗护理费根据护理人员的收入状况和护理人数、护理期限确定。护理人机构或者鉴定机构有明确意见的，可以参照确定护理人员人数。护理期限应计算至受害人恢复生活自理能力时止。

9. 死亡赔偿金=受诉法院所在地上一年年度人均收入×20年

死亡赔偿金按照受诉法院所在地上一年年度城镇居民人均可支配收入或者农村居民人均纯收入标准，按20年计算。但六十周岁以上的，年龄每增加一岁减少一年；七十五周岁以上的，按5年计算。

此外，还有交通费、住宿费、直接财产损失费、车辆停运损失费、精神损害抚慰金及根据实际发生的合理费用凭相关票据和证明支付等。

关于受害人精神损害赔偿的有关规定如下：

1. 受害人死亡的交通事故精神赔偿标准

对死亡者本人予以赔偿10倍的受诉法院所在地年人均生活费的死亡赔偿金，该死亡赔偿金不以受害人年龄作为参酌因素，直接计算10倍；对死亡者近亲属予以赔偿20倍的受诉法院所在地年人均生活费的死亡赔偿金，该死亡赔偿金应根据受害人的年龄大小因素进行计算扣除，即对不满16周岁的，年龄每减少1岁，减少1倍赔偿数额，最低不少于5倍；对60周岁以上的，年龄每增加1岁，减少1倍赔偿数额，最低不少于5倍。

2. 受害人致残疾的交通事故精神赔偿标准

首先对伤残者之残疾确定赔偿数额上限，即从伤残之日起予以计算20倍的受诉法院所在地年人均生活费的残疾赔偿金，该残疾赔偿金不以受害人年龄为参酌因素；然后以司法鉴定的方式来评定受害人的伤残等级或丧失劳动能力等级（按十个等级计算）；最后依据不同的等级，在上述计算所得赔偿上限范围内，确定受害人可能获得的精神损害赔偿抚慰金基本档次。

3. 对于未达残疾程度的受害人给予的精神损害抚慰金

可以用司法鉴定方式来评定轻伤、重伤标准，并用其划分等级。轻伤者，其精神损害抚慰金数额可确定为受诉法院所在地年人均生活费。重伤者，其精神损害抚慰金数额可根据其程度确定为受诉法院所在地年人平均生活费的3~5倍。毁容或胎儿流产者，其精神损害抚慰金数额可根据其程度确定为受诉法院所在地年人均生活费的10倍，60周岁以上的可适当减少。但对未达残疾程度的精神损害抚慰金依其情节一般不能超过残疾赔偿金，如一般情节轻微的，可只判令加害人赔礼道歉或定期看望。

上述死亡赔偿金、残疾赔偿金及精神损害抚慰金未考虑双方责任分担、受害人身份及社会地位等因素，这些因素在确定最终赔偿数额时应予酌情衡量。

由上可知，随着交通事故损害赔偿标准的不断提高，对第三者的赔付也随之提高，以发生交通事故致第三者死亡为例，如果死者年龄低于60周岁，车主对事故负全责的话，需支付的死亡赔偿金为31 889×1×20=637 780元。如果考虑到治疗费、安葬费、小孩抚养费、老人赡养费、精神抚慰金等，则达到70万~80万元。则商业第三者责任险的保险金额至少应当在50万元以上。

第二，第三者责任险的分类。

我国《机动车交通事故责任强制保险条例》第二条规定："在中华人民共和国境内道路上行驶的机动车的所有人或者管理人，应当依照《中华人民共和国道路交通安全法》的规定投保机动车交通事故责任强制保险。"第三条规定："本条例所称机动车交通事故责任强制保险，是指由保险公司对被保险机动车发生道路交通事故造成本车人员、被保险人以外的受害人的人身伤亡、财产损失，在责任限额内予以赔偿的强制性责任保险。"事实上我国的交强险就是强制性的第三者责任险。我国的保险公司在经营交强险的同时还经营第三者责任商业保险，使之作为交强险的补充。因此，第三者责任险可分成强制性的第三者责任险和商业第三者责任险。

类似本案的情况并不少见，不同时期、不同地方的法院判决也不尽相同。有的判决保险公司不予赔偿，有的判决按车上人员责任险赔偿（前提是投保了此险种）。本案裁决的观点是：合格驾驶者和被保险人在某种情形下可以转换成"第三者"，成为第三者责任险的对象。笔者认为，暂且不论这种观点是否正确，以此判决却是公平的。我们不能机械地去理解"第三者"及第三者责任险的免责事由。如第三者的免责事由约定被保险人或驾驶人以及他们家庭成员的人身伤亡及其所有或保管财产的损失。这一约定是静态的约定，没有考虑到被保险人或驾驶人亦有可能转化为第三者受到伤害的情形。家庭成员的人身伤亡，第三者责任险不予赔偿主要是考虑到恶意为之的风险，即道德风险。当然，就意外事故而言，受伤害的家庭成员保险人不予理赔是不公平的。例如，有这样真实的案例：妻子倒车，丈夫指挥，妻子技术差，将丈夫撞伤或撞死，以此之约定，按照第三者责任险不予理赔。

案例4-9："自家车"撞了"自家车"，谁来买单

2011年12月底，为了方便爱人接送小孩，身为有车一族的周先生家里添置了第二辆车。由于操作不熟练，一次妻子在倒车出库的时候，错将油门当刹车，方向也没把握好，一下就撞上了停在旁边的家里的另一辆车。造成新车左后大灯毁损、保险杠移位，旧车的右后侧车门凹陷。夫妻俩立即通过电话向保险公司报了事故，并在第二天一早就来到保险公司的快速处理中心办理理赔。但是保险公司的工作人员却告知周先生，由于两辆车同在周先生名下，所以这种"自家车"撞"自家车"的事故，保险公司只能就负全责的新车损失部分进行理赔，而无责的旧车的损失则属于保险公司的免责范围，同一个事故造成的两辆车的损失，一辆能赔，另一辆不能赔，周先生百思不得其解，故一纸诉状将保险公司告到了法院，要求保险公司赔偿旧车的损失。

解析：机动车第三者责任险是指被保险人或其允许的驾驶人员在使用保险车辆过

程中发生意外事故，致使第三者遭受人身伤亡或财产直接损毁，依法应当由被保险人承担的经济责任，保险公司负责赔偿。同一人名下在同一公司保险的车辆相互之间发生了事故，此时的“被保险人”与“第三者”应当是相对而言的。本案中，是新车作为被保险车辆，周先生作为被保险人，而此时旧车相对而言成了受损害的第三者。保险公司对于旧车的损失应当依据第三者责任险予以赔付。

事实上，随着经济的不断发展，人们的生活水平日益提升，一个家庭拥有一辆以上家用轿车的情况已经越来越普遍，像这种“自家车”撞“自家车”的现象也时有发生。机动车第三者责任险保险条款中确有规定，被保险车辆造成的被保险人财物损失不属于赔偿的范围。第三者责任险保险范围都强调是“本车人员及被保险人以外的受害人”或“投保人、被保险人、保险人以外的受害者”。但是当同一投保人的两辆被保险车辆之间发生交通事故时，此时的“被保险人”与“第三者”是相对而言的，后一辆车的损失是其作为“第三者”的损失，而非其作为“被保险人”的损失。因此，保险公司应当对无责的旧车进行赔偿。

第五章　汽车保险实务

本章的知识点主要包括汽车保险业务概述、汽车保险展业、汽车保险投保、汽车保险承保、汽车保险核保以及汽车保险单的签发、续保和批改等内容。

第一节　汽车保险业务概述

汽车保险业务是保险人和投保人签订保险合同的过程。具体而言，从事保险展业的人员向客户宣传保险产品，帮助客户分析产品种类和相应的风险管理办法，并制订出完善的保险方案。客户根据自身情况以及展业人员的介绍，产生购买保险的意愿，并填写投保单。然后，保险人审查投保单，向投保人询问有关保险标的和被保险人的各有关情况，从而判定是否接受客户的投保。如果保险人接受投保，则收取保险费、出具保险单和保险证，保险合同即告成立，并按约定时间生效。如果保险人根据当前的客户条件尚不能确定保险方案，则可向客户提出需要补充的事项，或表明可以接受投保的附加条件。当然，保险人也可以直接拒绝承保。

在保险合同的有效期内，如果保险标的的所有权改变，或者投保人因某种原因要求更改或者取消保险合同，则需要进行批改手续。

保险合同接近期满时，保险人会征询投保人的意愿，是否继续办理保险事宜，即续保业务。

因此，一个完整的保险业务流程包括以下的六个环节，即展业、投保、核保、缮制及签单、批改、续保（见图5.1）。其中，核心业务是投保、核保和缮制及签单。

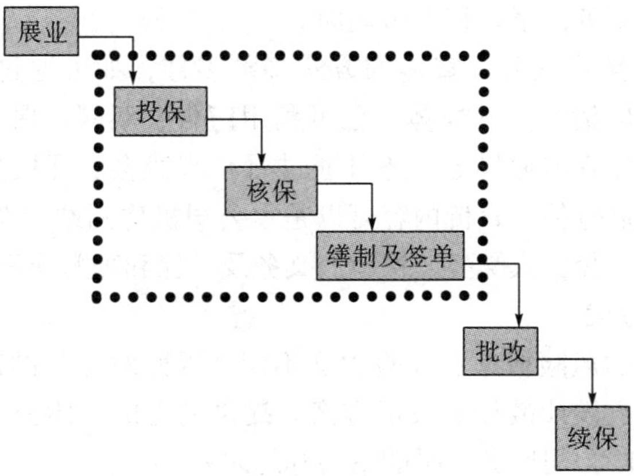

图5.1　汽车保险业务流程图

第二节　汽车保险展业

保险服务包括两方面的内容：一方面是保险业务自身服务，即承保、防灾防损、查勘理赔等；另一方面是拓展性服务，如汽车修理服务、代驾服务、风险服务等，拓展性服务是一种延伸意义上的服务。无论开展哪方面的服务，展业都是首要的。

一、汽车保险展业的涵义

汽车保险展业是指从事汽车保险的公司进行市场营销的过程，即向客户介绍汽车保险产品、宣传保险、提供汽车保险商品的服务过程，是保险经营的第一步。展业人员可以是保险公司员工，也可以是中介机构，即代理人或经纪人。展业直接影响保险人的业务经营量。近年来，保险合同纠纷不断，主要原因之一就是展业人员没有认真解释合同内容，有的不具备相关知识和技能，即不具备业务素质。汽车保险展业包括三个活动：准备工作、保险宣传、制订保险方案。

二、汽车保险展业的开展

（一）汽车保险的准备工作

保险业务人员进行展业活动前，必须做好各项准备：相关知识，如熟悉条款、条款解释、费率规章、投保单填写要求等；车辆情况，了解企业车辆数量、车型和用途、车辆状况、驾驶人员素质、运输对象（货物或人员）、车辆管理部门等；以往投保情况，包括承保公司、投保险种、投保金额、保险期限和赔付率等；当地情况，当地机动车辆交通事故情况、处理规定等。

（二）汽车保险的宣传工作

汽车保险的宣传工作做得如何，直接影响保险产品的销售量，直接影响用于事故补偿的保险基金积累的多少。因此，各保险公司都非常重视汽车保险的宣传工作，不断提高展业人员的业务素质，通过代理人、经纪人等实体渠道和电子邮件、短信微信等电子渠道不断拓宽服务网络，扩大影响面。

保险宣传可从多角度展开，宣传的方式多种多样，如可通过电视、电影、广播、报纸、网络、杂志、电话等多种媒体，也可利用广告、新闻、保险知识系列讲座、大型事件理赔处理、印发宣传材料等。还可通过召开座谈会、开展公益活动、开展保险咨询活动等多场合开展宣传。宣传内容可以是本公司机构网站、偿付能力、服务优势、保险产品、责任免除、投保人义务、保险人义务及承保和理赔流程等。

（三）制订汽车保险方案

由于投保人面临的风险概率、风险程度不同，因而对保险的需求也各不相同，这需要展业人员为投保人设计最佳的投保方案。提供完善的保险方案也是保险人丰富保险产品内涵，提高保险公司服务水平的重要标志之一。

在制订保险方案时应遵循以下原则：

（1）充分保障原则。在风险评估基础上，制订保险方案，最大限度分散风险。

（2）公平合理原则。用最小的成本实现最大的保障，且防止不必要的保障。

（3）充分披露原则。根据最大诚信原则，如实告知，特别是可能产生对投保人不利的规定要详细告知。

汽车保险方案的主要内容如下：

（1）保险人情况介绍；

（2）投保车辆的基本信息；

（3）保险方案的总体建议；

（4）保险条款以及解释；

（5）保险责任的承担；

（6）保险金额和赔偿限额的确定；

（7）责任免除情况；

（8）赔偿处理的程序以及要求；

（9）服务体系以及承诺；

（10）相关附件。

因此，展业人员应具备相应的业务能力，主要能力包括如下内容：

（1）掌握汽车保险的基本原理、运行原则、保险合同等基础知识；

（2）掌握汽车保险条款、费率规定、承包规定、理赔流程等；

（3）掌握本地区车险市场动态和竞争对手的业务重点、展业手段等；

（4）熟悉汽车使用的常见风险及风险管理方法；

（5）熟悉本地区汽车保有量、增长量、各类车型所占比例、以往保险情况、事故次数、出险赔付等；

（6）熟悉客户需求，尤其是大客户和集团客户，以便做好公关工作；

（7）了解交通管理、交通事故处理的相关法律法规；

（8）了解汽车保险的相关法律法规；

（9）了解机动车辆管理的相关法律法规，如汽车报废标准等。

第三节 汽车保险投保

客户在使用车辆的过程中，面临多种风险，为规避风险，保障自身利益，客户一般会积极主动地了解汽车保险，并付诸购买行动。

一、汽车保险投保的涵义及流程

投保是指投保人向保险人表达缔结保险合同的意愿，具体表现为对汽车保险条款的认真阅读和投保单单的如实填写。汽车保险的投保是指对保险车辆有保险利益的一方如汽车的所有者等购买汽车保险保险单的过程。因为保险合同的要约一般要求为书面形式，所以汽车保险的投保需要填写投保单。投保单是投保人向保险人要约的意思表示的书面文件，也是投保人要求投保的书面凭证，为保险合同的要件之一。保险人接受了投保单，投保单就成为保险合同的要件之一。

投保人在购买汽车保险时的一般投保流程是：第一，了解保险条款及费率，根据实际需要购买；第二，选择保险公司；第三，挑选保险代理人；第四，填写投保单；第五，保险人核保，投保人交保险费，签发保险单。

二、投保应注意的事项

汽车保险中投保应注意的事项分为投保前应注意的事项、投保时应注意的事项和投保后应注意的事项等三种情形。

（一）投保前应注意的事项

投保人在投保前，应考虑以下五个问题：一是该车可以投保吗？二是该车面临哪些风险？三是可选择的险种有哪些？四是投保哪一家保险公司？五是在哪里购买保险？

1. 哪些车辆可以投保

可以投保的车辆包括各种小汽车、客车、货车、电车、电瓶车、各种专业机械车、特种车等。这些车辆应具备以下条件：

（1）合法取得和占有；

（2）经交通管理部门检验合格，有车辆号码和行驶证；

（3）应是一个整体，包括发动机、底盘、车身、轮胎及车上必备的零件和装备，如空调、备用胎等，即车辆出厂时原有的各项设备，不包括其他如燃料、私人用品、车上货物等。

2. 车辆面临哪些风险

一般而言，车辆面临以下三方面的风险：

（1）车辆本身的损毁（修理或重置），包括意外事故如碰撞（与外界物体的意外接触、车与车的碰撞、车与物的碰撞等）和非碰撞（倾覆、火灾、爆炸、盗窃以及自然灾害如雷电、暴风、洪水等）；

（2）受损后的费用支出，涉及运费及查勘检验费、租车代步费用、医药费用等；

（3）上述两种情况导致的赔偿责任，如财产赔偿责任和人身伤亡的赔偿责任。

就投保人而言，车辆面临的风险与车辆自身的特点、车辆的使用性质以及驾驶人的状况等因素相关。例如，一般家用轿车、中高档轿车、商用客车和卡车、出租车等不同类型的车辆，面临的风险是不一样的。此外，即使是同一类型的车辆，其使用性质不同，风险也不同，如长途客车就比城市公交车因路况复杂、行车时间长，面临的风险也较大。

3. 保险公司有哪些险种

保险险种一般包括基本险、附加险以及特约条款等。需要注意的是，险种的选择是根据面临的风险、投保人对风险的预期及财力能力综合考虑的。车辆面临的风险不同，所考虑的险种也不相同，如同样的家用轿车，有车库、车位和无车位露天停放的车辆，其风险不同，往往考虑的险种也不同。对于无车位露天随即停放的车辆，往往在考虑基本险的基础上，还需要考虑购买盗抢险、玻璃单独破损险等险种，而有车库的车辆，购买盗抢险的可能性就小得多。此外，如果驾驶员的技术较为娴熟，往往购买的商业险种也较少。因此，客户应根据自身风险状况和经济能力综合考虑购买相应的险种和额度。作为保险业务人员也应该明确客户的投保动机，以利于为客户设计合理的保险方案。

4. 投保哪一家保险公司

对保险公司的选择是投保前投保人应重点考虑的事项之一。在投保前，投保人应综合考虑保险公司的以下情况：

（1）了解保险公司财务状况。投保人投保的目的是当保险合同约定的保险事故发生时，保险公司能补偿自己的经济损失，而保险公司的财务状况是否良好决定着其偿付能力是否充足。因此，投保人应在投保前了解保险公司的财务状况。

（2）了解保险条款准确涵义。保险条款是保险合同的组成部分，由保险公司单方面制定，因此投保人应详细了解条款的涵义，确切知晓购买保险所保障的内容。由于保险条款使用了大量的专业术语，投保人可以就其不明白的地方询问展业人员，展业人员应据实回答。

（3）了解保险公司的服务。主要考虑保险公司的网点分布、售后服务、附加服务等。网点分布决定了投保、理赔的方便程度；售后服务包括业务人员是否热情周到、及时送达保险单、及时通报新产品、及时赔付、耐心听取并切实解决顾客的投诉、注意与顾客的沟通等；附加服务是提高公司形象的重要手段，也是其提供的延伸产品，如持保险单在日常生活中享受消费优惠、召开联谊会、对故障车辆免费施救、给客户免费洗车等。

（4）了解保险产品内容。主要考虑其保险责任、免责事由、保险费用等。目前，保险公司非常注重车险产品品种的开发，车险产品的品种越来越丰富。面对不同的车险产品，投保人应根据自己的情况，挑选出适合与满意的车险品种。挑选车险品种时，首先应注意所选择险种的保险责任和自己的风险是否对应，因为保险公司只负责赔偿保险责任范围内的损失；其次是考虑车险产品的价格，对投保人可根据保险公司提供的费率和各种优惠政策进行简单的费用计算，然后比较其价格高低，争取以较少的投入获得最大的保障。通常情况下，投保人选择当地实力较强的保险公司，这类保险公司的信誉和服务较好，不会出现收了保费而怠于承担保险责任的情形。并且这类保险公司能够提供较好的服务，使得被保险人在索赔过程中省了不少时间和精力。

5. 采用怎样的投保方式

保险公司选定后，投保人的投保方式是什么？也就是投保人应该在哪里购买保险更合适呢？是保险中介、保险公司还是 4S 店？很多 4S 店都有相应的直赔保险合作公司，在 4S 店购买保险后，车辆发生事故只需要把车开到 4S 店就可定损理赔。是通过电话购买车险，还是通过网上购买车险？随着网络的发展，网上投保的快捷和方便越来越受到投保人的青睐。以上投保方式各有优劣，关键是由投保人依据自身的具体情况选择确定。通常情况下，电话车险优惠幅度较大，被众多投保人优先选择。

(二) 投保时应注意的事项

投保人购买汽车保险时应注意以下事项：

(1) 认真核对投保单，对保险重要单证进行合理使用和妥善保管；

(2) 履行如实告知义务；

(3) 购买汽车保险后，应及时交纳保险费，并按照条款规定，履行被保险人义务；

(4) 不重复或超额投保，了解保险责任开始时间；

(5) 了解合同纠纷的解决方式及如何投诉；

(6) 了解在投保阶段有哪些权益。

通常情况下，投保人的权利如下：

(1) 知情权，即了解保险公司财务状况，了解各条款的涵义；

(2) 选择权，即选择哪一家保险公司进行投保，选择哪些汽车保险产品进行投保等；

(3) 退保权，即在合同生效前、生效后有权随时要求退保；

(4) 被保密的权利，即有权要求保险公司对投保人、被保险人及车辆的有关信息进行保密。

(三) 投保后应注意的事项

投保后，投保人应注意以下事项：

1. 了解保险责任开始时间

保险责任开始时间应由双方在保险合同中约定，如果没有约定的，保险实务中国际上通用的做法是"零时起保制"，即保险责任于次日零时生效。因此，投保人必须清楚合同生效时间，合同生效后才能对自己有保障；否则，保险合同没有生效，保险公司不承担赔偿责任。

2. 注意对保险车辆的安全维护

对车辆的安全维护，是被保险人应尽的义务，也是享受保险合同保障的前提条件。

3. 对保险公司服务不满意的，投保人具有随时退保的权利

退保时，保险公司应收取自保险责任开始之日起至合同解除之日止的保险费，退还剩余部分的保费。

总之，投保要重点注意：不重复投保；不超额投保；应及时缴纳保费，以保障自身权益；保险要保全；及时续保，提前续保；认真审阅保险单证；注意审核代理人真伪；核对保单；随身携带保险卡；注意莫用"骗赔"伎俩；注意车险中对"第三人"的界定。

三、汽车保险投保单的填写

投保单是保险合同的组成部分之一，投保人必须如实填写。"保险公司机动车保险/机动车交通事故责任强制保险投保单"如图 5.2 所示：

××保险公司机动车保险/机动车交通事故责任强制保险投保单

No：

欢迎您到××保险公司投保！在您填写本投保单前请先详细阅读我公司的机动车辆保险条款，阅读条款时请您特别注意各个条款中的保险责任、责任免除、投保人、被保险人义务等内容并听取保险人就条款（包括责任免除条款）所作的说明。您在充分理解条款后，再填写本投保单各项内容（请在需要选择的项目前的“□”内划“√”表示）。为了合理确定投保车辆的保险费，并保证您获得充足的保障，请您认真填写每个项目，确保内容的真实可靠。您所填写的内容我公司将为您保密。本投保单所填写内容如有变动，请及时到我公司办理变更手续。

<table>
<tr><td rowspan="3">投保人</td><td>投保人名称/姓名</td><td colspan="3"></td><td>投保车辆数</td><td>辆</td></tr>
<tr><td>联系人姓名</td><td></td><td>固定电话</td><td></td><td>移动电话</td><td></td></tr>
<tr><td>投保人住所</td><td colspan="3"></td><td>邮政编码</td><td>□□□□□□</td></tr>
<tr><td rowspan="5">被保险人</td><td>自然人姓名：</td><td colspan="2">身份证号码</td><td colspan="3">□□□□□□□□□□□□□□□□□□</td></tr>
<tr><td>法人或其他组织部门名称：</td><td colspan="2">组织机构代码</td><td colspan="3">□□□□□□□□□</td></tr>
<tr><td>被保险人单位性质</td><td colspan="5">□党政机关、团体 □事业单位 □军队（武警） □使（领）馆
□个体、私营企业 □其他企业 □其他</td></tr>
<tr><td>联系人姓名</td><td></td><td>固定电话</td><td></td><td>移动电话</td><td></td></tr>
<tr><td>被保险人住所</td><td colspan="3"></td><td>邮政编码</td><td></td></tr>
<tr><td rowspan="12">投保车辆情况</td><td>被保险人与车辆的关系</td><td>□所有 □使用
□管理</td><td>车主</td><td colspan="3"></td></tr>
<tr><td>号牌号码</td><td></td><td>号牌底色</td><td colspan="3">□蓝 □黑 □白 □白蓝 □其他颜色</td></tr>
<tr><td>厂牌型号</td><td></td><td>发动机号</td><td colspan="3"></td></tr>
<tr><td>VIN 码</td><td colspan="2">□□□□□□□□□□□□□□□□□</td><td>车架号</td><td colspan="2"></td></tr>
<tr><td>核定载客</td><td>人</td><td>核定载质量</td><td>千克</td><td>排量/功率</td><td>/KW</td></tr>
<tr><td>车辆初次登记日期</td><td>年 月</td><td>已使用年限</td><td>年</td><td>已行驶千米</td><td></td></tr>
<tr><td>车辆颜色</td><td colspan="5">□黑色 □白色 □红色 □灰色 □蓝色 □黄色 □绿色 □紫色
□粉色 □棕色 □其他颜色</td></tr>
<tr><td>车辆种类</td><td colspan="5">□客车 □货车 □客货两用车 □挂车 □摩托车 □拖拉机
□农业运输车 □特种车：请填写用途____________</td></tr>
<tr><td>车辆使用性质</td><td colspan="5">□家庭自用 □非营业用（不含家庭自用） □出租客运
□公交客运 □公路客运 □旅游客运 □租赁 □营业性货运</td></tr>
<tr><td>车辆安全配置</td><td colspan="2">□防盗装置 □ABS □安全气囊</td><td colspan="2">上两年度完整维护保养记录</td><td>□有 □无</td></tr>
<tr><td>固定停放地点</td><td colspan="5">□有人看管的露天停车场所 □地下停车场 □车库 □无人看管场所</td></tr>
<tr><td>是否在我公司投保车辆保证保险</td><td>□是 □否</td><td colspan="2">是否投保新增设备</td><td colspan="2">□是 □否</td></tr>
</table>

投保主险条款名称			
约定驾驶员	姓名	驾驶证号码	初次领证日期
主驾驶人员		□□□□□□□□□□□□□□□□□□□	____年___月___日
从驾驶人员		□□□□□□□□□□□□□□□□□□□	____年___月___日
主驾驶人员上年交通违章记录		□有 □无	
保险期限	____年___月___日零时起至____年___月___日二十四时止		

保险费合计（人民币大写）：		（￥： 元）	
特别约定			
保险合同争议解决方式选择	□诉讼 □提交____________仲裁委员会仲裁		

本保险合同由保险条款、投保单、保险单、批单和特别约定组成。

投保人声明：保险人已将投保险种对应的保险条款（包括责任免除部分）向本人作了明确说明，本人已充分理解；上述所填写的内容均属实，同意以此投保单作为订立保险合同的依据。

投保人签名/签章：

______年____月____日

验车验证情况	□已验车 □已验证 查验人员签名： ____年___月___日___时___分		
初审情况	业务来源：□直接业务 □个人业务 □专业代理 □兼业代理 □经纪人 □网上业务 代理（经纪）人名称： 上年度是否在本公司承保：□是 □否 业务员签字： ____年___月___日	复核意见	复核人签字： ____年___月___日

注：阴影部分内容由保险公司人员填写

图 5.2 保险公司机动车保险/机动车交通事故责任强制保险投保单

（一）投保单填写的目的

投保单是保险人事先拟好的主要由投保人填写的资料，保险人之所以要求投保人填写投保单，至少具有以下几个目的：

第一，确定投保人，判断其资格，看是否对保险车辆及相关责任具有可保利益。

第二，确定缴纳保险费的义务人，通常情况下投保人是缴费义务人。

第三，确定被保险人，被保险人是享有保险金请求权的人。

第四，以书面形式表明向投保人履行了如实告知义务。

第五，为客户提供后续增值服务。

（二）投保单的内容

投保单包括投保人和被保险人情况、驾驶员情况、投保车辆情况、投保险种及期限、保险金额、保费、投保人签章、特别约定、解决争议的方式选择、投保人声明、标的初审（验车验证情况）等。

1. 投保人和被保险人情况

投保人和被保险人情况包括其姓名或名称、地址等。在第三章汽车保险合同中，已经明确该内容是汽车保险合同的主要条款之一，姓名或名称可以确定投保人和被保险人是否具有投保或被保险资格。投保人是保险合同不可缺少的当事人，投保人除应当具有相应权利能力和行为能力外，对保险标的须具有保险利益。因此，投保人若是自然人应当在投保单上填写自己的姓名，姓名与身份证上的一致；若是单位应写明单位的全称，并与其公章名称一致，以便保险人核实其资格，避免出现保险纠纷。姓名、名称应与车辆行驶证载明的信息相符合，使用人或所有人称谓与行驶证不符或者车辆是合伙购买经营的，应在投保单上规定位置注明。

被保险人须是保险事故发生时遭受损失的人，即受保障的人。因此，投保单上须注明被保险人的姓名或名称。对于投保人与被保险人地址，投保单上需要填写投保人与被保险人的详细地址、邮编、电话及联系人，以便于联系和作为确定保险费率的参考因素。这是因为通常情况下，保险人需要核保，并且合同生效后，保险人需定期或不定期地向客户调研自身的服务质量或通知被保险人有关信息。不同地区汽车保有量、道路状况、治安状况不同，危险因素也就不一样，保费也会随之不同。

2. 驾驶员情况

驾驶员情况填写要求如下：

（1）不指定驾驶人的不用填写；

（2）若指定驾驶人，可以指定一名，也可以指定不超过 3 名的多人；

（3）指定驾驶人的姓名、性别、年龄、初次领证日期、驾驶证号码等信息根据机动车驾驶证的信息填写。

通常情况下，若指定了驾驶人，但不是指定驾驶人使用车辆出险，保险公司将增加一定的免赔率。

3. 投保车辆情况

保险车辆情况包括车本身资料、车的使用情况等。车本身资料包括号牌号码、厂牌型号、发动机号、车架号、车辆种类、座位/吨位、车辆颜色、初次登记年月等内容。需特别注意的是，填写车辆号牌号码、车辆种类应与行驶证号牌号码和车辆种类一致，并且对于车辆的种类，应参考保险公司对车辆种类的划分标准。例如，平安保险公司规定的车辆种类包括客车、货车、挂车、油罐车、气罐车、液罐车、冷藏车、起重车、装卸车、工程车、监测车、邮电车、消防车、清洁车、医疗车、救护车、监测车、消防车、清洁车、医疗车、救护车、电视转播车、雷达车、X光检查车、邮电车辆、大型联合收割机或其他专用车辆、摩托车等。

此外，平安保险公司还将车辆分为A类车辆和B类车辆，A类车辆是指：

（1）整车进口的一切机动车辆；

（2）主要零配件由国外进口，国内组装的套牌车辆；

（3）合资企业生产的16座以上（含16座）的客车；

（4）外资、合资企业生产的摩托车；

（5）合资企业生产的国产化率低于70%的机动车辆。

B类车辆是指除A类车辆以外的机动车辆。

太平洋保险公司规定的车辆种类有客车、货车、农用车、集装箱车、挂车、特种车、其他车辆等，其中特种车又分成如下几种：

特种车①：油罐车、气罐车、液罐车、水泥罐车、冷藏车等。

特种车②：起重车、装卸车、工程车，适用于各种有起重、装卸、升降等工程设备或功能的专用车辆。

特种车③：救护车、电视转播车、监测车、消防车、清洁车及医疗车。

特种车④：专指运钞车。

其他车辆是指除费率表内列明车辆类型之外的其余所有车辆。此外，太平洋保险公司还将车辆划分为国产车辆和进口车辆两类，进口车辆是指满足以下任一条件的车辆：

（1）整车进口的一切机动车辆；

（2）主要零配件由国外进口，国内组装的套牌车辆；

（3）合资企业生产的16座以上（含16座）的客车；

（4）下列车辆品牌和车型：北京切诺基V6、广州本田、上海别克、上海帕萨特、湖北雷诺、长春奥迪系列、天津丰田；

（5）其他合资企业生产的国产化率低于70%的机动车辆。

国产车辆是指除进口车辆以外的机动车辆。

不同种类的车辆保费不同，进口车辆与国产车辆保费也不相同，对难以明确是进口还是国产的车辆，按高档保费计算。

座位/吨位则根据行驶证注明的座位和吨位填写。客车填座位，货车填吨位，客货两用车填写座位/吨位。例如，宝骏BJ630客车填写“16/”，解放CA141货车填写“/5”，丰田DYNA客货两用车填写“5/1.75”。

发动机号和车架号是生产商在发动机和车架上打印的号码，可根据车辆行驶证填写，对于有车辆识别码（VIN号，下同）的车辆，应以VIN号代替车架号。

初次登记年月用来确定车龄。该项的重要性体现在初次登记年月是理赔时确定保险车辆实际价值的重要依据，所以应按照车辆行驶证上的“登记日期”填写。

汽车所有与使用情况包括该汽车所属性质是什么？该汽车是否为分期付款购买的？如果是，卖方是谁？该汽车的行驶证所列明的车主是谁？该汽车的使用性质是什么？该车的行驶区域如何？

汽车的使用性质分为营业与非营业两类。营业车辆是指从事社会运输并收取运费的车辆；非营业车辆是指各级党政机关、社会团体、企事业单位自用的车辆，或仅用于个人及家庭生活的车辆。例如，太平洋保险公司规定的车辆使用性质如下：

（1）私人生活用车：个人或家庭所有并用于非经营的客车。

（2）行政用车：党政机关、社会团体、企事业单位及其他组织所有并用于日常行政事务的车辆。

（3）生产用车：企业、个人或家庭所有并用于完成商业性传递或保证自身经营活动正常运作的车辆。

（4）营运车辆：由交通运输管理部门核发营运证书的用于从事客运、货运或客货两运的车辆。

（5）租赁车辆：拥有国家管理部门核发的租赁许可证的单位所有并用于向他人租赁以收取租赁费用为目的的车辆。

所属性质是指根据保险汽车的所有权，按照机关、企业、个人三类填写保险汽车的所属性质。

车辆颜色应与车辆行驶证上的车辆照片颜色一致。

行驶区域有省内、境内、出入境三类。

上年是否在本公司投保商业车险主要是用以判定投保人能否享受无赔款优待以及优待比例，同时还判定投保人是否为本公司的续保客户或忠诚客户。

汽车可指定行驶区域，以获得费率优惠。指定行驶区域分省内行使、固定行使路线，对固定行使路线的还需要指明具体路线。

是否为未还清贷款的车辆。如果是，贷款方是谁？保险人一般会要求投保人选择保险范围较宽的险种，以保障财产的安全。

车损险与车身划痕险若选择汽车专修厂，则费率将上浮一定比例。上年度的赔款次数和交通违法行为是费率浮动的依据。

4. 投保险种及期限

所投汽车保险应分险种列明：车辆损失险、第三者责任险、车上人员责任险、盗抢险、附加险等。列明的目的是确定投保险种，确定保险金额或者责任限额。保险期间通常为一年，也可根据实际情况选择短期保险，短期保险费由年保险费乘以短期月费率系数确定。

5. 投保人签章

投保人在对投保单所填写的各项内容核对无误，并对责任免除和被保险人义务明示知悉后，须在“投保人签章”处签章并填写日期。

6. 特别约定

对保险合同的未尽事宜，投保人和保险人协商后，在特别约定处注明。特别约定处填写的要求是不得与法律法规相抵触，否则无效。投保单和保险单特别约定的内容要一致，并且在投保时向客户如实告知。以下是某保险公司关于特别约定的填写要求：

（1）特别约定意指保险人与被保险人对于保险合同的未尽事项，经协商而达成一致的内容。不包含条款中已经明确的内容。不应存在单方告知的语句，如报案电话、电子宣传、销售网站及投保电话、身份证件等信息以及保险人或被保险人的单方要求。

（2）特别约定内容必须在投保单上明示，并由投保人在特别约定栏内签字确认，保单上特别约定内容必须与投保单一致。使用特别约定时，不得变更保险条款，不得任意变更保险责任范围。

（3）特别约定应语句简洁、准确无歧义。

（4）特别约定应按照信息重要性罗列，其顺序按重要—次重要排列如下：依法合规—免赔额—免赔事项—特约免赔事项—其他。

此外，还有一些保险公司特别约定的内容具体如下：

（1）对保单收费的特别约定。保险公司往往会作如下约定："在保险合同签订时交清保险费，否则本公司不承担保险责任"；"自起保之日起××日内交清保险费，否则本公司不承担保险责任"；"本保单保费分××期付款，第一期保费××元于起保前交清，剩余保费于××年××月××日前交清。逾期未交，发生保险事故，按出险时的保费到账比例赔付"。

（2）对投保车损险的特别约定。如果车损险保险金额未达到新车购置价，应约定"车损险不足额投保，出现后按比例赔付"；除新车、未保车辆损失险的车辆、车辆损失险保额低于实际价值的车辆外，应约定"如标的车损超过出险时的实际价值，应按出险时的实际价值计算赔付"；除前述约定外，对车况较差的车辆，也可以根据车况约定"本标的车实际价值为××元"。

（3）对投保全车盗抢险的特别约定。如果没有办理正式牌照，应约定"盗抢险自办理正式牌照并到本公司办理批改之日起生效，保险止期不变"；承保主要在本地使用的外省、市籍牌照车辆，可约定"盗抢险限在××省、市内"。

（4）对投保玻璃单独破碎险的特别约定。进口玻璃按国产玻璃投保，应约定"本车按国产玻璃收费，出险时按国产玻璃赔付"。

（5）对投保新增设备损失险的特别约定。应准确列出新增设备明细及其金额。

（6）对营业性大卡车、长途客车的特别约定。应约定"装载必须符合国家法律法规中有关机动车辆装载的规定"。

7. 解决争议方式选择

争议处理方式分为仲裁和诉讼两种，投保人根据要求选择相应的方式即可。

8. 投保人声明

该项内容的含义是投保人声明投保单各项内容填写属实，核对无误；投保人声明对条款内容特别是责任免除和投保人、被保险人义务无异议；投保人同意投保，完成合同的要约步骤。该项要求投保人本人或本单位签章。

9. 标的初审

初审合格后，查验人员要写明验车或者验证情况，并签名，复核人应签发意见并签名。标的初审合格是完成合同是否承诺的步骤。

第四节 汽车保险承保

承保是指在保险合同约定的期限内，保险人对投保人投保的保险标的发生保险合同约定的保险责任时，保险承担经济赔偿责任或给付责任的一种经济活动。承保的流程如图 5.3 所示：

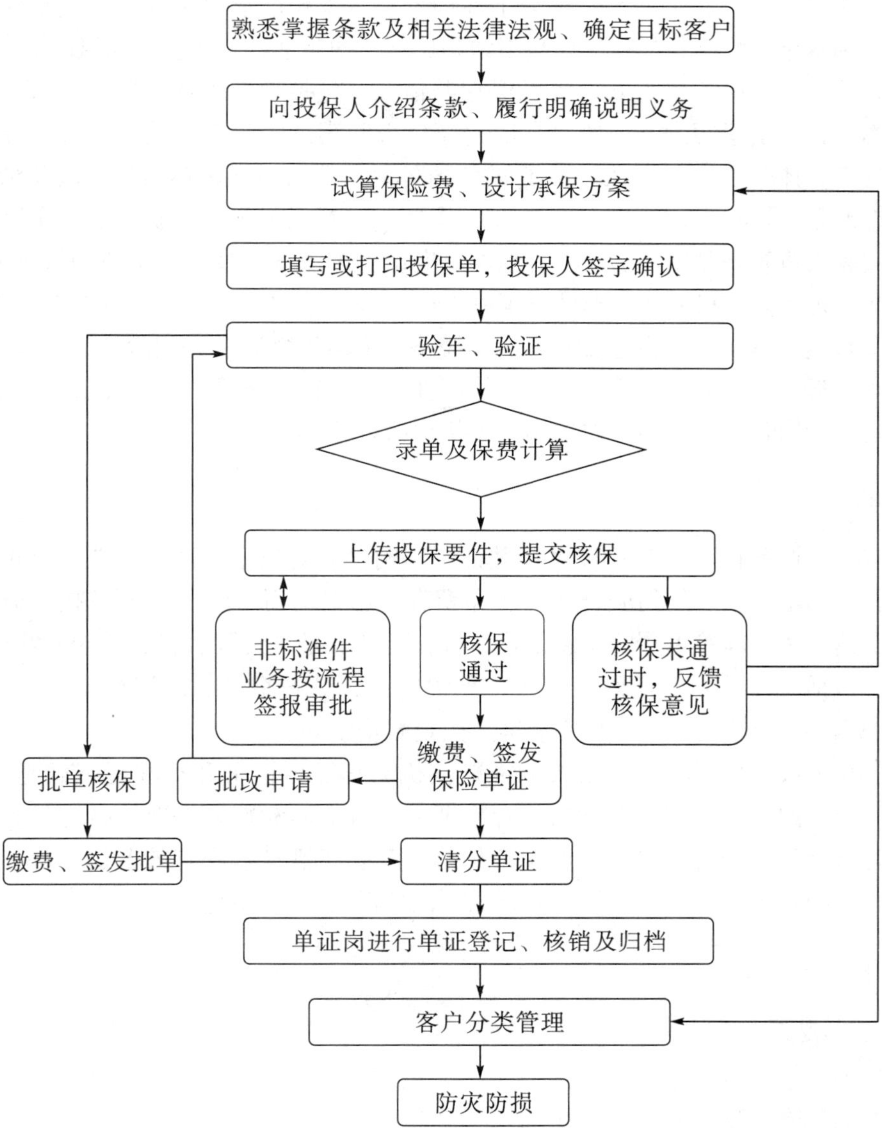

图 5.3 承保流程图

在以上承保流程中，应当注意初步风险评估、验证、验车、收集应该留存的资料、录单等环节。

一、初步风险评估

初步风险评估可分成两种情形：一是对单车的风险评估；二是对车队的风险评估。就单车而言，应了解车辆历年承保理赔情况，包括历年保费收入、承保险别、优惠系数、出险频度、监测满期赔付率、公共满期赔付率、结案率等，分析车辆历史损失率等；了解车辆是否发生重大车损事故，勘验车辆行驶里程、实际车况等；从车辆实际座位吨位、改装情况、驾驶员、厂牌型号、车龄、实际用途、运输线路等了解分析车辆历史损失率高（低）的原因。综合上述因素，将本年度承保条件与历史承保条件相比较、车辆本年风险因素与往年风险因素相比较，初步估计本年度承保风险。

就车队而言，应了解车队历年承保理赔情况，包括承保笔数、保费收入、承保险别、优惠系数、出险频度、监测满期赔付率、公共满期赔付率、结案率等，分析历史业务损失率，评价历史经营风险；了解车队车辆类别结构、车龄结构、改装情况、整体实际性能等车辆状况，评价车况风险；了解车队管理变化及现状。根据车队是否有严格的驾驶人员管理制度、安全教育制度、安全管理考核制度、车辆使用管理制度等，评价车队管理风险。没有严格车队管理制度的，按个单评估风险，享受个单承保政策。对货车车队应了解是否有稳定货源、固定线路，运输货物通常的危险性、高度、宽度，评价货车营运风险。对客车车队了解其使用性质、运输线路等，进而评价其营运风险。综合上述风险因素分析，初步评估车队当年承保风险。

二、验证

所有车险业务在承保时须核对行驶证、车辆出厂合格证、购置发票、上年保单等相关资料，约定驾驶人的驾驶证，并复印留存。已经取得号牌的车辆在投保时必须核对行驶证信息和投保单填写的信息是否一致，行驶证是否检验合格，是否有涂改痕迹。核对信息包括号牌号码、车辆所有人、车辆类型、品牌型号、使用性质、发动机号、车辆识别码、注册登记日期、核定载客、核定载重量等。

过户车辆或核保人认为有必要的需核实机动车登记证书和行驶证记载是否一致。没有取得号牌的新车要核对车辆出厂合格证、进口证明和购置发票。指定驾驶员的驾驶证是否有效，是否与驾驶证准驾车型相符。营运车辆是否有有效营运证许可证，其他特殊车辆的相关证明材料。是否为异地车，是否属于异地展业。

三、验车

1. 验车范围

验车范围如下：

（1）首次在保险公司投保的车辆；

（2）未按期续保的车辆；

（3）在投保第三者责任险后，又申请加保车辆损失险的车辆；

（4）申请增加投保车损险、盗抢险及相关附加险的车辆；

（5）使用年限接近或超过报废年限的车辆；

（6）无牌车及外地车牌的机动车；

（7）特异车型、稀有车型、改装车型或发生重大事故后修复的机动车。

2. 验车内容

根据投保单及车辆行驶证，对车辆进行实际查验。查验的内容主要包括：

（1）车辆外观是否完好，座位数/吨位数是否和行驶证记载相符；

（2）车辆的车牌号、车型、发动机号、车架号、车身颜色是否与行驶证一致；

（3）车辆技术状况包括转向、制动、灯光、喇叭、雨刮器、车轮等是否完好，车辆的操纵安全性与可靠性是否符合行车要求；

（4）发动机、车身、底盘、电器设备的技术状况；

（5）机动车的新旧程度是否与制造年份吻合、行驶千米数与机动车制造年份是否吻合、车身（如玻璃、灯、前后保险杠、叶子板等易损部件）是否完好；

（6）车辆的消防装备配备和防盗装置；

（7）新增设备是否属实；

（8）发动机号、车架号是否有修改痕迹，车辆是否属于拼装车、翻新车、大吨小标车。

3. 验车要求

普通验车可在投保单相应位置注明验车结果，特殊情况下核保人要求专门验车的要填写验车单，还可采用拍摄验车照片的方式验车。原则上验车照片应不少于 3 张，1 张为车前方 45 度角全车照片（含车牌号），1 张为前照片对角位置的车后方 45 度角全车照片（含车牌号），1 张为 VIN 码/车架号的照片。

无论采取何种拍照方式，拍摄的照片要能准确反映被验车辆的真实情况，对于车身有部分损失的，还应对损失部位进行详细拍照记录。要准确反映被验车辆的牌照号码（没有牌照的车辆，如新车、部分特种车等，应拍摄临时牌照或移动证的正反面）及验车日期（可附当日报纸作为凭证）。如附加新增加设备损失险时应对各项新增设备单独拍照。

四、收集应该留存的资料

应留存的资料主要包括以下几种：

（1）经投保人签字或盖章的投保单；

（2）标的车辆行驶证复印件，新车尚未取得行驶证的，应提供出厂合格证复印件（同时尽可能要求提供新车购置发票复印件，对新车购置价与市场有较大差异的，须提供发票复印件），待车辆获得牌照号码办理批改手续时，再提供行驶证复印件；

（3）指定驾驶员的需提供驾驶证复印件；

（4）个人客户的身份证或者护照复印件，单位客户的组织机构代码证复印件及法定代表人的身份证或护照复印件；

（5）需验车车辆的验车照片；

（6）投保人、被保险人和车辆所有人不一致可要求投保人提供由车辆所有人出具的能够证明投保人、被保险人与投保车辆关系的证明或契约，如车辆挂靠协议、租赁协议、过户登记证书等；

（7）异地车辆在本地投保需要提供相关的证明，如本地的工作证明、本地的居住证明或本地人证明（户口本、身份证等）。

五、录单

录单是指保险公司的录单员用计算机将投保信息录入业务系统的过程，包括投保初审、保单录入、打印保险单据、粘贴条款、单证清分等环节。录单主要是对保险公司的录单员提出了要求，以下重点阐述投保初审和保单录入的规范要求。

（一）投保初审

在录单前须进行投保初审，主要审核如下内容：

1. 审核投保资料完整性、真实性

客户提供的投保资料是否齐全，复印件是否与原始件一致。

2. 判断业务是否合规

根据被保险人单位性质、车辆使用性质、车辆种类等，审核业务是否符合承保政策。符合政策的，开始录单；突破政策规定的，解释原因予以退回。特殊业务不符合政策规定又不能拒绝承保的，向上级业务管理部门书面报告、请示。

3. 审核投保单是否合格

投保单填写是否规范、完整，是否符合投保单填写规定，特别约定内容是否完整、表达是否准确，不符合投保要求的，要提请投保人更正。

4. 初步审核新车购置价是否准确、保险金额是否合理

根据系统价格初步审核新车购置价是否符合承保政策。系统没有对应车型价格信息的，或客户提供的车辆信息与精友信息差异较大，及时向精友公司或承保中心询价。根据承保政策合理确定保险金额，避免出险后额外获利。

5. 审核保费计算是否准确

根据费率表查出各项主险和附加险保费，复核业务员所填投保单中的试算保费是否正确，风险修正系数使用是否据实合理。

（二）保单录入

录单必须规范，对通用项目，车辆信息，注退、批改处理，交强险、车船税信息的录入有如下具体要求：

1. 通用项目的录入要求

（1）业务类型：根据业务的性质选择新保业务、续保业务或者共保业务，在业务类型前的“□”内打“√”即可。续保业务的，须在“续保单号”中准确填写上年度的保单号（续保业务是指同一个保险标的上年度由同一保险公司按此险种承保的业务，要求险种代码相同）。共保业务的，除正确选择“共保方式”（可选择“共出”“共入”和“共入转共出”）外，还应在“共保信息”中如实填写所有承保主体参与业务的信息。

（2）是否涉农：根据投保单上的项目填写，判断依据必须参照《关于对涉农财产险有关定义及业务系统正确录入信息的通知》。

（3）机构部门：根据投保单上业务经办人所属的机构，录入对应的机构代码，按“回车”键后，系统将自动带出机构名称。

（4）业务来源：根据业务渠道选择对应的业务来源后，再录入业务员的名称；非直销业务的，还应根据系统提示选择代理人、经纪人、代理协议（选择代理人后系统自动带出）、手续费比例、活动项目等选项。

（5）争议处理：根据投保单信息录入争议发生时保险合同双方约定的处理方式及处理机构。选择“仲裁”的，应在特别约定中注明经双方指定的仲裁机构的名称。

（6）投保人、被保险人名称、地址和联系方式：根据投保单信息录入，联系方式应同时包括固定电话号码和移动电话号码。

（7）投保人、被保险人证件类型、证件号：根据投保人、被保险人提供证件及号码录入。

（8）投保人、被保险人性质：根据投保人、被保险人与车辆的关系据实填写。

（9）客户分类：对于公司确认的优质车队业务，选择“VIP 客户”，其他选择“普通客户”。

（10）投保日期：录入客户填写完投保单并在投保单上签字（盖章）确认的日期。

（11）保险起止期：根据投保单上填写的保险合同的起期和止期录入，完成后系统将自动显示起止期期间的天数。

（12）币种：选择保额和保费的货币计算单位录入。

（13）费率类型：根据保险条款选择短期费率计算的标准，只能选择日费率。

（14）短期费率系数：以一年为标准，系统根据保险期限和费率类型自动计算出保险期限对应的短期费率系数。

（15）固定特别约定：根据投保单上的特别约定，录单员录入相应的内容；系统上有固定表述的，录单员直接勾选即可；系统上无固定表述的，录单员应逐字录入，不得任意增加投保单上不存在的特别约定或减少投保单上的特别约定。

（16）共保信息：“共保方式”为共入或共出的，要录入主协议合同号及共保各方的公司名称、份额、保额等信息；“共保方式”为共入转共出的，要录入主协议、从协议合同号及共保各方的公司名称、份额、保额等信息。

（17）缴费信息：根据分期缴费协议，录入分期缴费信息，包括缴费期数、缴费起止时间、缴费金额等信息。

（18）险别信息：根据投保单上客户的投保意愿选择相应的险别，录入保额或责任限额后，系统将根据车辆信息计算出对应的保费和最终保费合计。

（19）其他通用信息，如汇率、签单日期、保额、保费、录入人、录入日期等由系统自动带出，无需录入，不可修改。

2. 车辆信息的录入要求

（1）行驶证车主：根据机动车行驶证上“所有人”的名称填写。车主性质根据实际情况选择“个人”“机关”“企业”之一。

（2）车辆种类：根据车辆生产地选择国产或进口。

（3）发证日期：根据行驶证“发证日期”据实填写。

（4）证件类型、车主身份证：根据车主提供证件及号码录入。

（5）车贷投保多年：根据实际情况选择“是”或“否”。

（6）未上牌标志：根据是否上牌据实选择“已上牌”或“未上牌”。

（7）车牌号码：填写车辆管理机关核发的号牌号码，按照投保车辆机动车行驶证录入。车牌号码由字母和数字组成，一律不添加点、横杠、空格等符号，号牌中所含的字母一律大写，未上牌照的车辆填写发动机号后6位字母或数字，或按照当地平台规定录入。

（8）车牌颜色：根据车牌的底色选择对应的颜色，现有“黑”“白”“黄”“蓝”四种车牌底色。

（9）发动机号：根据机动车行驶证上“发动机号码”对应的数字填写，或根据机动车辆检验合格证上的“发动机号码”对应的数字填写，多为8位数。

（10）车架号：根据投保车辆的机动车行驶证上的“车辆识别代号”填写，也可根据生产厂商在车架上打印的号码填写，应为17位数。

（11）厂牌型号：按照投保单填写的车辆型号选择对应的车型。如果投保单的核定载客数和核定载质量与系统对应车型的数据不符，可要求业务人员和客户服务人员验车核实。

（12）车辆属性：根据机动车行驶证上的“使用性质”，选择对应的属性。

（13）车辆类型：根据车辆的吨位、座位数、专属类型选择对应的类型。

（14）改装、动力类型：据实选择。

（15）行驶证车辆类型：参照《中华人民共和国车船税暂行条例实施细则》中的车辆分类，主要分为：

①大型客车是指核定载客人数大于或者等于20人的载客汽车；

②中型客车是指核定载客人数大于9人且小于20人的载客汽车；

③小型客车是指核定载客人数小于或者等于9人的载客汽车；

④微型客车是指发动机气缸总排气量小于或者等于1升的载客汽车；

⑤载货汽车是指载运货物的汽车，含挂车；

⑥三轮汽车是指在车辆管理部门登记为三轮汽车或者三轮农用运输车的机动车；

⑦低速货车是指在车辆管理部门登记为低速货车或者四轮农用运输车的机动车；

⑧专项作业车是指装置有专用设备或者器具，用于专项作业的机动车；

⑨轮式专用机械车是指具有装卸、挖掘、平整等设备的轮式自行机械；

⑩轻便摩托车是指发动机汽缸工作容积不超过50毫升、最大设计车速不超过50千米/小时，只供单人乘骑的摩托车。

（16）车身颜色：按照投保车辆车身颜色的主色系在“黑、白、红、灰、蓝、黄、绿、紫、粉、棕”这10种颜色中归类选择一种颜色；多颜色车辆，应选择面积较大的一种颜色；有《机动车登记证书》的车辆，按照登记证书中的“车身颜色”栏目填写。如实在无法归入上述色系中，才可选择“其他颜色”。

（17）座位数：根据机动车行驶证上载明的核定载客人数填写。

（18）吨位：货车、客货两用车在机动车行驶证中记载有“核定载质量”的，以核定载质量为准；机动车行驶证中没有记载“核定载质量”的，以该车“准牵引总质量”作为吨位；通过上述两种方式仍无法确定吨位的，视为10吨以上货车。

（19）排气量：根据机动车行驶证上标明的排气量填写。

（20）新车购置价：一般以核心系统或行业协会提供的新车报价确定，可以根据承保政策适度浮动。系统没有对应车型价格信息的，或客户提供的车辆信息和核心系统价格差异较大的，可向精友公司询价。

（21）出厂日期：填写车辆的出厂年份。

（22）初次登记年月：根据机动车行驶证上的“注册登记日期”填写，如果行驶证上的“注册登记日期”与初次登记日期不相符时，要追溯到真正的初次登记日期填写。

（23）车龄档次：根据车辆的初次登记年月，计算出车辆的使用年限，并选择对应的档次。

（24）固定停放地点：根据投保车辆夜间经常停放地点选择停放地点的对应项值。

（25）VIN编码：根据投保车辆的机动车行驶证上的VIN编码填写。

（26）安全装置：根据车辆的安全装置配备选择，可同时选择三项装置。

（27）防盗装置：根据车辆的防盗装置配备选择，可同时选择五项装置。

（28）玻璃类型：根据车辆投保时安装的玻璃，选择进口或国产。

（29）自负优待：车辆投保了自负额优待特约条款的，根据客户选择的自负额选择对应的项值。

（30）行驶区域：根据投保车辆的行驶路线和最远行驶区域选择，系统默认为中国境内（不含港澳台）。

（31）延伸期限：与行驶区域相关联，投保车辆为港澳牌照或者行驶区域涉及境外的，要根据港澳牌照车辆在大陆的停留时间和投保车辆的出境时间选择对应的期限，但最长不得超过三个月。

（32）号牌种类：根据机动车行驶证上的车辆号牌类型选择。

（33）上年赔款次数：在同一保险公司投保的，从系统中查询获得上年赔款次数并录入；上年度不在同一保险公司投保的，有条件的可从行业平台信息查询，无法查询的，可不填写该项。

（34）月折旧率：根据车辆使用性质选择对应的月折旧比率。

（35）车辆实际价值：根据投保时的新车购置价和对应的月折旧率计算出投保当时的车辆实际价值。

（36）上年承保公司：根据客户上年度投保情况如实选择对应的承保公司名称。

（37）交管车辆种类：根据车辆类型从系统中据实选择。

（38）车队号、跨省投保未出险次数：根据实际情况录入。

3. 注退、批改处理的录入要求

批文内容准确、真实、合理、清楚，不得违反行业和公司的相关规定进行违规操作。保单的注销和退保必须通过注退处理模块操作，不得通过一般批改模块处理。批改须在一般批改模块中选择正确的批改原因进行处理。

4. 交强险、车船税信息的录入要求

（1）车船税标志：根据客户投保时是否同时缴纳车船税选择对应的车船税标志。其中，投保时同时缴纳车船税的，车船税标志选择“纳税”或“补税”，投保时不同时缴纳车船税的，车船税标志选择“完税”“免税”“缓税”或“拒税”。

（2）是否减税：根据客户的投保车辆是否享受相应的减税优惠政策，选择“是”或“否”。

（3）减税比例：对于满足可以享受相应减税优惠政策的投保车辆，录入人员在此填入相应的可扣减的税额比例；否则，保留系统默认的0。

（4）减税金额：对于满足可以享受相应减税优惠政策的投保车辆，录入人员在此填入相应的可扣减的税额金额；否则，保留系统默认的0。

（5）整备质量（吨）：根据车辆行驶证或车辆登记证确认，未登记的，按照新车出厂合格证明或者进口凭证确定；投保人无法提供车辆整备质量信息的，整备质量按照总质量与核定载质量的差额计算或者由地方税务机关核定；若车船税计算单位为辆的，则保留系统默认的1。

（6）纳税人识别号：企业、事业单位的纳税人识别号由15位代码组成，即税务登记证号；个体经营户的纳税人识别号由身份证号和地区码组成，为20位代码。

（7）税目：税目为税额的计算单位，须在“车船税”界面据实选择投保车辆对应的“税目”。

（8）年单位税额：根据税目系统会自动带出。

（9）前次交强险截止日期：填写上年度交强险保单的截止日期，填写格式为“年 月 日”，精确到日。

（10）前次交强险投保公司：填写上年度交强险保单的承保公司。

（11）前次交强险保单号：填写上年度交强险保单号。

（12）本次交强险投保日期：填写本年度交强险保单的起保日期，填写格式为“年 月 日”，精确到日。

（13）当年应缴应纳税月份数：对于机动车临时上道路行驶、机动车距规定的报废期限不足一年而购买“交强险”的车辆，当年应缴应纳税月份数为“交强险”有效期起始日期的当月起至该年度终了的月份数；对于新购置的机动车，当年应缴应纳税月份数为购买日期的当月起至该年度终了的月份数（购买日期以《机动车销售统一发票》或《海关关税专用缴款书》所载日期为准）；除以上情况的，当年应缴应纳税月份数保留系统默认的12。

（14）本次纳税年度：录入本次车船税的缴纳年度，系统默认为当年年度。

（15）前次纳税年度：录入上次车船税的缴纳年度，系统默认为上年年度。

（16）往年应缴月份数和往年补缴金额：根据相关规定，从2008年7月1日起，投保时，录单人员要根据纳税人提供的上年度交强险保单或车船税完税凭证，查验上一次的完税情况并据此修改往年应缴月份数和往年补缴金额，其中查验标准为如下：

对于2007年1月1日前购置的车辆或者曾经缴纳过车船税的车辆，保单中“往年补缴”项目的计算公式为：

往年补缴=计税单位×年单位税额×（本次缴税年度-前次缴税年度-1）。

其中，对于2007年1月1日前购置的车辆，纳税人从未缴纳车船税的，前次缴税年度设定为2006。

对于2007年1月1日以后购置的车辆，纳税人从购置时起一直未缴纳车船税的，保单中“往年补缴”项目的计算公式为：

往年补缴=购置当年欠缴的税款+购置年度以后欠缴税款

购置当年欠缴的税款=计税单位×年单位税额×应纳税月份数/12

应纳税月份数为车辆登记日期的当月起至该年度终了的月份数。若车辆尚未到车船管理部门登记，则应纳税月份数为购置日期的当月起至该年度终了的月份数。

购置年度以后欠缴税款=计税单位×年单位税额×(本次缴税年度-车辆登记年度-1)

需要说明的是，除福建、大连以外，在代收代缴车船税新规定出台或与税源平台对接之前，其他机构2012年暂不代收往年车船税。

（17）滞纳天数：系统根据本次交强险投保日期与前次交强险截止日期自动计算天数。

（18）完税凭证号：对于已经缴纳了当年税款的投保车辆，录入完整的完税凭证号，通常为22位代码。

（19）开具税务机关：完整填写完税凭证号上加盖的税务机关名称。

（20）减免税登记号：对于符合相关减免税政策的投保车辆，录入完整的减免税登记号，通常为22位代码。

（21）纳税人证件类型：从系统中选择对应的类型。

（22）纳税人证件号码：填入对应的证件号码。

（23）纳税人名称：录入纳税人的名称，系统默认为投保人名称。

（24）纳税人地址：录入纳税人的名称，系统默认为投保人地址。

（25）对于按排量收税的车辆还应录入汽车排量，单位毫升。

对投保单信息不完整的，不得录入系统，不得以各种符号代替投保单信息。

（三）初步检查与核对

投保单信息录入完毕后，需对其进行检查与核对。核对的主要内容如下：

1. 核对车辆属性、车辆类型和车龄档次

车辆属性、车辆类型和车龄档次选择的正确与否将直接决定系统带出的险别费率，从而影响最终的保费计算结果，因此录单员切记要仔细核对这些项目。

2. 核对车辆种类、玻璃类别

若车辆种类选择了进口的，玻璃类型可选择进口；若车辆种类选择了国产的，原则上玻璃类型不得选择进口，但对于进口配件国内组装的车辆，可以按照实际类型选择。玻璃类型要根据投保时车辆实际安装的玻璃选择进口或国产，防止道德风险的发生。玻璃类型选择不同，将直接影响系统带出的玻璃单独破碎险的费率。

3. 核对行驶证车主、车辆属性

行驶证车主为个人的，车辆属性不能为企业用车、党政机关、事业团体单位用车。

4. 核对车牌颜色、座位数、车辆属性

一般而言，蓝底车牌是小车车牌（座位数9座以下，吨位2吨以下）；黄底车牌是大车、农用车、教练车、新产品试验车或摩托车车牌；白底车牌是特殊用途车辆（军车、警车、赛车等）车牌；黑底车牌则是外籍牌照、使馆牌照车的车牌。

5. 核对车龄、上年承保公司、无赔款优待系数

车龄小于一年的，不能使用下浮的无赔款优待系数。上年承保公司与当年不是同一保险公司，且无法提供上年未发生赔款的相关证明的，不能使用下浮的无赔款优待系数。如当地建有车险信息平台的，可通过平台查询有无出险记录，并依据平台结果据实使用无赔款优待系数。

6. 核对自负优待

只有选择了自负优待的对应项值，才能投保可选免赔额特约条款这一附加险。

7. 核对行驶区域、延伸期限、车牌号码、号牌种类

系统默认保单的行驶区域为“中国境内（港澳台除外）”，只有行驶区域为改为“境外”且延伸期限有对应项值的，方可投保车辆出境责任险条款。行驶区域为“港澳车在中国境内”的，车辆号码应为港澳车牌照，号牌种类也应为外籍车号牌。

8. 核对费率类型

车险承保的费率类型只能使用日费率。

9. 核对业务来源、代理人、经纪人、合作协议

由于业务系统和财务系统数据的对接，手续费数据是从业务系统直接传至财务系统的，业务来源、代理人、经纪人、合作协议的出错都将导致手续费在结算时发生错误。

10. 核对投保日期、签单日期、起保日期

一般而言，投保日期早于签单日期，签单日期早于起保日期。起保日期早于签单日期或投保日期的，称为倒签单。

若起保日期早于签单日期，但晚于投保日期的，要查明倒签单的原因，防范道德风险的发生。如因合理正当的理由需要倒签的，出单员必须在征得总公司的同意后方可录单。

对起保日期早于投保日期的业务，不得录入系统，只有在重新验车并且将起保日期调整到投保日期之后，才能录入投保信息。

保险期间不能超过1年。

11. 核对发动机号、车架号、VIN编码

发动机号、车架号、VIN编码是车辆主要车体部分唯一的身份识别号码，录单员要对仔细加以核对。

12. 核对新车购置价、车辆实际价值、车龄

车龄在一年以内的新车，投保时新车购置价和车辆实际价值可以一致；车龄超出一年的，车辆实际价值应小于新车购置价。

对涉及保费变动的批单，出单员要对系统生成的计算结果进行初步核对，及早发现操作失误。

（四）扫描上传影像系统

车险承保资料上传按附录《关于车险业务单证影像的规定》执行，一般影像资料有：

（1）投保单原件（含另附特别约定）或定额保单原件；

（2）投保人身份证原件或投保人组织机构代码证；

（3）行驶证原件（若暂时没有行驶证应在保户拿到行驶证3天内补传）；

（4）上年未出险证明；

（5）老龄车（8年车龄）验车照片，高价车（50万以上车辆）验车照片、发动机号和车架号拓印件（或照片）；

（6）保险协议或补充说明；

（7）办公自动化系统的批复（如果有）；

（8）核保人员认为需要提供的资料。

此外，必须提供的车辆照片应当是车辆投保时彩色清晰照片，可使用照相机或手机拍摄。上传的照片要保证清晰、方向一致、带有日期，且验车照片日期不得早于保单录入日期。

第五节　汽车保险核保

核保是保险公司专业核保人员对投保申请进行风险审核与风险评估，决定是否接受投保及以何条件承保的过程。

一、核保的意义

保险公司除了要大量承揽业务外，还必须确保每笔业务的质量。如果大量承保不符合要求或者风险较大的业务，将使保险公司的赔付率上升，影响其经营效益。保险核保是保险人对每笔业务的风险进行辨认、评估、定价，并确认保单条件，以选择优质业务进行承保的一种行为。因此，核保对于控制经营风险，确保保险业务的健康发展有着十分重要的作用，是保险承保过程的重要环节之一。核保完毕后，核保人在投保单上签署意见，将投保单、核保意见一并转业务内勤，据以缮制保险单证。对超出本级核保权限的，应报上级公司核保。核保具有提供高质量的专业服务、保持市场领先、为保险中介市场建立、完善和创造必要的前提条件、获得再保险市场的支持等重要意义。正因为如此，每个保险公司都有相应的核保制度，防范、避免和解决不良现象的发生，强化经营风险控制。通过建立核保制度，将展业和承保相分离，实行专业化管理，严格把好承保关，对保险公司实现经营的稳定具有重要的意义。具体体现在如下几个方面：

（一）防止逆选择，排除经营中的道德风险

在保险公司的经营过程中始终存在一个信息问题，即信息的不完整、不精确和不对称。尽管最大诚信原则要求投保人在投保时应履行充分告知的义务。但是，事实上始终存在信息的不完整和不精确。保险市场信息问题可能导致投保人或被保险人的道德风险和逆选择，给保险公司经营带来巨大的潜在风险。保险公司建立核保制度，由资深人员运用专业技术和经验对投保标的进行风险评估，通过风险评估可以最大限度地解决信息不对称的问题，排除道德风险，防止逆选择。

（二）确保业务质量，实现经营稳定

保险公司是经营风险的特殊行业，其经营状况关系社会的稳定。保险公司要实现经营的稳定，一个关键环节就是控制承保业务的质量。但是，随着国内保险市场供应主体的增多，保险市场竞争日趋激烈，保险公司在不断扩大业务的同时，经营风险也在不断增大。其主要表现为：一是为了拓展业务而急剧扩充保险业务人员，这些新的业务人员业务素质有待提升，无法认识和控制承保的质量；二是保险公司为了扩大保险市场的占有率，稳定与保户的业务关系，放松了拓展业务方面的管理；三是保险公司为了拓展新的业务领域，开发了一些不成熟的新险种，签署了一些未经过详细论证的保险协议，增加了风险因素。

（三）扩大保险业务规模，与国际惯例接轨

我国加入世界贸易组织以后，国外的保险中介机构正逐步进入中国保险市场，同时我国保险中介力量也在不断壮大，现已成为推动保险业务的重要力量。在看到保险中介组织对于扩大保险业务积极作用的同时，保险公司也应注意到其可能带来的负面影响。由于保险中介组织经营目的和价值取向的差异以及人员的良莠不齐，保险公司在充分利用保险中介机构进行业务开展的同时，也应对保险中介组织的业务加强管理，核保制度是对中介业务质量控制的重要手段之一，也是建立和完善保险中介市场的必要前提条件。

（四）实现经营目标，确保持续发展

在市场经济条件下，企业发展的重要条件是对市场进行分析，并在此基础上确定企业的经营方针和策略，包括对企业的市场定位和选择特定的业务和客户群。同样，在我国汽车保险市场的发展过程中，保险公司要在市场上争取赢得主动，就必须确定自己的市场营销方针和策略，包括选择特定的业务和客户作为自己发展的主要对象，确定对各类风险承保的态度，制定承保业务的原则、条款和费率等。这些市场营销方针和策略实现的主要手段是核保制度，通过核保制度对风险进行选择和控制，保险公司能够有效地实现其既定的目标，并保持业务的持续发展。

二、核保的原则

核保工作的主要依据是核保手册，因为核保手册是实现核保工作目标的重要手段。核保手册，即核保指南，是将公司对于机动车辆保险核保工作的原则、方针和政策，机动车辆保险业务中涉及的条款、费率以及相关规定，核保工作中的程序和权限规定，可能遇到的问题及其处理方法等用书面的方式予以明确。通过核保手册，核保人员能按照统一标准和程序进行核保，可实现核保工作的标准化、规范化和程序化。核保手册正是通过建立工作的标准化、规范化和程序化实现核保工作目标的。

在进行核保过程中常会遇到一些核保手册没有明确规定的情形，在这种情形下，二级和一级核保人应当注意运用保险的基本原理、相关的法律法规和自身的经验，通过研究分析解决这些特殊的问题，必要时应请示上级核保部门。通常情况下，核保应遵循以下原则：

（一）保证长期利润的原则

一方面要全面、细致、严格地对保险标的进行核保，争取最好的承保条件，保证公司实现长期的承保利润；另一方面要避免片面追求承保数量的短期行为，这将影响公司的经营目的和方向，不利于公司的长远发展。

（二）提供优质保险服务的原则

首先，要提供全方位和多层次的保险服务，保持客户的数量和长期的客户关系；其次，要为客户设计优化的保险方案，充分满足客户的需要，并不断完善，以适应客户保险的新要求；最后，要公正地对待每一位客户，承保条件和费率对所有的客户都一视同仁。

（三）争取市场领先地位的原则

通过车险市场的变化，及时调整公司的业务规章，保持其在车险市场上的竞争力。通过不断提高承保技术，拓展新的业务领域，努力保持市场的领先优势或者争取市场的领先地位。

（四）谨慎运用本公司承保能力的原则

在任何情况下都不要在条件不成熟或能力不足的情况下，盲目承保高风险项目，并做好巨灾风险的研究工作，累积这类风险的经验，为以后的承保和理赔打下基础。

（五）实施规范管理的原则

这需要保险公司业务人员在核保的过程中务必遵守国家各项法律法规，遵守行业规章、公司的制度和市场准则。

（六）有效利用再保险的原则

通过再保险，一方面可以确保公司的利润，当然也不能过度地依赖再保险；另一方面通过严格核保，确定自留额以便合理分散风险，争取实现最大利润及最小的风险成本。

三、核保的具体方式

核保的具体方式应当根据公司的组织结构和经营情况进行选择和确定，通常将核保的方式分为以下几种：

（一）标准业务核保和非标准业务核保

标准业务是指常规风险的汽车保险业务，这类风险的特点是其基本符合汽车保险险种设计所设定的风险情况，按照核保手册能够对其进行核保。非标准业务是指风险具有较大特殊性的业务，这种特殊性主要体现在高风险、风险特殊、保险金额巨大等需有效控制的业务，而核保手册对于这类业务没有明确规定。标准业务可以根据核保手册的规定进行核保，通常是由三级核保人员完成标准业务的核保工作，而非标准业务则是无法完全根据核保手册进行核保，应由二级或者一级核保人员进行核保，必要时核保人员应当向上级核保部门进行请示。汽车保险中的非标准业务主要有保险价值浮动超过核保手册规定的范围、特殊车型业务、军牌和外地牌业务、高档车辆的盗抢险业务、统保协议、代理协议等。

（二）计算机智能核保和人工核保

计算机技术和互联网技术的发展和广泛应用将给核保工作带来革命性的变化。就目前技术发展水平而言，尤其是智能化计算机的发展和应用，计算机已经完全可以胜任对标准业务的核保工作。在核保过程中应用这些新技术可以大大缓解人工核保的工作压力，提高核保业务的效率和准确性，减少在核保过程中可能出现的人的负面因素。但是，在现阶段还需要人工核保这种模式解决计算机核保所无法解决的核保问题。

（三）集中核保和远程核保

从核保制度发展的过程分析，集中核保的模式代表了核保技术发展的趋势。集中核保可以有效解决统一标准和规范业务的问题，实现技术和经验最大限度的利用。但是，以前集中核保在实际工作中遇到的困难是经营网点分散，缺乏便捷和高效的沟通渠道。

计算机技术和互联网技术的广泛应用，使远程核保模式应运而生。远程核保就是建立区域性的核保中心，利用互联网等现代通信技术，对辖区内的所有业务进行集中核保。这种核保的方式较以往任何一种核保模式均具有不可比拟的优势，它不仅可以利用核保中心的人员技术的优势，还可以利用中心庞大的数据库，实现资源的共享。同时，远程核保的模式还有利于对经营过程中的管理疏忽甚至道德风险实行有效的防范。

（四）事先核保和事后核保

事先核保是在核保工作中广泛应用的模式，它是指投保人提出申请后，核保人员在接受承保之前对标的的风险进行评估和分析，决定是否接受承保。在决定接受承保的基础上，根据投保人的具体要求确定保险方案，包括确定适用的条款、附加条款、费率、保险金额、免赔额等承保条件。事后核保主要是针对标的金额较小、风险较低、承保业务技术比较简单的业务，这些业务往往是由一些偏远的经营机构或者代理机构承办，保险公司从人力和经济的角度难以做到事先核保的，可以采用事后核保的方式，事后核保是对于事先核保的一种补救措施。

核保方式、核保机构模式和核保人员的等级和权限有关。核保机构的设置模式分为两种：分级设置模式和核保中心模式。分级设置模式是根据内部机构设置情况、人员配备情况、开展业务需要、业务技术要求等设立数级核保组织。比如保险公司在各省分公司内设立三级核保组织，即省分公司、地市级分公司或者营业部、县支公司或者营业部，这是我国普遍的一种模式。核保中心模式是在一定的区域范围内设立一个核保中心，通过网络技术，对所辖业务实行远程核保。与前种模式相比，该模式的优点在于所有经验机构均可得到核保中心的技术支持，最大限度地实现技术和优势的共享。同时，核保中心对各机构的经营行为进行有效控制和管理。按照核保管理集中的趋向，核保中心模式将成为未来保险公司核保的一个重要模式，同时互联网尤其是移动互联网的发展和广泛应用，为远程的集中核保提供了有利的条件和必要的技术支持。

目前，核保人员一般分为三级，根据不同等级，授予不同的权限。一级核保人员主要负责审核特殊风险业务，包括高价值车辆的核保、特殊车型业务的核保、车队业务的核保以及下级核保人员无力核保的业务，同时还应及时解决所管辖范围内出现的有关核保技术方面的问题。二级核保人员主要负责审核非标准业务，即在核保手册中没有明确指示核保条件的业务，如保险金额、赔偿限额、免赔额等有特殊要求的业务。

三级核保人员主要负责对常规业务的核保，即按照核保手册的有关规定对投保单的各项要素进行形式上的审核，亦称为投保单审核。

四、核保的流程和主要内容

（一）核保的流程

核保的流程如图 5.4 所示：

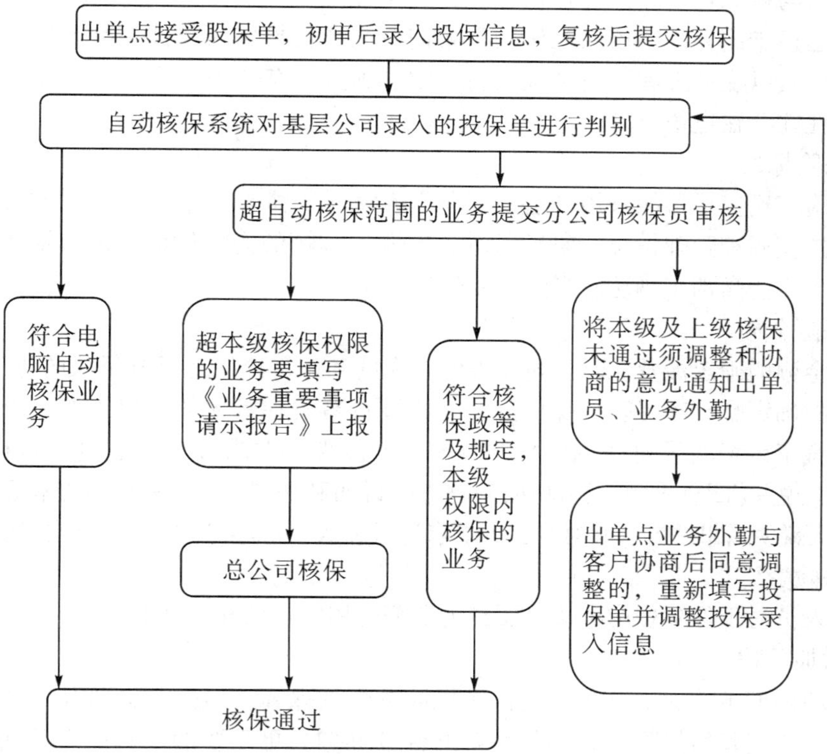

图 5.4　某保险公司核保工作流程

（二）核保的主要内容

核保的主要内容包括审核投保单是否按规定内容与要求填写，有无错漏；审核保险价值与保险金额是否合理；审核业务人员或者代理人是否验证或者查验车辆，是否按照要求向投保人履行了告知义务，对特别约定的事项是否在特约栏内注明；审核费率标准和计收保费是否正确；对于高保额和投保盗抢险的车辆，审核有关证件，查验实际情况是否与投保单的填写一致，是否按规定拓印拍照存档；对高发事故和风险集中的投保单位，提出限制性承保条件；对费率表中没有列明的车辆，视风险情况提出厘定费率的意见；审核其他相关情况等。

综上所述，核保的主要内容可概括为以下几个方面：

1. 投保人资格

对于投保人资格进行审核的核心是认定投保人对保险标的拥有保险利益，汽车保险业务中主要是通过核对行驶证完成的。

2. 投保人或者被保险人的基本情况

投保人或被保险人的基本情况主要是针对车队业务的，通过了解企业的性质、是否设有安保部门、经营方式、运行主要线路等，分析投保人或被保险人对车辆管理的技术管理状况，保险公司可以及时发现其可能存在的经营风险，采取必要的措施降低和控制风险。

3. 投保人或者被保险人的信誉

投保人与被保险人的信誉是核保工作的重点之一。对投保人和被保险人的信誉调查和评估已逐步成为汽车核保工作的重要内容。评估投保人与被保险人信誉的一个重要手段是对其以往损失和赔付情况进行了解。那些没有合理原因，却经常“跳槽”的被保险人往往存在道德风险。

4. 保险标的

对保险车辆应尽可能采用“验车承保”的方式，即对车辆进行实际的检验，包括了解车辆的使用和管理情况，复印行驶证、购置车辆的完税凭证，拓印发动机与车架号码，对于一些高档车辆还应当建立专门档案。

5. 保险金额

保险金额的确定涉及保险公司及被保险人的利益，往往是双方争议的焦点。因此，保险金额的确定是汽车保险核保中的一个重要内容。在具体的核保工作中应当根据公司制定的汽车市场指导价格确定保险金额。对投保人要求按照低于这一价格投保的，应当尽量劝说并将理赔时可能出现的问题进行说明和解释。对于投保人坚持己见的，应当向投保人说明后果并要求其对自己的要求进行确认，同时在保险单的批注栏上明确。

6. 保险费

核保人员对于保险费的审核主要分为费率适用的审核和计算的审核。

7. 附加条款

主险和标准条款提供的是适应汽车风险共性的保障，但是作为风险的个体是有其特性的。一个完善的保险方案不仅解决共性的问题，更重要的是解决个性问题，附加条款适用于风险的个性问题。特殊性往往意味着高风险，在对附加条款的适用上更应当注意对风险的特别评估和分析，谨慎接受和制定条件。

在保险公司实际操作中，对新业务和续保两类不同的业务，核保的重点有所不同。保险人在续保审核时，发现投保车辆以往的损失记录不好，要先查清原因，然后再确定续保条件。承保新业务一般要了解以下情况：

（1）驾驶人以往的损失记录。据此确定是否承保以及承保费率的高低，保险人可要求投保人必须在投保单上详细填写有关投保车辆以往的损失记录，一般为过去3~5年的记录。

（2）车辆本身及其维修情况和与之有关的风险。通常保险人要考虑车身、车型、维护状况、意外损失、火灾风险。如果加保盗抢险，还应考虑车辆被盗抢的可能。

（3）车辆的驾驶人。在承保机动车辆险时，对承保车辆的驾驶人主要应考虑投保人或驾驶人的年龄、视力、听力、四肢健康状况、驾车经验、驾车习惯、职业等因素。

（4）车辆的用途和行驶区域。车辆行驶区域的范围对承保风险程度有一定影响，同一类型的车辆，用途不同风险程度也不相同，保险费率也不相同。

五、核保程序

核保是确定是否承保、承保条件、保险费率的过程。核保工作原则上采取两级核保体制，即先由展业人员、保险经纪人、代理人进行初步核保，然后由核保人员复核决定是否承保、承保条件及保险费率等。核保的具体步骤包括审核投保单、查验车辆、核定费率、计算保费、复核保单。

（一）审核投保单

审核的内容包括形式上是否完整、清楚，内容上是否准确（验“证”），结合行驶证、投保人、标的、种类、牌照、发动机号、底盘号、颜色等审核。

（二）查验车辆

查验车辆包括对重点车辆的查验和重点检查车辆的相关部分。重点车辆包括首次投保车辆、未按期续保车辆、投保第三者责任险后又加保车损的车辆、申请增加附加险的车辆、接近报废车辆、特种车辆、重大事故后修复的车辆。车辆的重点检查部分包括牌照、车型、发动机号、车架号、颜色是否与车辆行驶证一致（避免拼装车）、是否有效年检（避免报废车或不合格车）、消防配备、防盗装置等是否齐全（控制风险）、车辆技术状况、有无受损（确定新旧）、转向、制动、灯光、喇叭、刮雨器等是否完好（操纵安全性）。

（三）核定费率

核定的主要内容是根据投保单上所列的车辆的使用性质、车辆种类、驾驶人员情况和保险公司的《机动车辆保险费率标准》，逐项确定投保车辆的保险费率。例如，交强险的保费见表 5.1，机动车损失险保费及费率见表 5.2，机动车第三者责任险的保费见表 5.3，中国人保、中国平安、太平洋三大保险公司相关车险保费情况见表 5.4，平安财产保险公司对机动车辆保险费率系数的规定见表 5.5，中国人保对有关费率的规定如表 5.6、表 5.7、表 5.8 所示。

表 5.1　　交强险保费表

车辆大类	序号	车辆明细分类	保费	优惠		
				10%	20%	30%
一、家庭自用车	1	家庭自用汽车 6 座以下	950	855	760	665
	2	家庭自用汽车 6 座及以上	1 100	990	880	770
二、非营业客车	3	企业非营业汽车 6 座以下	1 000	900	800	700
	4	企业非营业汽车 6~10 座	1 130	1 017	904	791
	5	企业非营业汽车 10~20 座	1 220	1 098	976	854
	6	企业非营业汽车 20 座以上	1 270	1 143	1 016	889
	7	机关非营业汽车 6 座以下	950	855	760	665
	8	机关非营业汽车 6~10 座	1 070	963	856	749
	9	机关非营业汽车 10~20 座	1 140	1 026	912	798
	10	机关非营业汽车 20 座以上	1 320	1 188	1 056	924

表5.1(续)

车辆大类	序号	车辆明细分类	保费	优惠		
				10%	20%	30%
三、营业客车	11	营业出租租赁6座以下	1 800	1 620	1 440	1 260
	12	营业出租租赁6~10座	2 360	2 124	1 888	1 652
	13	营业出租租赁10~20座	2 400	2 160	1 920	1 680
	14	营业出租租赁20~36座	2 560	2 304	2 048	1 792
	15	营业出租租赁36座以上	3 530	3 177	2 824	2 471
	16	营业城市公交6~10座	2 250	2 025	1 800	1 575
	17	营业城市公交10~20座	2 520	2 268	12 016	1 764
	18	营业城市公交20~36座	3 020	2 718	2 416	2 114
	19	营业城市公交36座以上	3 140	2 826	2 515	2 198
	20	营业公路客运6~10座	2 350	2 115	1 880	1 645
	21	营业公路客运10~20座	2 620	2 258	1 996	1 834
	22	营业公路客运20~36座	3 420	3 078	2 736	2 394
	23	营业公路客运36座以上	4 690	4 221	3 752	3 283
四、非营业货车	24	营业货车2吨以下	1 200	1 080	960	840
	25	非营业货车2~5吨	1 470	1 323	1 176	1 029
	26	非营业货车5~10吨	1 650	1 485	1 320	1 155
	27	非营业货车10吨以上	2 220	1 998	1 776	1 554
五、营业货车	28	营业货车2吨以下	1 850	1 665	1 480	1 295
	29	营业货车2~5吨	3 070	2 763	2 456	2 149
	30	营业货车5~10吨	3 450	3 105	2 760	2 415
	31	营业货车10吨以上	4 480	4 032	3 584	3 136
六、特种车	32	特种车一	3 710	3 339	2 968	2 597
	33	特种车二	2 430	2 187	1 944	1 701
	34	特种车三	1 080	972	864	756
	35	特种车四	3 980	3 582	3 184	2 786

注：1. 座位和吨位的分类都按照“含起点不含终点”的原则解释。

2. 特种车一：油罐车、汽罐车、液罐车；特种车二：专用净水车、特种车一以外的罐式货车，以及用于清障、清扫、清洁、起重、装卸、升降、搅拌、挖掘、推土、冷藏、保温等的各种专用机动车；特种车三：装有固定专用仪器设备从事专业工作的检测、消防、运钞、医疗、电视转播等各种专用机动车；特种车四：集中箱拖头。

3. 挂车根据实际使用性质并并按照对应吨位货车的30%计算。

4. 交强险首次投保没有优惠，如第一年无事故，第二年可以优惠10%，第二年无事故，第三年可以优惠20%，第三年无事故，第四年可以优惠30%，最高优惠30%。

表 5.2 机动车损失保险保费及费率表（人保车险部分地区节选）

地区	座位数	1 年以下		1~2 年		2~6 年		6 年以上	
		基础保费	费率	基础保费	费率	基础保费	费率	基础保费	费率
北京	6 座以下	459	1.088%	437	1.037%	432	1.029%	445	1.054%
	6~10 座	550	1.088%	524	1.0377%	518	1.029%	534	1.054%
	10 座以上	550	1.088%	524	1.037%	518	1.029%	534	1.054%
山东	6 座以下	536	1.275%	510	1.216%	505	1.199%	521	1.241%
	6~10 座	643	1.275%	612	1.216%	607	1.199%	625	1.241%
	10 座以上	643	1.275%	612	1.216%	607	1.199%	625	1.241%
湖北	6 座以下	527	1.250%	502	1.190%	497	1.182%	512	1.216%
	6~10 座	632	1.250%	602	1.190%	596	1.182%	614	1.216%
	10 座以上	632	1.250%	602	1.190%	596	1.182%	614	1.216%
四川	6 座以下	482	1.148%	459	1.088%	454	1.080%	467	1.114%
	6~10 座	578	1.148%	550	1.088%	544	1.080%	561	1.114%
	10 座以上	578	1.148%	550	1.088%	544	1.080%	561	1.114%
广东	6 座以下	459	1.088%	437	1.037%	432	1.029%	445	1.054%
	6~10 座	550	1.088%	524	1.037%	518	1.029%	534	1.054%
	10 座以上	550	1.088%	524	1.037%	518	1.029%	534	1.054%
深圳	6 座以下	527	1.250%	502	1.190%	497	1.182%	512	1.216%
	6~10 座	632	1.250%	602	1.190%	596	1.182%	614	1.216%
	10 座以上	632	1.250%	602	1.190%	596	1.182%	614	1.216%

注：机动车损失保险保费=基础保费+保险金额×费率

例如：假定在北京地区某 5 座客车投保车损险，车龄为 1 年以下，保险金额为 10 万元。在以上费率表中查得对应基础保费为 459 元，费率为 1.088%，则该车辆车损险保费=459+100 000×1.088%=1 547 元。

表 5.3 机动车第三者责任险保费表（人保车险部分地区节选）

地区	座位数	第三者责任保险						
		5 万	10 万	15 万	20 万	30 万	50 万	100 万
北京	6 座以下	516	746	850	924	1 043	1 252	1 630
	6~10 座	478	674	761	821	919	1 094	1 425
	10 座以上	478	674	761	821	919	1 094	1 425
山东	6 座以下	604	873	994	1 080	1 219	1 463	1 906
	6~10 座	561	789	891	962	1 077	1 281	1 669
	10 座以上	561	789	891	962	1 077	1 281	1 669
湖北	6 座以下	625	902	1 029	1 117	1 262	1 514	1 972
	6~10 座	717	1 009	1 141	1 230	1 377	1 639	2 136
	10 座以上	717	1 009	1 141	1 230	1 377	1 639	2 136

表5.3(续)

地区	座位数	第三者责任保险						
		5万	10万	15万	20万	30万	50万	100万
四川	6座以下	604	873	994	1 080	1 219	1 463	1 906
	6~10座	561	789	891	962	1 077	1 281	1 669
	10座以上	561	789	891	962	1 077	1 281	1 669
广东	6座以下	543	782	892	970	1 095	1 315	1 711
	6~10座	502	707	800	862	965	1 150	1 496
	10座以上	502	707	800	862	965	1 150	1 496
深圳	6座以下	651	939	1 071	1 165	1 315	1 576	2 052
	6~10座	602	849	959	1 035	1 158	1 379	1 796
	10座以上	602	849	959	1 035	1 158	1 379	1 796

注：第三者责任险保费按照地区、座位数、责任限额直接查找保费。

表5.4　　机动车其他车险保费表（人保车险部分地区节选）

地区	座位数	车上人员责任险		机动车盗抢险		玻璃单独破碎险	
		驾驶人	乘客	基础保费	费率	国产玻璃	进口玻璃
北京	6座以下	0.349%	0.221%	102	0.451%	0.162%	0.264%
	6~10座	0.332%	0.213%	119	0.374%	0.170%	0.272%
	10座以上	0.332%	0.213%	119	0.374%	0.196%	0.323%
山东	6座以下	0.357%	0.230%	102	0.417%	0.162%	0.264%
	6~10座	0.340%	0.221%	119	0.374%	0.162%	0.255%
	10座以上	0.340%	0.221%	119	0.374%	0.187%	0.306%
湖北	6座以下	0.357%	0.230%	102	0.417%	0.162%	0.264%
	6~10座	0.332%	0.213%	119	0.374%	0.162%	0.255%
	10座以上	0.332%	0.213%	119	0.374%	0.187%	0.306%
广东	6座以下	0.357%	0.230%	102	0.417%	0.170%	0.281%
	6~10座	0.340%	0.221%	119	0.374%	0.170%	0.281%
	10座以上	0.340%	0.221%	119	0.374%	0.204%	0.340%
深圳	6座以下	0.179%	0.085%	102	0.442%	0.170%	0.281%
	6~10座	0.179%	0.085%	119	0.408%	0.170%	0.281%
	10座以上	0.179%	0.085%	119	0.408%	0.204%	0.332%

注：1. 车上人员责任险驾驶人保费=每次事故责任限额×费率

车上人员责任险乘客保费=每次事故每人责任限额×费率×投保乘客座位数 2. 机动车盗抢险保费=基础保费+保险金额×费率

3. 玻璃单独破碎险保费=新车购置价×费率

表 5.5　　　　平安财产保险公司机动车辆保险费率系数表

费率因子		系数值	说明
指定驾驶人 C1	C1a	0.9	指定驾驶人
	C1b	1	未指定驾驶人
驾驶人年龄 C2	C2a	1.05	年龄<25 岁
	C2b	1	25 岁≤年龄<30 岁
	C2c	0.95	30≤年龄<40 岁
	C2d	1	40≤年龄<60 岁
	C2e	1.05	年龄≥60 岁
驾驶人性别 C3	C3a	1	男
	C3b	2	女
驾驶人驾龄 C4	C4a	1.05	驾龄<1 年
	C4b	1.02	1 年≤驾龄<3 年
	C4c	1	3 年≤驾龄
行驶区域 C5	C5a	1	境内
	C5b	0.95	省内
平均年行驶里程（千米）C6	C6a	0.9	[0，30000)
	C6b	1	[30000，50000)
	C6c	1.1-1.3	≥5000
投保年度 C7	C7a	1	首年投保
	C7b	0.9	续保
交通违法记录 C8	C8a	0.9	上一保险年度无交通违法记录
	C8b	1	上一保险年度有交通违法记录
以往保险年度索赔记录 C9	C9a	0.7	连续三年及以上无赔款记录
	C9b	0.8	连续两年无赔款记录
	C9c	0.9	上年无赔款记录
	C9d	1	上年发生二次及以下赔款或首年投保
	C9e	1.1	上年发生三次赔款
	C9f	1.2	上年发生四次赔款
	C9g	1.3	上年发生五次及以上赔款
多险别投保优惠 C10	C10a	0.95-1	同时投保车辆损失险及商业第三者责任险的，所有险别最高优惠 5%
绝对免赔额 C11	C11a		详见免赔系数表
	……		

表 5.6　家庭自用车损失险费率表

座位/吨位	车龄	5 万元以下		5 万~10 万元		10 万~15 万元		15 万~20 万元	
		基础保费（元）	费率（%）	基础保费（元）	费率（%）	基础保费（元）	费率（%）	基础保费（元）	费率（%）
6 座以下	1 年以下	449	0.409	653	1.024	1 165	0.816	1 573	0.890
	1~2 年	483	0.441	703	1.102	1 254	0.878	1 694	0.958
	2~3 年	478	0.436	696	1.091	1 242	0.870	1 677	0.949
	3~4 年	453	0.413	659	1.033	1 176	0.823	1 587	0.898
	4~5 年	432	0.394	628	0.985	1 121	0.785	1 513	0.856
	5~6 年	422	0.385	615	0.963	1 096	0.768	1 480	0.838
	6~7 年	417	0.380	607	0.951	1 082	0.758	1 461	0.827
	7~8 年	411	0.375	599	0.939	1 069	0.748	1 443	0.817
	8~9 年	408	0.372	594	0.931	1 060	0.742	1 430	0.810
	9 年以上	404	0.369	589	0.923	1 050	0.735	1 418	0.803

表 5.7　人保家庭自用车第三者责任险费率表　单位：元

座位/吨位	年龄	赔偿限额				
		50 000	100 000	200 000	500 000	1 000 000
6 座以下	1 年以下	730	886	1 021	1 179	1 287
	1~2 年	782	949	1 093	1 263	1 379
	2~3 年	771	935	1 077	1 244	1 358
	3~4 年	697	824	950	1 097	1 198
	4~5 年	668	811	935	1 079	1 179
	5~6 年	682	828	954	1 102	1 203
	6~7 年	717	870	1 002	1 158	1 264
	7~8 年	764	926	1 068	1 233	1 346
	8~9 年	810	983	1 133	1 308	1 429
	9 年以上	842	1 021	1 177	1 359	1 484

表 5.8　风险修正系数表

项　目	费率浮动办法
多险种同时投保	1. 同时投保车辆损失险和第三者责任险，第三者责任险优惠 10%； 2. 投保车辆损失险或第三者责任险，并同时投保一个附加险，附加险优惠 4%； 3. 投保车辆损失险或第三者责任险，并同时投保一个以上附加险，附加险优惠 6%。
直接业务/网上投保	1. 营业网点投保，费率优惠 6%； 2. 通过互联网投保，费率优惠 4%。
提供详细信息	投保时按要求提供真实详尽的保单信息，费率优惠 3%。
驾驶人员或保险车辆交通违章记录	1. 上一年无交通违章记录，费率优惠 5%； 2. 3<上一年交通违章次数≤5，费率上浮 5%； 3. 上一年交通违章次数>5，费率上浮 8%。

表5. 8(续)

项　目	费率浮动办法
完整的维护保养记录	提供过去两年完整的汽车保养维护记录，费率优惠 5%。
指定驾驶员	1. 指定一名驾驶员，主险保险费优惠 3%； 2. 指定两名驾驶员，主险保险费优惠 2%。
汽车安全性能	1. 有安全气囊或者防抱死制动系统的车辆，车上人员责任险优惠 3%； 2. 有固定车位或车库的，或者安装汽车防盗系统（含卫星定位系统）的，全车盗抢险优惠 5%。
平均年行驶里程	1. 30 000 千米≤平均年行驶里程<50 000 千米，费率上浮 5%； 2. 平均年行驶里程≥50 000 千米，费率上浮 5%~10%。
行驶区域（仅适用于36 座以上营运客车）	1. 省内行驶的，主险费率下浮 5%； 2. 有固定营业路线的，主险费率下浮 5%。

注：1. 浮动系数采用连乘方式；

2. 车队费率浮动系数与单车风险修正系数不能同时使用；

3. 仅适用于保险期限为一年及以上的保险单。

（四）计算保费

保费的计算可分成一年保费的计算、短期保费的计算和合同解除时保费的计算等三种情形。

1. 一年保费的计算

通常情况下一年保费按照下列公式计算：

车辆损失险保险费=基本保险费+保险金额×费率

第三者责任险保险费=相应档次固定保险费

盗抢险保险费=盗抢险保险金额×费率

车上人员责任险保险费=每座赔偿限额×投保座位数×费率

车上货物责任险保险费=货损限额×费率

无过失责任险保险费=第三者责任险保险费×费率

车载货物掉落责任险保险费=此险赔偿限额×费率

玻璃单独破碎险保险费=车辆保险价值×费率

车辆停驶损失险保险费=日赔偿金额×约定的最高赔偿天数×费率

自燃损失险保险费=此险保险金额×费率

新增设备损失险保险费=此险保险金额×车辆损失险费率

不计免赔特约险保险费=（车辆损失险保险费+第三者责任险保险费）×费率

事实上，不同保险公司在计算保费时，是有差异的，如太平洋保险公司一年保费按照下列公式计算：

（1）车辆损失险保费=部分损失基本保费+部分损失保额×部分损失费率+全部损失保额×全部损失费率

（2）第三者责任险保费=固定保费×保费浮动系数

中国人民财产保险公司一年保费按照下列公式计算：

（1）车辆损失险保费计算如下：

按新车购置价确定保额的保费=基础保费+(新车购置价-新车购置价分段起点价)×费率

未按新车购置价确定保额的保费=足额投保时的保费×（0.05+0.95×保额/新车购置价）

若投保了新增设备险，则新车购置价为新车的价格加上新增设备的实际价值。

（2）第三者责任险保费计算如下：

当责任限额≤100 万元，保费=固定保费

当责任限额>100 万元，保费=A+A×N×（0.05-0.001 25×N）

A：同档次限额为 100 万元时的第三者责任险保费；

N：（限额-100 万）/50 万，限额须为 50 万的倍数。

（3）考虑费率浮动系数的保费计算如下：

承保车辆商业保险最终保险费=商业车险标准保费×最终费率浮动系数

最终费率浮动系数=系数 A×系数 B×系数 C×系数 D，见表 5.9。

表 5.9　　　　商业车险费率浮动系数表

<table>
<tr><th>序号</th><th>项目</th><th></th><th>内容</th><th colspan="2">系数</th><th>适用范围</th></tr>
<tr><td rowspan="14">1</td><td rowspan="14">无赔款优待及上年赔款记录</td><td>A1</td><td>连续 5 年没有发生赔款</td><td colspan="2">0.4</td><td rowspan="17">所有车辆</td></tr>
<tr><td>A2</td><td>连续 4 年没有发生赔款</td><td colspan="2">0.5</td></tr>
<tr><td>A3</td><td>连续 3 年没有发生赔款</td><td colspan="2">0.6</td></tr>
<tr><td>A4</td><td>连续 2 年没有发生赔款</td><td colspan="2">0.7</td></tr>
<tr><td>A5</td><td>上年没有发生赔款</td><td colspan="2">0.85</td></tr>
<tr><td>A6</td><td>上年发生 1~2 次赔款</td><td>1.0</td><td rowspan="7">上年度赔款金额小于保费的乘以0.9的赔款金额调整系数</td></tr>
<tr><td>A7</td><td>上年发生 3 次赔款</td><td>1.1</td></tr>
<tr><td>A8</td><td>上年发生 4 次赔款</td><td>1.2</td></tr>
<tr><td>A9</td><td>上年发生 5 次赔款</td><td>1.5</td></tr>
<tr><td>A10</td><td>上年发生 6 次赔款</td><td>2.0</td></tr>
<tr><td>A11</td><td>上年发生 7 次赔款</td><td>2.5</td></tr>
<tr><td>A12</td><td>上年发生 8 次及 8 次以上赔款</td><td>3.0</td></tr>
<tr><td>A13</td><td>本年承保新购置车辆</td><td colspan="2">1.0</td></tr>
<tr><td>A14</td><td>本年首次投保</td><td colspan="2">1.0</td></tr>
<tr><td>2</td><td>多险种同时投保</td><td>B</td><td>同时投保三者险及其他任意险种</td><td colspan="2">0.90~1.00</td></tr>
<tr><td>3</td><td>平均年行驶里程</td><td>C</td><td>平均年行驶里程<30 000 千米
平均年行驶里程>30 000 千米</td><td colspan="2">0.90
1.0</td></tr>
<tr><td>4</td><td>特殊风险</td><td>D</td><td>古老车型、购置年限较长车辆、稀有车型、特异车型</td><td colspan="2">1.3~2.0</td></tr>
</table>

系数 A 是指无赔款优待及上年赔款记录，包括 A1 至 A14，最低为 0.4，最高为 3.0。A1 至 A14 不累加，同时满足多种情况的，按照向上浮动或者向下浮动比率最高

者计算。对于上一年发生商业车险赔款的，如上年已决赔款总额低于或者等于上年商业车险签单保费，将对应赔款次数档次的系数值乘以 0.9 的赔款金额调整系数。

系数 B 是指：多险种同时投保，如同时投保第三者责任险及其他任意险种。

系数 C 是指平均年行驶里程，平均年行驶里程小于 30 000 千米的系数为 0.9，大于等于 30 000 千米的，系数为 1.0。

系数 D 是指特殊风险，包括古老车型、购置年限较长车辆、稀有车型、特异车型等，系数在 1.3 至 2.0 之间，如不属于特殊风险的则系数为 1。

如某车商业险的标准保费为 2 594 元，连续 2 年未发生赔款，其无赔款优待系数 A 为 0.7；投保了第三者责任险及其他险种，其多险种同时投保的系数 B 为 0.9；平均年行驶里程约 10 000 千米，其平均年行驶里程系数 C 为 0.9；该车没有特殊风险，其特殊风险系数 D 为 1。则该车最终费率浮动系数为 0.567，该车最终保费为 1 470.8 元，优惠了 1 123.2 元。

当然，不同地方、不同的保险公司对最终费率浮动系数的规定有所不同，有的还考虑了交通违法记录、车型等因素，在此不一一列明。

2. 短期保费的计算和合同解除时保费的计算

短期保费的计算则需考虑日率和月率，日率为 1/365，月率为 10%、20%、30%、40%、50%、60%、70%、80%、85%、90%、95%、100%。汽车保险合同生效前解除的，需扣除 3%的手续费，汽车保险合同生效后解除的，则按照日率和月率相应扣减。

（五）复核保单

复核保单主要是对单证内容、保险价值、保险金额、费率标准、保费计算等进行复核，复核完毕后交上级处理。

综上所述，各保险公司都对汽车保险核保有相应的管理，主要是车险保险费的管理和车险单证的管理。车险保费的管理又包括对合同的管理和对财务的管理。保险费管理的基本原则是严格签单保险费的管理，强化应收保险费的管理和催收。因此，财务的管理是车险保费管理的核心，而保险费财务管理的关键是应当建立应收保险费的管理制度。保险费财务管理中的一个重要内容是对保险代理业务保险费的管理。汽车保险单证分为两大类：一类是正式的单证，包括投保单、保险单和批单；另一类是相关的单证，包括保险证和急救担保卡以及其他保险抢救卡等。车险单证的管理主要体现在印制、领用、销毁和保存等。

六、核保形式

核保包括本级核保和上级核保两种形式。本级核保的主要内容包括：

（1）审核保险单是否按照规定内容与要求填写，有无错漏，审核保险价值与保险金额是否合理，对不符合要求的，退还给业务人员指导投保人进行相应的更正；

（2）审核业务人员或者代理人是否验证和查验车辆，是否按照要求向投保人履行了告知义务，对特别约定的事项是否在特约栏内注明；

（3）审核费率标准和计收保险费是否正确；

（4）对于高保额和投保盗抢险的车辆，审核有关证件、实际情况是否与投保单填写一致，是否按照规定拓印拍照存档；

（5）是否对高发事故和风险集中的投保单位，提出限制性承保条件；

（6）对费率表中没有列明的车辆，包括高档车辆和其他专业车辆，视风险情况提出厘定费率的意见；

（7）审核其他相关情况。

审核完毕后，核保人应在投保单上签署意见，对超出本级核保权限的，应报上级公司核保。

上级核保是指上级公司接到核保申请后，应有重点地开展核保工作。其内容主要包括：

（1）根据掌握的情况考虑是否接受投保人投保；

（2）接受投保的险种、保险金额、赔偿限额是否需要限制和调整；

（3）是否需要增加特别的约定；

（4）协议投保的内容是否准确、完善，是否符合保险监管部门的有关规定。

上级公司核保完毕后，应签署明确的意见并立即返回请示单位。核保工作结束后，核保人将投保单、核保意见一并转发业务内勤，据以缮制保险单证。

七、核保时限

属本级权限内的业务，应立即通过电脑业务系统进行核保。超本级权限或特殊需要上报的业务，地市级保险公司须在一个工作日内填报《业务重要事项请示报告》。省级保险公司对本级权限范围内业务的核保须在接到上报的《业务重要事项请示报告》的一个工作日内完成核保，超出本级权限范围的业务应在接到上报的一个工作日内提出本级核保意见并上报总公司。总公司收到省级公司上报的《业务重要事项请示报告》后，应在一个工作日内完成核保并将意见反馈给上报的省级公司。

第六节 汽车保险单的签发、续保和批改

保险公司通过核保人员对投保人的投保申请核保后，则可签发保单。保险期间届满，投保人可续保，保险期间就保险合同的变更，保险公司可批改。

一、签发保险单

签发保险单的流程是：缮制保险单、复核保险单、收取保险费、签发保险单证、保险单证补录、保险单证的清分和归档。

（一）缮制保险单

业务内勤接到投保单及其附表后，根据核保人员签署的意见，即可开展缮制保险单工作。保险单原则上应由计算机出具，暂无计算机设备而只能由手工出具的营业场所必须得到上级公司的书面同意。计算机制单的，将投保单有关内容输入到保险单对应的栏目内，在保险单“被投保人”和“厂牌型号”栏内登陆统一规定的代码。录入完毕检查无误后，打印出保险单。手工填写的保险单，必须是中国保监会统一监制的

保险单，保险单上的印制流水号码即为保险单号码。将投保单的有关内容填写在保险单对应栏内，要求字迹清晰、单面整洁，如果有涂改，涂改处必须有制单人签章，但涂改处不得超过 3 处，制单完毕后，制单人应在制单处签章。缮制保险单应注意以下几个问题：

第一，双方协商并在投保单上填写的特别约定内容，应完整地载明到保险单对应栏目内，如果核保有新的意见，应根据核保意见修改或者增加。

第二，无论是主车和挂车一起投保，还是挂车单独投保，挂车都必须单独出具具有独立保险单号码的保险单。在填制挂车的保险单时，“发动机号码”栏统一填写“无”。当主车和挂车一起投保时，可以按照多车承保方式处理，给予一个合同号，以方便调阅。

第三，特约条款和附加条款应印在或者加贴在保险单正本背面，加贴的条款应加盖骑缝章。需注意的是，责任免除、被保险人义务和免赔等规定的印刷字体，应该与其他内容的字体不同，以提醒被保险人注意阅读。

（二）复核保险单

保险单缮制完毕后，制单人应将保险单、投保单及其附表一起送审核人员复核。复核人员接到复核单、投保单及其附表后，应认真对照复核。复核无误后，复核人员在保险单“复核”处签章。

（三）收取保险费

收费人员经复核保险单无误后，向投保人核收保险费，并在保险单“会计”处和保险费收据的“收款人”处签章，在保险费收据上加盖财务专用章。只有被保险人按照约定交纳了保险费，该保险单才能产生效力。当前，根据监督部门的要求，保险公司推行“见费出单”制度。“见费出单”是指保险公司财务系统或核心业务系统根据全额保费收费入账信息，实时确认并自动生成唯一有效指令后，业务系统方可自动生成有效保单并打印正式保单（批单）的制度。该制度的核心业务系统是对核保通过还没有进行收费确认的投保单、批改申请将控制生成正式保单、批单。实行见费出单制度，所有保单、批单都不允许倒签保险起期，起保之后退保的保单应按照商业车险条款规定收取短期保费。出单后，保险单经审核无误后，承保内勤将保单财务联交财务部门，财务人员打印出“保费发票”，加盖财务专用章。保费发票上的保费金额应与保单上总保费一致。

（四）签发保险单证

汽车保险合同实行一车一单（保险单）和一车一证（保险证）制度。投保人缴纳保险费后，业务人员必须在保险单上注明公司名称、详细地址、邮政编码及联系电话，加盖保险公司业务专用章。根据保险单填写保险证并加盖业务专用章，所填内容应与保险单有关内容一致，险种一栏填写总版险种代码，电话应填写公司报案电话，所填内容不得涂改。

签发单证时，交由被保险人收执保存的单证有保险单正本、保险费收据（保户留存联）、汽车保险证等。对已经同时投保车辆损失险、第三者责任险、车上人员责任险、不计免赔特约险的投保人，还应签发事故伤员抢救费用担保卡，并做好登记。

（五）保险单证补录

手工出具的汽车保险单、提车暂保单和其他定额保单，必须按照所填内容录入到保险公司的计算机车险业务数据中，补录内容必须完整准确，补录时间不能超过出单后的第十个工作日。单证补录必须由专人完成，由专人审核，业务内勤和经办人不能自行补录。

（六）保险单证的清分和归档

对投保单及其附表、保险单及其附表、保险费收据、保险证，应由业务人员清理归档。投保单的附表要加贴在投保单背面，保险单及其附表需要加盖骑缝章。清分时，应按照送达的部门清分，如财务部门留有的单证有保险费收据（会计留存联）、保险单副本等；业务部门留存的单证有保险单副本、投保单及其附表、保险费收据（业务留存联）等。留存业务部门的单证应由专人保管并及时整理、装订、归档。每套承保单证应按照保险费收据、保险单副本、投保单及其附表、其他材料的顺序整理，按照保险单（包括作废的保险单）流水号码顺序装订成册，并在规定时间内移交档案部门存档。

二、续保

保险期满以后，投保人在同一保险人处重新办理汽车保险事宜称为续保。但应注意的是，通常应提前一月办理，并注明出险情况。保险公司应有专人负责办理续保与无赔款优待。

就投保人而言，通过续保，一方面，可以从保险人处得到连续不断的、可靠的保险保障与服务；另一方面，作为公司的老客户，可以在保险费率方面享受续保优惠。

就保险公司而言，老客户的及时续保，可以稳定业务量，同时还能利用与投保人建立起来的关系，实现回头客，减少挖掘新客户的各种展业工作和费用。为此，保险公司在续保业务中常建立以下制度：

第一，建立和完善续保档案制度，发现有问题的客户续保，则要查清保险车辆的出险原因，保险车辆会不会再次发生同类事故，考虑增加特约条款，使被保险人采取预防措施；

第二，建立续保通知制度；

第三，建立续保检查制度；

第四，及时核算续保率。

续保率的计算公式如下：

续保率=本期续保车辆数/上期同期承保车辆数

在续保业务中的保费计算上需考虑无赔款优待。无赔款优待是指如果投保车辆在上一年保险期间内保险人没有赔款，那么续保时可享受减收保险费的优待，优待金额为本年度续保险种应交保险费的10%。被保险人投保车辆不止一辆的，无赔款优待分别按车辆计算。上年度投保的车辆损失险、第三者责任险、附加险中任何一项发生赔款，续保时均不能享受无赔款优待，不续保者不能享受无赔款优待。上年度无赔款的机动车辆，如果续保的险种与上年度不完全相同，无赔款优待则以险种相同的部分为计算基础；如果续保的险种与上年度相同，但投保金额不同，无赔款优待则以本年度保险金额对应的应交保险费为计算基础。通常情况下，不论机动车辆连续几年无事故，无赔款优待一律为应交保险费的10%。

三、批改

在保险单证签发后，对保险合同内容的修改、补充或增删所进行的一系列作业称为批改，经批改所签发的一种书面证明称为批单，也叫做背书。批改作业的结果通常用这种批单表示，批单一般附贴在原保险单或保险凭证上。

根据相关法律规定，在保险合同有效期内，合同双方可以通过协商来变更保险合同的内容。变更方式有三种：一是另行签订书面协议；二是在原保险单或保险凭证上加批注；三是在保单或保险凭证上附贴批单。

（一）批单的法律效力

在保险合同中，批单具有和保险单同等的法律效力。保险合同成立后，如果保险双方对保险合同的某些条款或内容有异议或保险标的有变动时，经双方协商确认后，保险人应通过缮制批单予以更正或补充。批单是保险合同不可分割的补充部分。如果保险车辆在保险期限内发生转卖、转让致使危险程度增加，而被保险人又未通知保险人，发生保险责任事故时保险人可以拒绝赔偿。批改日期在后的批单效力优于批改日期在前的批单。

（二）批改的主要内容

批改的主要内容涉及汽车保险一般的变更事项，通常在以下方面批改：

（1）被保险人变更，如保险车辆转卖、转让、赠送他人等；

（2）保险车辆增、减危险程度，如货车从运输普通货物到运输危险品的转变等；

（3）保险车辆变更使用性质；

（4）被保险人增、减车辆设备；

（5）被保险人调整保险金额或赔偿限额；

（6）被保险人要求加保或退保附加险种；

（7）变更约定驾驶人员；

（8）变更其他事项；

（9）保险期限的变更，除车辆报废外，一般情况下保险期限不允许变更。

（三）批单的申请

保险车辆在保险期限内发生上述变更事项，被保险人应提出书面申请，填写《变更申请书》并签字，法人或其他组织加盖公章，经保险人同意后出具批单（见图5.5太平洋财产保险股份有限公司的《机动车辆险业务批改申请书》）。保险人在合同生效后未经被保险人同意，不得以批单方式批改保险合同内容。

当办理保险车辆的过户手续时，应将保险单、保险费收据、新的车辆行驶证和有原被保险人签章和批改申请书等有关资料交送保险人。保险人审核同意后，将对车辆牌照号和被保险人姓名和住址等相关内容进行批改。批改涉及的保险费返还，应根据相应规定执行。

太平洋保险 CPIC

中国太平洋财产保险股份有限公司
China Pacific Property Insurance Co.,Ltd.

机动车辆险业务批改申请书

中国太平洋财产保险股份有限公司××分公司：

本投保人或被保险人名称________，证件类型 身份证 ，证件号码____________________，申请在保单号______________________项下投保的车牌号码__________的车辆，因______________原因，向贵司申请办理保险合同内容批改，具体申请批改内容如下：

一、批改事项：（请在需变更的项目前的□打√）

□被保险人信息变更：保险车辆转卖、转让、赠送他人；

□保险车辆变更使用性质；　　□保险车辆信息变更；

□调整保险金额或责任限额　　□加保或减保部分险种

□保单退保　　□变更其他内容

二、批改内容

本保险单特别约定车牌号改为：[illegible]J01-T3026

三、受托人信息确认：（如投保人或被保险人委托他人办理保险批改的，请如实填写委托事项）

受托人姓名：_______________　　联系电话：_________________________

受托人证件类型：____________________　　证件号码：_________________________

受托人必须持有委托人授予的委托书、委托人相关证件方可代委托人办理相关批改。受托人在办理委托事项时的所有行为，视同受委托人亲为，由此产生的全部后果，受委托人均予以承认。

四、注意事项

本投保人或被保险人对合同条款内容及赋予的权利和义务已知悉，并对本次保险批改申请书及办理批改委托书可能引发的经济纠纷和法律后果充分了解且无异议，请贵司给予批改。

投保人或被保险人：________(签章)联系电话：__________

受委托人：______（签章）

申请批改日期： 2011 年 7 月 25 日

以下栏目由保险公司人员填写：

机动车辆保险批改申请受理审批表

验车及单证情况	复核情况	出单中心意见
经办人签字： 日期：	复核人签字： 日期：	审批人签字： 日期：

图 5.5　机动车辆险业务批改申请书

（四）批改的主要类型

批改的主要类型有保单注销、全单退保、保险合同终止、变更保单关系人、变更车辆信息、变更保险信息、批改车船税等。在此，仅对保单注销和全单退保进行阐述，其余类型浅显易懂，不再赘述。

1. 保单注销

保单注销原则上仅适用于商业车险，交强险不允许注销。商业车险的保单注销是针对保费未缴或出单错误的情况，在保单生效日前或自出单日起 10 日内（包括公休日）可以注销保单，超过以上时限的保单不得注销，按退保处理。注销保单应填制《批改申请书》，列明保单号、起保时间、注销原因等。该申请书应有分支机构初核人员及权限人员的签名。注销保单需回收相关单证，包括保险单正本、保险卡、保险标志、批单等，对于单证不齐的一律不予受理。保单注销后要求恢复的申请，也一律不予受理。

2. 全单退保

就商业车险而言，全单退保是指对于超过注销时限，投保人要求解除合同的，或者保险公司按照《中华人民共和国保险法》或保险条款的有关规定解除合同，需要按照条款规定退还保费的。

就交强险而言，仅限于以下几种情况可以全单退保：

（1）投保人重复投保交强险的；

（2）新车因质量问题被销售商收回或因相关技术参数不符合国家规定交管部门不予上户的；

（3）被保险机动车被依法注销登记的；

（4）被保险机动车办理停驶的；

（5）被保险机动车经公安机关证实丢失的；

（6）被保险机动车被转卖、转让、赠送至车籍所在地以外的地方（车籍所在地按地市级行政区划划分）。

在实际操作中，保险公司对批改有着专门的规定，详见以下《××保险公司批改有关规定》。有的保险公司还将批改细分为加收（退还）保费的批改、仅涉及文字的批改、兼有文字批改和加减保费的批改，对每一种批改均有着固定的格式和规范的流程。因此，投保人要注意按照所投保公司的要求进行批改。

××保险公司批改有关规定

第一条　业务人员接到投保人提出的书面变更申请后，对原保险单和有关情况进行核对并提出处理意见，凡加保车辆损失险或全车盗抢险或自燃损失险或火灾、爆炸、自燃损失险（含加保及增加保额），必须按照规定验车。加保其他险种必要时进行验车。

第二条　批改生效日期不得提前于批改录入日期。

第三条　更换车辆不得进行批改，必须采取退保原车辆、重新承保的方式。

第四条　投保人提出部分险种或全部险种退保时，按照短期日费率计算收取已了责任期保险费，退还剩余保险费，投保人提出部分险种或全部险种加保时，按照短期日费率计算加保责任期保险费。

第五条　计算结果为正的，需要向投保人加收保费，计算结果为负的，需要向投保人退还保费。

第六条　进行部分险种或全部险种的退保时，必须查询退保险种是否有未决报案信息，对于明确属于保险责任的，应向投保人说明："保险标的发生部分损失的，自保险人赔偿之日起三十日内，投保人可以解除合同。"

第七条　出具批单流程：业务人员将审核后同意变更的《变更申请书》交承保内勤录入业务系统并核实录入内容与批改申请书是否一致→提交核保→核保人员审核提出意见→核保通过后→加收或退费→录入人员缮制批单一式三份等→加盖业务印章→清分单证→业务人员将批单正本交投保人，需要重新打印保险单、保险证的，同时收回原保险单证，换发新保险单证。

案例解析

案例 5-1：保单签发日期不明 索赔遭拒

2004 年 6 月，陈先生向他人购买了一辆帕萨特轿车。该车曾于 2004 年 5 月 12 日由原车主向上海一家保险公司投保了车损险、第三者责任险等险种，保险期限为一年。该车过户到陈先生名下后，保险公司将被保险人变更为陈先生，陈先生同时又加保了附加自燃险。保险公司分别签发了变更投保人和加保自燃险的保险批单，批改日期均为 2004 年 5 月 12 日（同车损险等主险投保日期保持一致）。但其中一份批单的签发日期为"2004 年　月 1 日"（月份一栏空缺），内容为公司同意陈先生加保附加自燃险。

同年 6 月 30 日，该车在途中自燃。事后，保险公司确认陈先生车辆损失为 9.8 万余元。2005 年 1 月，陈先生向保险公司提出索赔，但保险公司以事故发生时车辆没有参加自燃险为由，不予理赔。2005 年 4 月，陈先生诉至法院，要求保险公司支付事故理赔款。

在法庭审理中，陈先生认为，自燃险批单签发日期应为 2004 年 6 月 1 日，保险公司倒签批单为 5 月 12 日完全是为了向客户多收保费。保险公司自燃险批单月份空缺而推定为 2004 年 7 月 1 日的主张不成立。因保险公司在之后的 7 月 7 日开具的缴费发票上的付款人仍是原车主，说明公司内部管理混乱。

保险公司则认为，自燃险批单签发日期应为 2004 年 7 月 1 日，该批单签发时，保险事故已经发生，而商业保险只保可能发生的风险，在事故发生之后签发保单不符合保险法的原理，故该批单应属无效。

法院审理后认为，保险公司向陈先生出具未注明确切时间的批单，且该批单内容均系真实。保险公司没有足够证据证明该批单是在 7 月 1 日签发，故由此日期争议可能产生的利益应归于陈先生。至于保险公司辩称，签发批单时事故已经发生，再签发保单不符合保险法原理的主张，由于双方对保单的签发日期存在争议，如签发保单时该事故确已发生，该车辆应有明显的痕迹，保险公司完全可以发现。

据此法院认定，双方之间所形成的保险合同关系依法成立有效，保险公司应按约向陈先生履行赔付义务。

解析：本案之所以产生纠纷，原因之一是保险公司内部流程管理不规范，出现签发的保单月份空缺，且保单变更后，缴费发票上的付款人仍是原车主；原因之二是投保人对自己的利益不重视，陈先生在取得批单后，没有仔细审阅，如发现日期记载有瑕疵及时提出，则可避免纠纷发生。

案例 5-2：做低价格 赔偿减少

刘先生以 15 万元的价格从王某手中购得越野吉普一辆。为了少付交易税，二人协商后将发票金额开为 11 万元。不久后，刘先生开车外出时车辆被盗，向保险公司报案后，保险公司只同意以发票金额 11 万元承担赔偿。

解析：在二手车交易中，一些买卖双方有意做低发票价格，以达到逃避相关二手车交易税费的目的，但是这一做法对未来保险的索赔构成威胁。通常情况下，保险公司对二手车出现的被盗案件会按照二手车发票价格赔偿。因此，大量二手车尽管做低了发票价格，但是购买保险时还是按照市场价买保险，这是由于发票价格较低，在出险后，车主往往无法获得足额的赔偿。事实上，有关保险业内人士表示，盗抢险在车险中本身属于那种投资不大，但保障比较好的险种，购买该险种还是比较划算的。

案例 5-3：保险公司退保费条款是否公平

2013 年 9 月份，方先生向西安一家保险公司交了 900 元的车险费，给自己的新车入了保险。后经朋友介绍，他觉得另一家保险公司的服务更好，就向该保险公司提出退保，但保险公司承诺只退 630 元。方先生很纳闷：这比他之前算的退费少了 45 元。经询问后才知，他和保险公司退费的计算方式不一样。

车主方先生是这样算的：

一年交保费 900 元，按 12 个月，月均保费为 900÷12＝75 元；扣除 9、10、11 月 3 个月保费，3×75＝225 元，应退 900－225＝675 元。

保险公司是这样计算的：

一年交保费 900 元，前 8 个月退费是按 10%算，但后 4 个月却按 5%算，如此推算，12 个月成了 10 个月，月均保费为 900÷10＝90 元，扣除 3 个月的保费 270 元，应退 900－270＝630 元。根据保险公司的保险合同上退费比例来看，前 8 个月的退费是按照 10%来计算的，但后 4 个月的退费却是按照 5%来计算的。这实际上是把退费的期限缩短了两个月，而是按照 10 个月来计算的。

解析：通常情况下，保险公司都在保险合同中约定了如何退保，包括退保的计算方式，但这一约定显然是有利于保险公司而不利于投保人的。据有关保险公司人员介绍，在保险生效的第一个月内提出退保的，一般是按照天数来计算保费的，进入第二个月后，他们是按照合同上规定的月率表来计算。由于保险公司也是有成本的，且这些退保条款是报保监会审批同意的，因此不可能平均分摊退保。事实上，保险合同上往往会注明："保险期间不足一个月的部分，按一个月计算"。笔者认为，保险公司关于保费退保的规定显然是违反公平交易原则的，是不合理的格式条款，导致这一现象产生的原因，一是监管不到位；二是市场竞争不够充分，将来是会发生改变的。

案例 5-4：车损险与玻璃险有何区别

被保险人把车停在路边，结果发现车子被人用东西把玻璃、玻璃导槽及亮条和上面油漆撬坏，故向保险公司和公安机关报案。在理赔中被保险人与保险公司在定损时发生争议：保险公司认为只能按玻璃单独破损险赔偿玻璃的损失，被保险人认为应该不光玻璃受损，自己的其他损失也应该按盗抢险或车损险定损理赔。经了解，被保险人购买了交强险、三者险、不计免赔险、车身划痕险、玻璃单独破碎险、车损险、盗抢险等全车险。被保险人认为自己购买了全车险与不计免赔险，且受损事实清楚，保险公司应该赔偿自己的玻璃与其他车损。保险公司则认为，该车只能按玻璃单独破碎险进行定损理赔。理由如下：

（1）本事故明显不适用盗抢险，保险合同约定，盗抢险首先要满足的条件是发生整车被盗的事实，本案中被保险人的车辆本身并没有被盗走；

（2）本事故也不适用车损险，因为该盗撬行为不属于合同约定的“保险事故”。

解析：本案件的争议在于定损时对理赔险种适用的争议，特别是被保险人对玻璃单独破碎险与车损险的理解不是很清楚。玻璃单独破碎险是指停车和使用时造成的玻璃损坏由保险公司按约定赔偿，该险是专门为前后玻璃和车窗玻璃设计的险种，因此车灯或倒车镜单独破碎属于免责范围，保险公司不需要赔付。此外，如果玻璃破损是由于车内物体造成的，也属于免责范围。而事故造成的玻璃损坏应适用车损险来进行赔付。本案例中，虽然不仅仅是玻璃的损害，但是显然符合玻璃险的条件，适用玻璃单独破碎险是适当的。

第六章　汽车理赔实务

汽车理赔是指保险人依据汽车保险合同的约定，对被保险人提出的给付赔偿金的请求进行处理的行为和过程。本章内容主要包括汽车理赔概述、汽车理赔的现场查勘、汽车理赔的定损与理算、汽车理赔的核赔与结案等。理赔工作是保险政策和作用的重要体现，是保险人履行保险合同，履行保险义务，承担损失补偿责任的主要形式。做好汽车保险理赔工作，对于维护被保险人的利益，加强机动车辆的经营与管理，提高保险企业的信誉和效益，具有十分重要的意义。

第一节　汽车理赔概述

随着汽车保有量的增加，汽车事故频发，汽车的理赔也较为普遍。然而，汽车理赔具有怎样的特点和流程，则是我们应当掌握的。

一、汽车保险理赔的特点

汽车保险与其他保险不同，其理赔工作也具有区别于其他保险理赔的特点。了解和掌握这些特点是做好汽车理赔工作的前提和关键。汽车保险理赔具有以下几个特点：

（一）及时性

通常情况下，投保人或被保险人或其他相关人员一旦报险，保险公司就会立即启动进入理赔程序，派人到现场查勘，核赔后能及时赔付。

（二）理赔流程具有规范性和完整性

一般理赔流程是：出险→报案→查勘→定损→核价→核损→核赔→支付。

（三）理赔报险具有统一性

通常情况下，各保险公司均有全国统一的车险报险电话，印制有格式的现场查勘记录表等资料。

（四）异地出险，就地理赔

通常情况下，各保险公司均为异地出险客户提供“代查勘、代定损和代赔付”服务，使客户无论身处何地，都能享受到从报案到领取赔款的全流程理赔服务。

（五）理赔服务多样性

各保险公司为提升理赔服务质量，稳定并吸纳更多客户，往往推出一系列多样性有特色的理赔服务。例如，有的保险公司推出 1 小时通知赔付、故障车辆免费救援、事故车托管等服务。

二、汽车保险理赔的基本原则

理赔是保险人向被保险人履行合同和赔付义务的过程。因此，理赔应当坚持实事求是、重合同、守信用、依法办事、为客户提供优质服务的原则。保险公司在长期的汽车理赔实践中总结出了八字理赔原则：主动、迅速、准确、合理。

（一）主动原则

该原则要求保险理赔人员对出险的案件，要积极、主动地进行调查、了解和查勘现场，掌握出险情况，进行事故分析，确定保险责任。

（二）迅速原则

该原则要求保险理赔人员查勘、定损处理迅速、不拖沓、抓紧赔案处理，对赔案要核得准，赔款计算案卷缮制快，复核、审批快，使被保险人及时得到赔款。

（三）准确原则

该原则要求从查勘、定损以至赔款计算，都要做到准确无误，不错赔、不滥赔、不惜赔。

（四）合理原则

该原则要求在理赔工作过程中，要本着实事求是的精神，坚持按条款办事。要结合具体案情准确定性，尤其是在对事故车辆进行定损过程中，要合理确定事故车辆的维修方案。

理赔的八字原则是辨证的统一体，不可偏废。如果片面追求速度，不深入调查了解，不对具体情况进行具体分析，盲目结论，或者计算不准确，草率处理，则可能会发生错赔，甚至引起法律诉讼纠纷。当然，如果只追求准确、合理，忽视速度，赔案久拖不决，则可造成较坏的社会影响，损害保险公司的形象。总的要求是从实际出发，为保户着想，既要讲速度，又要讲质量。这同时也对汽车理赔人员提出了较高要求，要求其具备廉洁奉公、秉公办事、认真负责的工作态度，具备精熟条款，实事求是处理赔案的能力。

三、汽车保险理赔的基本流程

前已述及，汽车理赔的一般流程是：出险→报案→查勘→定损→核价→核损→核赔→支付。这一流程也可以精简为：出险受理→现场查勘→损失确定→索赔处理→赔案制作。事实上，无论是五个流程，还是八个流程，在全过程上是一致的。

（一）出险受理

出险受理是指出险后，投保人、被保险人或相关人员向所投保的保险公司报案，保险公司接到报案后，决定是否受理，以及受理后即刻开展相关工作的过程。报案的方式有多种，电话报案、网上报案、到保险公司报案以及理赔员转达报案均可。如中国人保车险的全国统一报案电话是95518，中国平安车险的全国统一报案电话是95511，太平洋车险全国统一报案电话是95500。通常情况下，保险事故发生后，应在24小时之内通知派出所或者刑警队，在48小时内通知保险公司。保险公司出险受理的主要工作如下：

（1）内勤接报案后，要求客户将出险情况立即填写业务出险登记表，电话、传真等报案由内勤代填。

（2）内勤根据客户提供的保险凭证或保险单号立即查阅保单副本并抄单以及复印保单、保单副本和附表。

（3）确认保险标的在保险有效期限内或出险前特约交费，要求客户填写出险立案查询表，并予以立案。

（4）发放索赔单证。经立案后向被保险人发放有关索赔单证并告知索赔手续和方法（电话、传真等报案，由检验人员负责）。

（5）通知检验人员，报告损失情况及出险地点。

（二）现场查勘

现场查勘是指在保险事故发生后，保险工作人员赶赴事故现场检查勘验，对事故主要情况做出书面记录。现场查勘的主要目的是为了准确掌握事故发生的原因、经过、施救情况、损失项目等，以便确定保险人是否应承担赔偿责任以及赔偿金额的多少。现场查勘的作用主要体现在两个方面：一是全面了解和如实记录事故发生的真实情况，为理赔工作提供详尽的第一手资料；二是供保险公司的上级部门作为审核赔案的依据。通常情况下，各保险公司都建立了自己的现场查勘队伍，配备了齐全的查勘车辆和相应的设备。当然，也有一些保险公司委托公估公司进行现场查勘。

（三）损失确定

目前很多保险公司都建立了自己的客户服务定损理赔中心，随时定损核价，如果查勘定损的某个环节或服务辐射不到的某个领域，保险公司一般会交给当地的分支公司、公估公司、物价部门、修理厂、调查公司等外部机构去完成。同时，各保险公司都建立了自己的一套完整保险车辆零配件报价系统，且不同地区有不同的价格。针对车险赔付项目所占比重高，对车险赔付率和经营利润大，同时又是最容易产生暴利的零配件赔款，各家保险公司都非常重视，并组织专门的从事过汽车零配件报价的人员收集信息，参与报价和核价工作。

（四）索赔处理

损失确定后，经过修理厂的维修，通常由责任方垫付修理费用或其他责任费用。垫付后，垫付方持相关理赔资料向保险公司予以索赔。理赔资料主要包括：保险单或保险凭证的正本、已缴纳保险费的凭证、有关能证明保险标的或当事人身份的原始文本、索赔清单、出险检验证明、其他根据保险合同规定应当提供的文件。其中，出险检验证明经常涉及的有如下内容：

（1）因发生火灾而索赔的，应提供公安消防部门出具的证明文件。

（2）因发生暴风、暴雨、雷击、雪灾、雹灾而索赔的，应由气象部门出具证明。

（3）因发生爆炸事故而索赔的，一般应由劳动部门出具证明文件。

（4）因发生盗窃案件而索赔的，应由公安机关出具证明，该证明文件应当证明盗窃发生的时间、地点、失窃财产的种类和数额等。

（5）因机动车道路交通事故而索赔的，应当提供由公安交通管理部门出具机动车道路交通事故责任认定书，证明机动车道路交通事故发生的地点、时间、事故发生的经过、损害后果及责任划分，被保险标的车的有效行驶证及驾驶人的有效驾驶证。如果涉及第三者伤亡的，除了第三者的户籍材料，还要提供第三者因治疗此次交通事故伤残的医药费发票、病历、出院小结、每日用药清单、由司法鉴定机构出具的合法伤残鉴定报告、补贴费用收据等。第三者死亡的还需提供尸体火化证明、销户证明，若当场死亡的，需要提供法医尸体鉴定报告，若经抢救或者医治无效后死亡的，除了抢救、医治期间发生的医药费用发票及清单，还需要提供由医院出具的死亡证明。如果涉及第三者的财产损失或本车所载货物损失的，则应当提供财产损失清单、发票及支出其他费用的发票或单据等。

关于案件的赔付时限，不同保险公司均在我国保险法规定的范围内向社会做出了承诺，这些承诺的时限极大地提高了赔付的效率，方便了客户。如一些知名的保险公司规定：①接到客户报案后，与客户联系查勘定损事宜的时间不超过 30 分钟；②收到被保险人或者受益人的赔偿请求后，应当及时作出核定，情形复杂的，应当在 30 日内作出核定，并将核定结果书面通知对方；③理赔金额在 5 000 元以下的，从发起定损任务到定损结束的时间不超过 1 个工作日，理赔金额在 5 000 元至 30 000 元之间的，从发起定损任务到定损结束的时间不超过 3 个工作日，理赔金额在 30 000 元至 50 000 元之间的，从发起定损任务到定损结束的时间不超过 5 个工作日，理赔金额在 10 万元以上的，从发起定损任务到定损结束的时间不超过 15 个工作日；④特殊车型，稀有车型等因配件原因导致无法及时定损的车型，与客户协商确定；⑤非人伤事故 1 万元以下，符合 1 万元以下“1 小时通知赔付”的案件，从单证收集齐全到核赔通过的时间不超过 1 小时，不符合“1 小时通知赔付”案件的，在 1 个工作日内赔付；⑥非人伤事故理赔金额在 1 万元至 5 万元之间的，从单证收集齐全到核赔通过的时间不超过 3 个工作日；⑦非人伤事故理赔金额在 5 万元以上的，从单证收集齐全到核赔通过的时间不超过 7 个工作日；⑧人伤事故的，从单证收集齐全到核赔通过的时间不超过 7 个工作日，或者从公司与客户达成赔偿协议到支付赔款不超过 10 个工作日；⑨对不属于保险责任的，自作出核定之日起 3 日内向被保险人或者受益人发出拒赔通知书，并说明理由。

汽车保险理赔的时效为 2 年，索赔必须在索赔时效内提出，超过时效，被保险人或受益人不向保险人提出索赔，不提供必要单证和不领取保险金，视为放弃权利。

（五）赔案制作

赔案制作是指保险公司赔付后，其工作人员应当进行索赔单证的收集、整理和审核、出具理算报告、送审、结案后的案卷装订和归档等环节。具体包括编制损失计算书、出具赔案综合报告书、赔案材料的整理与装订。汽车保险理赔案卷内的理赔材料，一般排列顺序如下：

（1）赔案审批单；

（2）赔案综合报告书及赔款计算书；

（3）出险通知书；

（4）汽车保险单抄件；

（5）保险车辆出险查勘记录（现场查勘报告）；

（6）事故责任认定书、事故调解书或判决书及其他出险证明文件；

（7）保险车辆损失估价单（含附加车上责任险损失估价单）；

（8）第三者责任损失估价单（车、物）；

（9）事故损失照片（含事故现场照片、车辆损失照片、物资损坏照片）；

（10）损失技术鉴定书或伤残鉴定书（含病历、诊断证明）；

（11）有关原始单据，要求分类排列，包括车辆修复原始发票及修理厂修理清单、车辆施救票据、物资损坏修复费用票据、人员受伤医疗票据、其他赔偿费用票据等，要剔除不合理的费用单据，应另行粘贴，以便退还给被保险人；

（12）赔款收据；

（13）权益转让书；

（14）其他有关证明、材料。

案卷装订时，原始单据、照片一律要求贴在粘贴单上，要排列整齐有序。各种材料每页应在其右上角空白处依序编号。案卷目录应能反映出案卷内各种材料的数量（特别是原始票据数量），做到编排有序、目录清楚。案卷装订应按各保险公司有关档案装订的规定进行，案卷装订要整齐牢固、美观大方。

结合汽车理赔的实际，就汽车理赔的基本流程提出如下需注意的事项：

1. 出现交通事故后应及时报案

出了交通事故除了向交通管理部门报案外，还应及时向保险公司报案。这样，一方面让保险公司知道投保人出了交通事故，迅速进入理赔程序；另一方面保险公司询问的过程也是教报案人如何保护现场和现场取证的过程。就保险公司规定而言，车主在理赔时的详细流程如下：

（1）出示保险单证；

（2）出示行驶证；

（3）出示驾驶证；

（4）出示被保险人身份证；

（5）出示保险单；

（6）填写出险报案表；

（7）详细填写出险经过；

（8）详细填写报案人、驾驶员和联系电话；

（9）检查车辆外观，拍照定损；

（10）理赔员带领车主进行车辆外观检查；

（11）根据车主填写的报案内容拍照核损；

（12）理赔员提醒车主车辆上有无贵重物品；

（13）交付维修站修理；

（14）理赔员开具任务委托单确定维修项目及维修时间；

（15）车主签字认可；

（16）车主将车辆交于维修站维修。

事实上，若出现了两车相撞的保险事故，关键的是记住对方的车牌号码和联系方式，最好用手机将现场相关信息拍下，因为后续的理赔流程大多涉及与对方当事人的联系。

2. 车主及被保险人应与保险公司保持沟通

车主应积极协助保险公司完成对车辆查勘、照相以及定损等必要工作。结案前应向交管部门了解事故中自己应负多大的责任、损失多少和伤者的赔偿费用等情况，同时向保险公司咨询哪些情况能赔、哪些情况不能赔，尽量减少损失。车主在找救援公司拖车以及找修理厂修车时，关于价格问题应与保险公司及时沟通，避免救援公司或者修理厂的开价与保险公司的赔偿价格相差太大。对于定损时没有发现的车辆损失，应及时通知保险公司，由保险公司进行二次查勘定损。

3. 车主在出现交通事故后不应该出现两个极端：

一方面是在发生交通事故后喜欢私了，觉得报案理赔就是浪费时间，宁愿把这些时间花费在和对方的理论上。结果是耽搁了理赔的时间，问题又没有得到较好的解决。另一方面是哪怕一丁点的小刮擦都要去找保险公司理赔。这样做既花费时间，又增加了自己的理赔率，因为保险公司每年根据车主的出险率有一定的折扣。以太平洋保险公司为例，其规定被保险车辆出险 3 次后，保险公司将从第 4 次事故起，每增加一次保险事故，则在条款规定的免赔基础上增加 5%免赔率，在一年内该项免赔最高增加 15%。可见，为一丁点损失去理赔就不值当了，且无必要。

四、汽车保险理赔的发展

近几年，随着汽车保险业务的快速发展，汽车保险公司高度重视汽车理赔业务，理赔的效率和理赔的服务质量大幅度提高。如中国人保车险推出了 7×24 小时理赔咨询和查勘服务、万家网点安心修车全国通赔服务、全国免费 100 千米道路救援服务、人保独家直升机救援服务、微信、APP 在线自助索赔服务、先赔付后修车极速理赔服务、小额案件 1 小时通知赔付服务等。平安车险推出了先赔付后修车、0 查勘、0 手续服务，推出了简易事故、自主理赔、15 分钟定损、1 个工作日内到账服务，推出了异地出险、就地理赔服务，推出了高峰快闪（高峰时段、拥堵路段、小额案件快速撤离现场、无需焦急等待）服务。太平洋车险推出了“一站式、零单证”3G 快速处理理赔服务模式，采用 3G 移动视频查勘系统进行远程查勘和理赔。事实上，随着互联网和移动互联网的发展，汽车保险的报案、受理、查勘、资料的提交、索赔处理、赔案制作等环节均可在网上完成，唯有定损和修理是在实体店中完成。此外，与理赔相关的延伸服务的推出，如免费道路救援、免费拖车、换胎、充电、送油、充气服务，代办车辆年检、驾驶证年审服务，免费或优惠的洗车服务，车主秘书短信提示服务，代缴罚款，酒后代驾服务，挪车提醒服务等，更能树立车险品牌形象，吸引客户，并留住客户。

综上所述，车险市场有一个“保费和服务成正比”的定律，未来车险市场的竞争主要体现在服务上，各保险公司的车险服务会更细化、更完善，只有优质的、人性化的服务才是保险公司得以生存和更好发展的基础。

第二节　汽车理赔的现场查勘

现场查勘是事故处理的起点，也是汽车保险赔付的基础工作。若是道路交通事故，则现场查勘是证据收集的重要措施，也是日后进入刑事及民事诉讼程序的必不可少的环节。现场查勘的要求是及时迅速、细致完备、客观全面、遵守法定程序。现场查勘的目的是查明事故原因和经过，获取第一手材料，确定保险责任范围，为损失的认定工作打下基础。

一、现场查勘的准备

查勘人员赶赴事故现场开始查勘工作之前应做好下列工作：

（1）查勘定损人员接到查勘通知后，向接报案人员索要机动车辆保险报案记录（代抄单），并根据报案记录了解保险标的的出险时间、地点、原因、经过、事故类别、大致的损失情况以及事故当事人的情况，对事故有一个基本的了解，做到心中有数，以便在查勘过程中有针对性的调查取证。

（2）携带出险报案表、索赔申请书和查勘定损工具，如相机、皮尺等，赶赴事故现场，并及时与承保公司和报案人取得联系。

（3）查勘定损人员到达事故现场后及时向接报案中心报告，如果事故尚未控制或人员及车辆尚处在危险中，应立即协助被保险人和有关部门采取有效的施救和保护措施，避免损失的扩大。

二、现场查勘的主要内容

现场查勘的主要内容包括：查明报案人身份，查明出险时间，查明出险地点，查明出险车辆的情况，查实车辆的使用性质，查验驾驶证，查明出险原因，确定损失情况，查明责任划分情况，绘制现场草图，询问记录，拍摄现场照片，现场告知索赔手续，查勘记录交接，保险责任分析等。

现场查勘应注意以下几点：

（1）到达现场，应及时确认事故各方的当事人，以及各自的损失状况，组织现场保护和救援。

（2）核实保险标的及事故当事各方的强制险和商业保险承保情况。

（3）询问事故各方机动车辆的报案情况，做好记录，指导事故当事各方机动车辆向其投保的强制险和商业险的保险公司完善报案。

（4）核实事故是否存在被保险人的故意行为或受害人的故意行为。

（5）收集索赔资料。

（6）核定损失状况。

（7）初步核实人员伤亡损失状况。

（8）简易案件处理。

（9）现场查勘时，事故任何一方没有投保强制险，应要求事故各方通知交管部门依法进行责任划分。

（10）现场查勘时，事故任何一方机动车辆的估计损失超过强制保险责任限额的，应要求事故各方依法进行责任划分，以便其他商业保险公司能够顺利进行赔案处理。

（11）现场查勘时，如果事故应由多家保险公司共同处理，并且其他相关保险公司也应派员到达，原则上应由各承保公司对各自承保车辆对应的第三者车辆的损失进行查勘定损。

（12）现场查勘时，如果涉及两家或两家以上的保险公司同时对同一车辆定损时，各方保险公司应本着实事求是、相互信任、相互尊重、友好协商的原则，共同确定损失金额。

（13）现场查勘时，如果事故应由多家保险公司共同处理，但存在一家或多家保险公司因故不能到达现场，查勘定损人员应对事故涉及的各类财产损失进行完整确认，即不论财产损失是否超过强制保险的责任限额，都应分类确认全部的损失金额。

（14）重点核实标的车驾驶员的驾驶资格，标的车的指定驾驶员情况，标的车驾驶员的酒后或醉酒嫌疑，标的车的盗抢情况，标的车改装、变更所有人及使用性质等情况。

三、现场查勘工作的开展

（一）现场查勘的方法

现场查勘有以下四种方法：

（1）沿车辆行驶路线查勘法，要求事故痕迹必须清楚；

（2）由内向外查勘法，适用于范围不大、痕迹与物件集中且事故中心点明确的出险现场；

（3）由外向内查勘法，适用于范围较大、痕迹较为分散的出险现场；

（4）分段查勘法，适用于范围大的事故现场。

（二）现场查勘工作的开展

开展现场查勘工作主要包括以下几个方面：

1. 收取物证

物证是分析事故原因与责任的最为客观的依据，收取物证是现场查勘的核心工作。各种查勘技术、方法、手段均为收取物证服务。物证的类型包括散落物、附着物、痕迹。常见物证有制动印痕、车体泥土、玻璃碎片、车身刮痕、地面血迹等。

2. 现场摄影

现场摄影的原则是先原始，后变动；先重点，后一般；先容易，后困难；先易消失与被破坏的，后不易消失与被破坏的。摄影方式主要有方位摄影、中心摄影、细目摄影、宣传摄影，具体摄影方法包括相向拍摄、十字交叉、连续拍摄、比例拍摄。摄影取景技术包括以下内容：

（1）距离：远景、中景、近景、特写。

（2）角度：上下、左右。

（3）光照：正光、侧光、逆光。

（4）接片：取景略有重叠，拍摄距离、光圈一致。

还要对常见痕迹进行拍摄，如碰撞痕迹、刮擦痕迹、断裂痕迹、制动拖印、血迹、细小痕迹。

3. 现场丈量

现场丈量一是量方位、方向，如公路走向、相关夹角、有关距离等；二是定现场，可采用三点法、垂直法、极坐标法；三是量路况，如路面宽、路肩宽等；四是量车辆位置，轮胎外沿与地面接触中心点到道路边缘的垂直距离；五是量制动印痕；六是量接触部位，如高度、面积等；七是量其他车、人、物的痕迹。

4. 绘制现场图

现场图的种类有：

（1）现场记录图。现场记录图是根据现场查勘程序，在出险现场绘制、标注，当场出图的出险现场示意图。

（2）现场比例图。现场比例图是根据现场记录图所标明的尺寸、位置，选用一定比例，按照绘图要求，工整准确地绘制而成的正式现场比例图。现场图是以正投影原理的绘图方法绘制的，实质上是一张保险车辆事故发生地点和环境的小范围地形图。根据现场查勘要求必须迅速全面地把现场上的各种交通元素、遗留痕迹、道路设施以及地物地貌，用一定比例的图例绘制在平面图纸上。

现场记录图的绘制具有如下要求：

（1）根据出险现场情况，选用适当比例，进行图面构思。

（2）按近似比例画出道路边缘线和中心线。利用罗盘确定道路走向，在图的右上方绘指北标志，标注道路中心线与指北线的夹角。

（3）根据图面绘制的道路，用同一近似比例绘制出险车辆图例，再以出险车辆为中心向外绘制各有关图例。

（4）根据现场具体条件选择基准点，应用定位法为现场出险车辆及主要痕迹定位。

（5）按现场查勘顺序先标尺寸，后注文字说明。

（6）根据需要绘制立面图、剖面图或局部放大图。

（7）核对。检查图中各图例与现场相符尺寸有无遗漏和差错。

（8）签名，经核对无误，现场查勘人员、见证人、绘图人、校核人应签名。

绘图时可以不工整，但须内容完整，尺寸数字准确，物体位置、形状、尺寸、距离的大小基本成比例。绘图步骤包括：选比例、画轮廓、画车辆、标尺寸、小处理（立体图、剖面图、局部放大图、加文字）、先校核、后签名（绘图人、校核人、当事人、见证人等）。

5. 填写现场查勘记录

现场查勘记录表通常由保险公司事先印制好，需填写的主要内容详见表 6.1。现场查勘完毕后，由现场查勘人员和被保险人签字确认。

表 6.1　　　　现场查勘记录表

<table>
<tr><td colspan="5">机动车辆保险现场查勘记录</td></tr>
<tr><td colspan="2">被保险人：</td><td colspan="2">保单号码：</td><td>赔案编号：</td></tr>
<tr><td rowspan="6">保险车辆</td><td>号牌号码：</td><td>是否与底单相符：</td><td>车架号码（VIN）：</td><td>是否与底单相符：</td></tr>
<tr><td>厂牌型号：</td><td>车辆类型：</td><td>是否与底单相符：</td><td>检验合格至：</td></tr>
<tr><td>初次登记年月：</td><td>使用性质：</td><td>是否与底单相符：</td><td>漆色及种类：</td></tr>
<tr><td>行驶证车主：</td><td>是否与底单相符：</td><td>行驶里程：</td><td>燃料种类：</td></tr>
<tr><td>方向形式：</td><td>变速器类型：</td><td>驱动形式：</td><td>损失程度：□无损失
□部分损失
□全部损失</td></tr>
<tr><td>是否改装：</td><td colspan="2">是否具有合法的保险利益：</td><td>是否违反装载规定：</td></tr>
<tr><td rowspan="3">驾驶员</td><td>姓名：</td><td>证号：</td><td>领证时间：</td><td>审验合格至：</td></tr>
<tr><td>准驾车型：</td><td>是否是被保险人允许的驾驶员：
□是　□否</td><td colspan="2">是否是约定的驾驶员：□是　□否
□合同未约定　□不详</td></tr>
<tr><td colspan="2">是否酒后：□是　□否　□未确定</td><td colspan="2">其他情况：</td></tr>
<tr><td colspan="2">查勘时间</td><td>（1）　是否是第一现场：______</td><td>（2）</td><td>（3）</td></tr>
<tr><td colspan="2">查勘地点</td><td>（1）</td><td>（2）</td><td>（3）</td></tr>
<tr><td colspan="3">出险时间：</td><td>保险期限：</td><td>出险地点：</td></tr>
<tr><td colspan="5">出险原因：□碰撞　□倾覆　□火灾　□自燃　□外界物体倒塌、坠落　□自然灾害　□其他____________</td></tr>
<tr><td colspan="5">事故原因：□疏忽、措施不当　□机械事故　□违法装载　□其他________________</td></tr>
<tr><td colspan="5">事故涉及险种：□车辆损失险　□第三者责任险　□附加险________________</td></tr>
<tr><td colspan="5">专用车、特种车是否有有效操作证：□有　□无</td></tr>
<tr><td colspan="5">营业性客车有无有效的资格证书：□有　□无</td></tr>
<tr><td colspan="5">事故车辆的损失痕迹与事故现场的痕迹是否吻合：□是　□否</td></tr>
<tr><td colspan="5">事故为：□单方事故　□双方事故　□双方事故</td></tr>
<tr><td colspan="5">保险车辆车上人员伤亡情况：□无　□有　伤____人；亡____人</td></tr>
<tr><td colspan="5">第三者人员伤亡情况：□无　□有　伤____人；亡____人</td></tr>
<tr><td colspan="5">第三者财产损失情况：□无　□有　□车辆损失　号牌号码：____车辆型号：____　□非车辆损失_______</td></tr>
<tr><td colspan="5">事故经过：</td></tr>
<tr><td colspan="5">施救情况：</td></tr>
<tr><td colspan="5">备注说明：</td></tr>
<tr><td colspan="3">被保险人签字：</td><td colspan="2">查勘员签字：</td></tr>
</table>

四、代查勘

代查勘，又称委托查勘，仅限于保险公司所属机构承保的车辆在异地出险，出险地公司有责任及时对本系统承保车辆发生的事故进行代查勘、代定损。代查勘具有以下规定：

（1）出险地公司在接到报案后，无论损失金额大小，可直接代查勘、代定损，无须承保公司书面委托，出险地公司必须及时组织人员查勘定损和提供必要救助服务。

（2）委托查勘案件的报案统一由出险地公司客户服务中心全权受理、登记、指挥、调度并负责与承保公司联系沟通。

（3）委托查勘的查勘、定损事宜，一律由出险地客户服务中心或其授权单位处理，其他经营单位和定损员无权独立处理委托查勘。

（4）委托查勘、定损流程必须按公司车险实务规定执行。定损及询、报价权限按出险地公司的赔案处理权限处理。

（5）承保公司必须及时向出险地公司提供承保信息。承保公司应随时关注异地出险案件的处理情况；重大案件和特殊事项如何处理应向出险地公司明确表态。如认为必要，可派人赴出险地联合查勘。出险地公司接手案件后，如客户向承保公司询问案件处理情况承保公司须答复。

（6）承保公司与出险地公司如对定损金额等问题发生争议，应充分沟通协商，难以达成一致意见的，报上级分公司协调解决。双方不得以任何理由相互推诿。

五、查勘后拒赔的情形

查勘后具有下列情形之一的，保险公司可以拒赔：

（1）出险车辆不是保险车辆或出险时间不在保险期限等明显不属于保险责任范围内的事故；

（2）事故是由于被保险人的故意行为或违法行为造成的；

（3）被保险人对保险车辆的情况未如实申报，并因此出险；

（4）保险车辆转卖、转让、赠送他人、变更用途或增加危险程度，未申请办理批改；

（5）发生保险事故后，被保险人有条件而未在规定的时间内通知保险人，致使事故原因、责任划分等无法确定；

（6）被保险人在出险后未积极采取合理的保护、施救措施，致使出现严重损失或损失扩大；

（7）在规定的时间不索赔，或不按规定提供必要单证，或伪造单证骗取赔款；

（8）在违反《中华人民共和国道路交通管理条例》中有关车辆装载规定（在保单明确规定为责任免除的）造成的车损。

拒赔案件应严格依据《保险法》《机动车辆保险条款》有关规定处理。拒赔要有确凿的证据和充分的理由，慎重决定。拒赔前，应向被保险人明确说明原因，认真听取意见并向被保险人做好解释工作。

第三节　汽车理赔的定损与理算

确认保险事故所造成的损失，包括对事故机动车辆及第三者财产的损失进行核定，逐项核实损失项目，即定损。定损的过程同时也是理算的过程，需要通过理算确定损失的大小和赔付的多少。

一、车辆定损的原则及方法

（一）车辆定损的原则

车辆定损的总的原则是：双人查勘、双人定损、交叉复核；严格细致、客观真实；公平公正、能修不换。

1. 仅限本次保险事故损失的原则

定损仅限于本次事故损失，非本次事故损失则不予考虑，同时注意区别正常维护损失与保险事故损失。

2. 能修不换的原则

能够修理的不更换，能局部修的，不整体修，能换零部件的，不换总成，应准确确定工时费用和材料费，准确掌握换件价格。一般情况下，需选派两名定损员工作，根据现场查勘记录，鉴定事故损伤部位及连带损伤部位，签订“车辆损失情况确认书”后选厂送修。

（二）定损应注意问题

定损时应注意以下几点：

（1）如被保险人或第三者提出扩大修理范围或应修理而要求更换的，超出部分费用应由其自行承担，并在定损确认书上明确注明。

（2）经保险人同意，对事故车辆损失原因进行鉴定的费用应负责赔偿。

（3）受损车辆解体后，如发现尚有因本次事故损失的部位没有定损的，可追加修理项目和费用。

（4）受损车辆未经保险人同意而由被保险人自行送修的，保险人有权重新核定修理费用或拒绝赔偿。

（5）换件残值应合理作价，如果被保险人接受，则在定损金额中扣除；如果被保险人不愿意接受，保险人拥有处理权。

（6）确定出险车辆的性质，确认是否属于保险赔付范围。

（7）对现场及损伤部位照相。

（8）对事故车辆损伤部位进行查勘，确定损伤程度。

（9）对不能直接检查到的内部损伤，应进行拆检。

（10）确定损伤形成的原因。

（三）维修成本的确定

维修成本的计算公式如下：

维修成本=修理工时费+材料费+其他费用

修理工时费=定额工时×工时单价

材料费=外购配件费+自制配件费+辅助材料费

其他费用=外加工费+材料管理费

材料管理费是指在采购、装卸、运输、保管、损耗等费用。

二、人员伤亡费用的确定

事故处理对人员伤亡费用应遵循以责论处，按责分担的原则。一般情况下，事故结案前，有关费用由被保险人先行支付。对车上及第三者人员伤亡的有关情况保险人需进行调查。人员伤亡费用具体包括以下几项：

（一）医疗费

医疗费根据医疗机构出具的医药费、住院费等收款凭证，结合病历和诊断证明等相关证据确定。器官功能恢复训练所必要的康复费、适当的整容费以及其他后续治疗费赔偿权利人可以待实际发生后另行请求。但是根据医疗证明或者鉴定结论确定必然发生的费用，可以与已经发生的医疗费一并予以赔偿。

（二）误工费

误工费根据受害人的误工时间和收入状况确定。误工时间根据受害人接受治疗的医疗机构出具的证明确定。受害人因伤致残持续误工的，误工时间可以计算至定残日前一天。受害人有固定收入的，误工费按照实际减少的收入计算。受害人无固定收入的，按照其最近三年的平均收入计算；受害人不能举证证明其最近三年的平均收入状况的，可以参照受诉法院所在地相同或者相近行业上一年度职工的平均工资计算。

（三）护理费

护理费根据护理人员的收入状况和护理人数、护理期限确定。护理人员有收入的，参照误工费的规定计算；护理人员没有收入或者雇佣护工的，参照当地护工从事同等级别护理的劳务报酬标准计算。护理人员原则上为一人，但医疗机构或者鉴定机构有明确意见的，可以参照确定护理人员人数。护理期限应计算至受害人恢复生活自理能力时止。受害人因残疾不能恢复生活自理能力的，可以根据其年龄、健康状况等因素确定合理的护理期限，但最长不超过 20 年。受害人定残后的护理，应当根据其护理依赖程度并结合配制残疾辅助器具的情况确定护理级别。

（四）交通费

交通费根据受害人及其必要的陪护人员因就医或者转院治疗实际发生的费用计算。交通费应当以正式票据为凭，有关凭据应当与就医地点、时间、人数、次数相符合。

（五）住院伙食补助费

住院伙食补助费可以参照当地国家机关一般工作人员的出差伙食补助标准予以确

定。受害人确有必要到外地治疗，因客观原因不能住院，受害人本人及其陪护人员实际发生的住宿费和伙食费，其合理部分应予赔偿。

（六）营养费

营养费根据受害人伤残情况参照医疗机构的意见确定。

（七）残疾赔偿金

残疾赔偿金根据受害人丧失劳动能力程度或者伤残等级确定，按照受诉法院所在地上一年度城镇居民人均可支配收入或者农村居民人均纯收入标准，自定残之日起按20年计算。但60周岁以上的，年龄每增加一岁减少一年；75周岁以上的，按5年计算。

受害人因伤致残但实际收入没有减少，或者伤残等级较轻但造成职业妨害严重影响其劳动就业的，可以对残疾赔偿金进行相应调整。

残疾赔偿金的计算公式如下：

残疾赔偿金=发生地全省年平均生活费×赔偿年限×残疾等级补偿比例×事故责任比例×（1−免赔率）

（八）残疾辅助器具费

残疾辅助器具费按照普通适用器具的合理费用标准计算。伤情有特殊需要的，可以参照辅助器具配制机构的意见确定相应的合理费用标准。辅助器具的更换周期和赔偿期限参照配制机构的意见确定。

（九）丧葬费

丧葬费按照受诉法院所在地上一年度职工月平均工资标准，以6个月总额计算。

（十）被扶养人生活费

被扶养人生活费根据扶养人丧失劳动能力程度，按照受诉法院所在地上一年度城镇居民人均消费性支出和农村居民人均年生活消费支出标准计算。被扶养人为未成年人的，计算至18周岁；被扶养人无劳动能力又无其他生活来源的，计算20年。但60周岁以上的，年龄每增加一岁减少一年；75周岁以上的，按5年计算。

被扶养人是指受害人依法应当承担扶养义务的未成年人或者丧失劳动能力又无其他生活来源的成年近亲属。被扶养人还有其他扶养人的，赔偿义务人只赔偿受害人依法应当负担的部分。被扶养人有数人的，年赔偿总额累计不超过上一年度城镇居民人均消费性支出额或者农村居民人均年生活消费支出额。

（十一）死亡赔偿金

死亡赔偿金按照受诉法院所在地上一年度城镇居民人均可支配收入或者农村居民人均纯收入标准，按20年计算。但60周岁以上的，年龄每增加一岁减少一年；75周岁以上的，按5年计算。

赔偿权利人举证证明其住所地或者经常居住地城镇居民人均可支配收入或者农村居民人均纯收入高于受诉法院所在地标准的，残疾赔偿金或者死亡赔偿金可以按照其住所地或者经常居住地的相关标准计算。被扶养人生活费的相关计算标准，也依照这一原则确定。

超过确定的护理期限、辅助器具费给付年限或者残疾赔偿金给付年限，赔偿权利人向人民法院起诉请求继续给付护理费、辅助器具费或者残疾赔偿金的，人民法院应予受理。赔偿权利人确需继续护理、配制辅助器具，或者没有劳动能力和生活来源的，人民法院应当判令赔偿义务人继续给付相关费用5~10年。

以上城镇居民人均可支配收入、农村居民人均纯收入、城镇居民人均消费性支出、农村居民人均年生活消费支出、职工平均工资按照政府统计部门公布的各省、自治区、直辖市以及经济特区和计划单列市上一年度相关统计数据确定。

三、其他财产损失的确定

其他财产包括车上责任险财产和第三者责任险财产。第三者责任险的财产和附加车上货物责任险承运货物的损失，应会同被保险人和有关人员逐项清理，确定损失数量、损失程度和损失金额。同时，要求被保险人提供有关货物、财产的原始发票。定损人员审核后，制作“机动车辆保险财产损失确认书”，由被保险人签字认可。

对于车上货物责任险中的货物损失，在确定损失金额，进行赔偿处理时，需要被保险人提供运单、起运地货物价格证明以及第三方向被保险人索赔的函件等单证材料。

四、施救费用和残值确定

（一）施救费用的确定

当保险车辆或其涉及的财物或人员在遭遇保险责任范围内的车祸时，被保险人采取措施进行抢救，以防止损失的扩大。其中，因采取施救措施而支出的费用即为施救费用。施救费用必须是直接的、必要的、合理的，是按照国家有关政策规定为施救行为付出的费用。施救费用的确定应遵循以下规定：

（1）车辆发生火灾，应当赔偿被保险人使用他人非专业消防单位的消防设备的合理费用及设备损失。

（2）车辆出险后，失去行驶能力，雇用吊车及其他车辆进行抢救的费用，以及将出险车辆拖运到修理厂的运输费用。

（3）抢救过程中，因抢救而损坏他人的财产，应由被保险人赔偿的，但抢救人员个人物品的丢失，不予赔偿。

（4）抢救过程或拖运途中，发生意外事故造成损失扩大部分和费用支出增加部分，如果该抢救车辆是被保险人自己或他人义务派来抢救的，应予赔偿；如果该抢救车辆是受雇的，则不予赔偿。

（5）被保险人奔赴肇事现场处理所支出的费用，不予负责。

（6）保险人只对保险车辆的施救保护费用负责。受损保险车辆与其所装货物同时被施救，应按保险车辆与货物的实际价值进行比例分摊赔偿。

（7）保险车辆为进口车或特种车，发生保险事故后，当地确实不能修理，经保险人同意后去外地修理的移送费，可予适当负责。但是护送保险车辆者的工资和差旅费，不予负责。

（8）施救、保护费用与修理费用应分别理算。但是施救前，如果施救、保护费用与修理费用相加，估计已达到或超过保险金额时，则可推定全损予以赔偿。

（9）保险车辆发生保险事故后，对其停车费、保管费、扣车费及各种罚款，保险人不予负责。

（二）残值的确定

通常情况下，对于残值的处理均采用协商作价归还被保险人的做法，并在保险赔款中予以扣除。如协商不成，也可以将已经赔偿的受损物资收回。这些受损物资可以委托有关部门进行拍卖处理，处理所得款项应当冲减赔款。一时无法处理的，则应交保险公司的损余物资管理部门收回。

五、赔偿的计算

（一）车辆损失险的赔偿计算

1. 当发生车辆全部损失时，车辆损失险赔款计算公式

车辆损失险赔款=（车损赔款+施救费用赔款）×（1-事故责任免赔率）×（1-免赔率之和）-免赔额

车损赔款=（实际价值-残值-交强险对车辆损失赔偿金额）×事故责任比例

施救费用赔款=（核定施救费用-交强险对施救费赔偿金额）×事故责任比例×（保险金额÷投保时保险车辆的新车购置价）

2. 当发生车辆部分损失时，车辆损失险赔款计算公式

车辆损失险赔款=（核定修理费用-残值+核定施救费用-交强险赔偿金额）×事故责任比例×（保险金额÷投保时保险车辆的新车购置价）×（1-事故责任免赔率）×（1-免赔率之和）-免赔额

车损赔款=（核定修理费用-残值-交强险对车辆损失赔偿金额）×事故责任比例×（保险金额÷投保时保险车辆的新车购置价）

交强险对车辆损失赔偿金额=交强险赔偿金额×核定修理费用÷（核定施救费用+核定修理费用）

施救费用赔款=（核定施救费用-交强险对施救费赔偿金额）×事故责任比例×（保险金额÷投保时保险车辆的新车购置价）

交强险对施救费赔偿金额=交强险赔偿金额×核定施救费用÷（核定施救费用+核定修理费用）

（二）第三者责任险的赔偿计算

第三者责任险的赔偿计算公式如下：

第三者责任险赔款=（死亡伤残费用赔款+医疗费用赔款+财产损失赔款）×事故责任比例×（1-事故责任免赔率）×（1-免赔率之和）

当被保险人按事故责任比例承担的死亡伤残费用赔款、医疗费用赔款、财产损失赔款之和超过责任限额时，计算公式如下：

第三者责任险赔款=责任限额×（1-事故责任免赔率）×（1-免赔率之和）

第三者责任险的保险责任为连续责任，即保险车辆发生第三者责任事故，保险人赔偿后，每次事故无论赔款是否达到保险赔偿限额。在保险期限内，第三者责任险的保险责任仍然有效，直至保险期满。

第三者责任事故赔偿后，对受害第三者的任何赔偿费用的增加，保险人不再负责。

（三）车上人员责任险的赔款计算

被保险人凡发生车上责任险范围内的各项损失，保险人按责任限额以及被保险人在事故发生过程所应承担的责任，扣减相应比例免赔率进行赔付款计算。

赔款金额等于每人赔款金额的总和。

每人赔款在驾驶人每次事故责任限额和乘客每次事故每人责任限额赔偿内分别计算，赔款人数以投保座位数为限。

（四）盗抢险的赔款计算

1. 当车辆保险金额高于或等于车辆出险时的实际价值时的计算公式

赔付款=实际价值×（1-免赔率）

2. 当车辆保险金额低于车辆出险时的实际价值时的计算公式

赔付款=保险金额×（1-免赔率）

（五）交通事故责任强制保险的赔款计算

交强险的赔款采用的是统一条款、统一费率、统一实务操作、第一年统一价格的模式，对于承保环节而言，各公司的操作会相对比较一致。本书的第四章第一节专门对交强险进行了阐述，在此不再赘述。交强险赔付的计算公式与商业汽车险基本相同，需注意的是交强险的赔付是有限额的。具体如下：

第一，机动车在道路交通事故中有责任的，死亡伤残赔偿限额为 110 000 元人民币，医疗费用赔偿限额为 10 000 元人民币，财产损失赔偿限额为 2 000 元人民币；

第二，机动车在道路交通事故中无责任的死亡伤残赔偿限额为 11 000 元人民币，医疗费用赔偿限额为 1 000 元人民币，财产损失赔偿限额为 100 元人民币。

此外，在赔偿顺序上，交强险在先，商业机动车保险在后。

第四节 汽车理赔的核赔与结案

一、核赔

核赔是指负责理赔的人员在授权范围内按照保险条款及公司内部的有关规章制度对赔案进行审核的工作。

（一）核赔的流程

核赔的流程如图 6.1 所示：

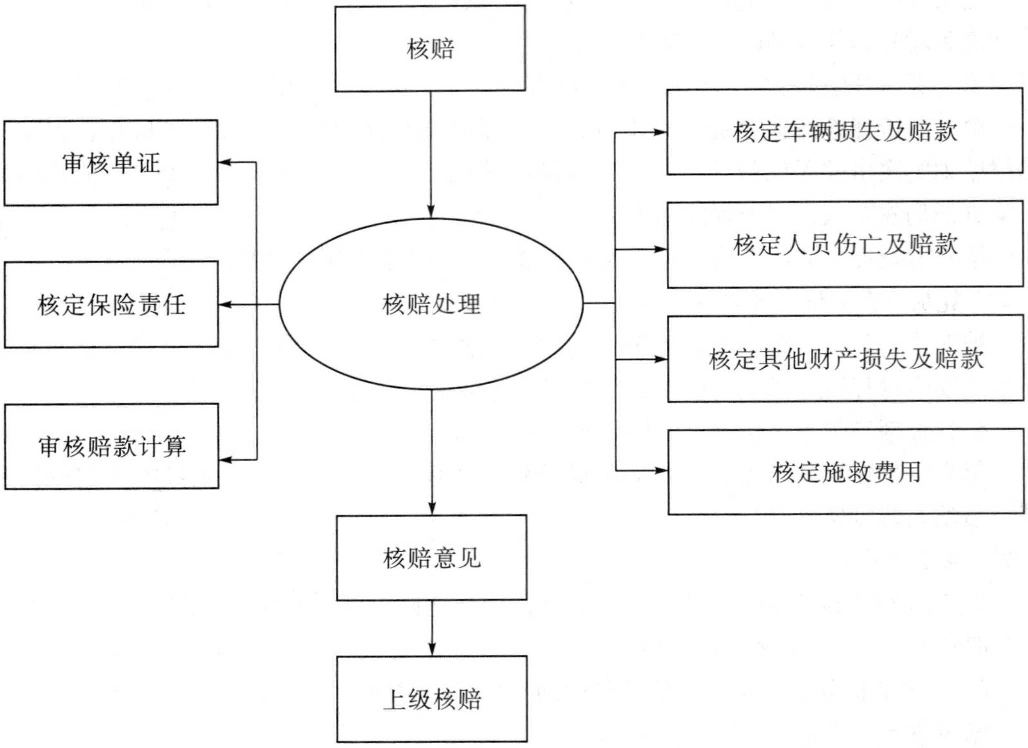

图 6.1　核赔流程图

（二）核赔的主要内容

核赔的主要内容如下：

1. 审核单证

主要审核单证、证明及相关材料是否齐全、有效，有无涂改、伪造等，审核经办人员是否规范填写有关单证，审核相关签章是否齐全。

2. 核定保险责任

核定被保险人与索赔人是否相符，出险车辆的厂牌型号、牌照、发动机号码、车架号与保险单是否相符，出险原因是否为保险责任，出险日期是否在保险期限内，赔偿责任是否与保险险别相符，事故责任划分是否准确合理。

3. 核定车辆损失及赔款

核定车辆损失项目、损失程度是否准确合理，更换件是否进行询报价，定损项目与报价项目是否一致，拟赔款金额是否与报价金额相符。

4. 核定人身伤亡损失及赔款

核定伤亡人员数、伤残程度是否与调查情况和证明相符，人员伤亡费用是否合理，被抚养人口、年龄是否属实，生活费计算是否合理。

5. 核定其他财产损失及赔款

应根据照片和被保险人提供的有关货物、财产发票、有关单证，核实所确定的财产损失和损失物资残值等是否合理。

6. 核定施救费用

审核涉及施救费用的有关单证和赔付金额。

7. 审核赔付计算

审核赔付计算是否准确，免赔率使用是否正确，残值是否扣除等。

8. 核赔权限

属于本公司核赔权限的，审核完成后，核赔人员签字并报领导审批；属于上级公司核赔的，核赔人员提出核赔意见，经领导签字后，报上级公司核赔。

在完成各种核赔和审批手续后，转入赔付结案程序。

二、赔付结案

车险赔付结案是保险公司对所递交的索赔材料已经审核完毕，即核赔完毕后，将赔款支付到被保险人或垫付者指定账户的行为。有的保险公司将赔款算出，但由于种种原因没未能支付的也称之为结案。

（一）结案登记

业务人员根据核赔的审批金额，填发赔款通知书及赔款收据，被保险人在收到赔款通知书后在赔款收据上签章，财会部门即可支付赔款。被保险人领取赔款后，业务人员按照赔案编号，录入保险车辆赔案结案登记，同时在报案、立案登记簿备注栏中注明赔案编号与日期，作为续保时是否给付无赔款优待的依据。

（二）单据清分

一联赔款收据交被保险人；一联赔款收据连同一联赔款计算书送会计部门作付款凭证；一联赔款收据和一联赔款计算书或赔案审批表，连同全案的其他材料作为赔案案卷。

（三）案卷管理

理赔案卷应按照一案一卷整理、装订、登记、保管。赔款案卷应单证齐全、编排有序、目录清楚、装订整齐，照片与原始单证应粘贴整齐并附必要的说明。理赔案卷遵循分级审批、分级留存并按档案管理规定进行保管的原则。

三、特殊案件处理

特殊案件的处理主要是指简易赔案、疑难案件、注销案件、拒赔案件和预付案件的处理。

（一）简易赔案

通常情况下，当车辆发生轻微碰撞等原因产生 5 000 元以下损失，保险公司当个工作日结案的案件称为简易赔案。实行简易赔案处理的理赔案件必须同时具备以下条件：

（1）不涉及第三者，只是保险人单方车辆损失的案件；

（2）车辆损失为保险条款列明的自然灾害和被保险人或其允许的合格驾驶员或约定驾驶员导致的损失；

（3）案情简单，出险原因清楚，保险责任明确，损失容易确定；

（4）车损部位可以一次核定，且事故损失金额在 5 000 元以下；

（5）受损的零部件按照公司询报价系统可准确定价。

对于简易赔案，查勘员现场确定事故责任，确定保险责任、确定损失，并收集相关理赔资料，于当日将案件相关资料上传易保系统，通过核损、缮制、核赔后及时同时通知被保险人领取赔款。查勘员现场收集下列资料：

（1）机动车辆保险简易赔案处理单；

（2）车险理赔案件处理单；

（3）拍摄驾驶员驾驶证正、副本；

（4）拍摄车辆行驶证正、副本；

（5）双方事故交警处理的相关证明；

（6）赔款收据及权益转让书（被保险人为个人的现场必须提供）；

（7）事故现场照片及受损部位照片。

（二）疑难案件

疑难案件分争议案件和疑点案件两种。争议案件指保险人和被保险人对条款理解有异议或责任认定有争议的案件，实际操作中应采用集体讨论、聘请专家论证和向上级公司请示等方式解决，保证案件圆满处理。疑点案件是指赔案要素不完全、定损过程中存在疑点或与客户协商不能达成一致的赔案。

（三）注销案件

注销案件指保险车辆发生保险责任范围内的事故，被保险人报案、立案后未行使保险金请求权致使案件失效注销的案件。注销案件可分为两种情况，即超出索赔时效注销、主动声明放弃索赔权利注销。

（四）拒赔案件

对有些案件，根据《保险法》《机动车辆保险条款》等有关规定不属于赔偿范围的，保险公司应予以拒赔。拒赔的案件必须具有确凿的证据和充分的理由。拒赔前，应向被保险人明确说明原因，认真听取意见并向被保险人做好解释。

就商业汽车保险而言，拒赔案件有如下几种情形：

第一，被保险机动车的下列损失和费用，保险人不负责赔偿：

（1）自然磨损、朽蚀、腐蚀、故障；

（2）人工直接供油、高温烘烤造成的损失；

（3）遭受保险责任范围内的损失后，未经必要修理继续使用被保险机动车，致使损失扩大的部分；

（4）被保险机动车被诈骗造成的损失；

（5）被保险人因民事、经济纠纷而导致被保险机动车被抢劫、抢夺造成的损失；

（6）全车被盗窃、抢劫、抢夺，但被保险人索赔时未能提供机动车停驶手续或出险当地县级以上公安刑侦部门出具的盗抢立案证明。

第二，被保险机动车造成下列人身伤亡或财产损失，保险人不负责赔偿：

（1）被保险人及其家庭成员的人身伤亡、所有或代管的财产的损失；

（2）被保险机动车本车驾驶人及其家庭成员的人身伤亡、所有或代管的财产的损失；

（3）被保险人及驾驶人以外的其他车上人员的故意、重大过失行为造成的自身伤亡；

（4）违法、违章搭乘人员的人身伤亡；

（5）车上人员因疾病、分娩、自残、斗殴、自杀、犯罪行为造成的自身伤亡；

（6）车上人员在被保险机动车车下时遭受的人身伤亡；

（7）被保险机动车发生意外事故，致使第三者停业、停驶、停电、停水、停气、停产、通信或者网络中断、数据丢失、电压变化等造成的损失以及其他各种间接损失；

（8）被保险机动车和第三者财产因市场价格变动造成的贬值、修理后价值降低引起的损失；

（9）被保险机动车被盗窃、抢劫、抢夺期间造成第三者人身伤亡或财产损失；

（10）被保险人或驾驶人的故意行为造成的损失。

第三，下列情况下，不论任何原因造成被保险机动车的损失或对第三者、车上人员的损害赔偿责任，保险人均不负责赔偿：

（1）地震及其次生灾害；

（2）战争、军事冲突、恐怖活动、暴乱、扣押、收缴、没收、政府征用；

（3）竞赛、测试，在营业性维修、养护场所修理、养护期间；

（4）利用被保险机动车从事违法活动；

（5）驾驶人饮酒、吸食或注射毒品、被药物麻醉后使用被保险机动车；

（6）事故发生后，被保险人或其允许的合法驾驶人在未依法采取措施的情况下驾驶被保险机动车或者遗弃被保险机动车逃离事故现场，或故意破坏、伪造现场、毁灭证据。

第四，驾驶人有下列情形之一者保险人均不负责赔偿：

（1）无驾驶证或驾驶证有效期已届满；

（2）驾驶的被保险机动车与驾驶证载明的准驾车型不符；

（3）持未按规定审验的驾驶证，以及在暂扣、扣留、吊销、注销驾驶证期间驾驶被保险机动车；

（4）依照法律法规或公安机关交通管理部门有关规定不允许驾驶被保险机动车的其他情况下驾车。

第五，其他保险人不负责赔偿的情形：

（1）非被保险人允许的驾驶人使用被保险机动车；

（2）被保险机动车转让他人，被保险人、受让人未履行规定的通知义务，且因转让导致被保险机动车危险程度显著增加而发生保险事故；

（3）除另有约定外，发生保险事故时被保险机动车无公安机关交通管理部门核发的行驶证或号牌，或未按规定检验或检验不合格；

（4）应当由机动车交通事故责任强制保险赔偿的损失和费用，保险人不负责赔偿。

此外，保险事故发生时，被保险机动车未投保机动车交通事故责任强制保险或机动车交通事故责任强制保险合同已经失效的，对于机动车交通事故责任强制保险各分项赔偿限额以内的损失和费用，保险人不负责赔偿。

（五）预付案件

预付案件是指某些特殊案件需要预付部分赔款。就汽车保险而言，常见的需保险公司预付赔款的情形主要是指根据《道路交通事故处理办法》第十四条的规定，在实行机动车辆第三者责任法定保险的行政区域发生交通事故逃逸案件的，由当地中国人民保险公司预付伤者抢救期间的医疗费，死者的丧葬费。中国人民保险公司有权向抓获的逃逸者及其所在单位或者机动车辆的所有人，追偿其预付的所有款项。如果被抓获的逃逸者机动车驾驶员，其所驾驶的机动车已参加了第三者责任保险，其追偿或赔偿数额由保险公司按规定处理。

四、理赔工作的监督

理赔工作是保险人实际履约的过程，对保险人的信誉将产生直接和重要的影响。理赔工作也是保险人控制经营风险的一个重要环节，严格地按照保险合同进行理赔是防止滥赔和骗赔、确保公平的一个重要的前提条件。同时，通过理赔还可以发现承保中可能存在的问题有针对地采取改进措施，可以提升保险人经营业绩。因此，理赔工作的监督尤为重要。

理赔工作的监督有两种模式：一是内部模式；二是外部模式。内部模式是指通过内部建立监控和管理体系，通过业务、财务和审计，定期和不定期的检查和监督，建立保险公司内部的监督和管理机制。外部模式是指通过保监会或者行业公会（协会）的监督，也包括委托外部的审计机构对自身的业务进行专项审计，有的保险公司还委托社会人士对公司的经营情况进行监督。

核赔与结案的时间决定着理赔的时间，因此要缩短赔案周期，必须提高核赔与结案的效率。当然，在理赔过程中也会出现一些未决赔案，未决赔案是指已经发生的属于保险责任范围内而由于各种原因尚未赔付结案的案件。保险公司在经营过程中出现和存在少量的未决赔案是正常的，但亦需解决，且尽量少发生。通常情况下，车险理赔有其指标控制，如赔付率、理赔周期、立案率、结案率等。赔付率是指一定时期内保险赔款支出与保费收入的比率；理赔周期是指当年结案案件从报案到结案的平均时间；立案率是指当年立案件数与当年有效报案数的比例；结案率是指当年已结案件数占已结案件件数与未决赔案件数总量的比例。

案例解析

案例 6-1：中介卡壳，普通剐蹭 40 多天未能理赔

2013 年 10 月 15 日，经朋友介绍，家住顺义的赵先生在某汽车代理公司为自己的爱车一汽佳宝购买了某财产保险公司的第三者责任险、汽车盗抢险和不计免赔三项险种。由于是朋友介绍，赵先生拿到保单后也没仔细核对。2014 年 2 月中旬，赵先生的车发生了剐蹭。经过定损，此次事故赵先生应该得到 270 元保险赔偿。赵先生拿着保单、身份证复印件等十几件材料，来到了投保的汽车代理公司。可一直过了 40 多天，赵先生跑了四五趟，电话打了十几个，这家中介代理公司还是没把赔款交给赵先生。而赵先生仔细看了一下保单，感觉奇怪的是，明明他是在顺义投的保，保单上却是盖的宣武的章。再问中介代理机构，谁也不回答赵先生的问题。更严重的是，这家中介代理机构既不能给赵先生赔款，也不肯把保单交还赵先生。赵先生一直担心，如果这期间车辆再出了问题，找谁呢？因为他这时连唯一的凭据——保单都没有了。后来，赵先生托人直接和投保的保险公司取得联系，直到这时他才知道这家汽车代理公司根本没有向保险公司报赔。虽然几经周折，赵先生终于拿回了这 270 元赔款，他却下定了决心，不再和这种中介代理机构打交道了。

解析：汽车出险后应直接向所投保的保险公司报案，由保险公司直接进入到理赔流程，这其实并不麻烦，且安全便捷。当前，虽然有些市场中介机构从事代理投保事宜，但需注意的是，对通过中介机构的投保必须看清和查验保单，且出险后应直接向所投保的保险公司理赔，非通过中介机构理赔。当然，直接向保险公司购买汽车保险会更加安全便捷。

案例 6-2：交强险与商业险的赔款应如何计算

甲车投保交强险、足额车损险、商业第三者责任险 20 万元，乙车投保交强险、足额车损险、商业第三者责任险 30 万元。两车互撞，甲车承担 70%责任，车损 5 000 元，乙车承担 30%责任，车损 3 500 元，按条款规定主要责任免赔率为 15%、次要责任免赔率为 5%，则甲、乙两车能获得多少保险赔款？

解析：甲、乙两车的赔款理算如下：

（1）交强险赔偿。

作为甲车第三者的乙车损失为 3 500 元，大于交强险中财产损失赔偿限额的 2 000 元，所以保险公司应赔偿甲车 2 000 元。

作为乙车第三者的甲车损失为 5 000 元，大于交强险中财产损失赔偿限额的 2 000 元，所以保险公司应赔偿乙车 2 000 元。

（2）商业车险。

甲车车损赔偿 =（实际损失 − 交强险赔付金额）× 事故责任比例 ×（1 − 免赔率之和）
= （5 000 − 2 000）× 70% ×（1 − 15%）= 1 785（元）

甲车三者险赔偿 =（三者损失金额 − 交强险赔付金额）× 事故责任比例 ×（1 − 免赔率之和）
= （3 500 − 2 000）× 70% ×（1 − 15%）= 892. 5（元）

乙车车损赔偿 =（实际损失 − 交强险赔付金额）× 事故责任比例 ×（1 − 免赔率之和）
= （3 500 − 2 000）× 30% ×（1 − 5%）= 427. 5（元）

乙车三者险赔偿 =（三者损失金额 − 交强险赔付金额）× 事故责任比例 ×（1 − 免赔率之和）
= （5 000 − 2 000）× 30% ×（1 − 5%）= 855（元）

（3）甲车赔款理算总额 = 2 000 + 1 785 + 892. 5 = 4 677. 5（元）

（4）乙车赔款理算总额 = 2 000 + 427. 5 + 855 = 3 282. 5（元）

案例 6-3：交强险赔款计算

有甲乙两车，甲车为载货汽车，乙车为小型载客汽车，在道路上发生交通事故，双方负事故的同等责任。该事故致使一名骑自行车的人（丙）受伤，并造成路产管理人（丁）遭受损失。交通事故各参与方的损失分别为：甲车车辆损失 3 000 元，车上货物损失 5 000 元；乙车车辆损失 1 万元，乙车车上人员重伤一名，造成残疾，花费医药费 2 万元，残疾赔偿金 5 万元；骑自行车的人（丙）经抢救无效死亡，医疗费用 3 万元，死亡赔偿金 10 万元，精神损害抚慰金 2 万元；路产管理人（丁）损失 5 000 元。甲乙两车均承保了交强险，财产损失、医疗费用、死亡伤残各赔偿限额分别为 2 000 元、8 000 元、5 万元；甲乙车都投保了商业机动车保险，甲车投保险别分别为车辆损失险、第三者责任险、车上货物责任险、不计免赔险；乙车投保险别分别为车辆损失险、第三者责任险、车上人员责任险、不计免赔险。现计算甲乙两车的交强险赔款。

解析：本案例较案例 6-2 略为复杂些，解析如下：

1. 甲车

（1）财产损失赔偿金额。

受损财产核定金额＝乙车辆损失金额+路产损失/2

＝10 000+5 000/2＝12 500（元）>2 000 元

财产损失赔偿金额＝2 000（元）

其中：

乙车辆得到的赔偿＝10 000/（10 000+2 500）×2 000＝1 600（元）

路产管理人得到的赔偿＝2 500/（10 000+2 500）×2 000＝400（元）

说明：路产损失属于非机动车的损失，应由交通事故所有机动车参与方共同分摊，所以本案例甲车分摊到 2 500 元。计算出乙车和路产管理人分别得到的赔偿金额，便于进行后续的商业险理算。

（2）医疗费用赔偿金额。

医疗费用核定损失金额＝20 000+30 000/2＝35 000（元）>8 000 元

医疗费用赔偿金额＝8 000（元）

其中：

乙车人员得到的赔偿＝20 000/（20 000+15 000）×8 000＝4 571（元）

骑自行车人得到的赔偿＝15 000/（20 000+15 000）×8 000＝3 429（元）

（3）死亡伤残费用赔偿金额。

死亡伤残费用核定损失金额＝50 000+120 000/2＝110 000（元）>50 000 元

死亡伤残费用赔偿金额＝50 000（元）

其中：

乙车人员得到的赔偿＝50 000/（50 000+60 000）×50 000＝22 727（元）

骑自行车人得到的赔偿＝60 000/（50 000+60 000）×50 000＝27 273（元）

甲车交强险总赔偿金额＝2 000+8 000+50 000＝60 000（元）

2. 乙车

（1）财产损失赔偿金额。

受损财产核定损失金额＝3 000+5 000+5 000/2＝10 500（元）>2 000 元

财产损失赔偿金额＝2 000（元）

其中：

甲车得到的赔偿＝（3 000+5 000）/（3 000+5 000+2 500）×2 000＝1 524（元）

路产管理人得到赔偿＝2 500/（3 000+5 000+2 500）×2 000＝476（元）

（2）医疗费用赔偿金额。

医疗费用核定损失金额＝30 000/2＝15 000（元）>8 000 元

医疗费用赔偿金额＝8 000（元）

骑自行车人得到的赔偿＝8 000（元）

（3）死亡伤残赔偿金额。

死亡伤残核定损失金额＝（100 000+20 000）/2＝60 000（元）>50 000 元

死亡伤残赔偿金额＝50 000（元）

骑自行车人得到的赔偿＝50 000（元）

乙车交强险总赔偿金额＝2 000+6 000+50 000＝60 000（元）

实际上，交强险的赔款计算，只要计算出实际赔偿金额就完成了。但是，存在多个受害人和事故各方还投保了商业保险的情况下，就必须将各方得到的赔偿分别计算出来，以利于赔款支付和商业保险的赔款计算。在本案例中，事故各方分项得到的交强险赔偿金额如下：

甲车得到的财产损失赔偿为 1 524 元，其中：

赔偿车辆＝3 000/（3 000+5 000）×1 524＝571. 50（元）

赔偿货物＝5 000/（3 000+5 000）×1 524＝952. 50（元）

乙车得到的车辆损失赔偿为 1 600 元，医疗费用赔偿为 4 571 元，死亡伤残赔偿为 22 727 元。

骑自行车人得到的医疗费用赔偿＝3 429+8 000＝11 429 元，死亡伤残赔偿＝27 273 +50 000＝77 273 元，全部用于赔偿其死亡赔偿金。

路产管理人得到的路产损失赔偿＝400+476＝876 元。

案例 6-4：“一次性结案赔偿协议”是否有效存争议

2012 年 6 月 26 日，王某驾驶客车行驶中侧翻，造成客车乘员郭某死亡、乘员李某、韩某、于某等 21 人受伤。该事故经交警认定王某承担事故的全部责任。随后，王某赔偿乘员各项损失 73 万元。肇事客车曾在 A 保险公司投保道路客运承运人责任保险，事故发生于保险期间。2013 年 5 月，A 保险公司扣除相关免赔事项后支付王某保险理赔金 56 万元，并在赔款收据上载明“双方就本次事故一次性结案，不存在二次增加赔偿项目或追偿的争议，本次赔偿是此次事故车上成员责任险的最终赔偿”，并要求王某在该赔付收据上签名确认。2013 年 8 月，客车乘车人李某、韩某、于某等 5 人就二次治疗费和伤残赔偿金等损失再次向法院提起诉讼，法院判决王某赔偿 5 人各项损失共计 28 万元。王某履行完赔付义务后，再次向 A 保险公司申请理赔，保险公司以履行完保险赔偿义务，并已签订“一次性结案赔偿协议”为由拒赔。王某遂诉至法院，要求保险公司赔偿其损失 28 万元。

关于保险公司与王某签订的“一次性结案赔偿协议”的效力存在以下两种不同的观点：

第一种观点认为，王某在第一次理赔时与保险公司签订了“一次性结案赔偿协议”，确认“本次赔偿是此次事故的最终赔偿”，李某作为完全民事行为能力人，其签订此协议是对再次理赔权利的放弃。

第二种观点认为，保险公司的“一次性结案赔偿协议”排除了被保险人的索赔请求权，原则上应当归于无效。

解析：笔者倾向于第二种观点，理由如下：

其一，从保险理赔的基本原理分析。保险理赔有“期内发生式”和“期内索赔式”两种索赔方式，道路客运承运人责任保险采取的是“期内发生式”，其基本涵义是以事故发生在保险期限之内，作为保险人承担责任的基础，即只要保险事故发生在保险期限内，保险人就根据相关保险法律规定和保险合同约定来履行赔偿责任，而不管受害人是否在保险有效期内提出索赔。本案中，投保人再次理赔的事项是同一次保险事故的后续费用，仍属于保险公司的承保责任范围，保险公司应当赔付。

其二，从被保险人的保险索赔权分析。在保险合同中，被保险人最基本的权利就是索赔请求权。我国《保险法》第二十三条规定：“任何单位和个人不得非法干预保险人履行赔偿或者给付保险金的义务，也不得限制被保险人或者受益人取得保险金的权利。”本案中，保险人在赔款收据上载明的“一次性结案赔偿协议”的内容不仅严重违反了公平原则，而且排除了被保险人的再次索赔请求权，从法律上而言应属于无效约定。

其三，从双方的认知能力分析。只要当事人具有完全民事行为能力，经过平等协商自愿达成赔偿协议，并且该协议不违反法律、法规的强制性规定、不损害公共利益的，便具有法律约束力。但是就保险赔偿协议而言，保险公司作为专业的理赔机构对已经发生或将来可能发生的理赔项目有非常明确的认知，而被保险人则缺乏相关的认知程度和职业技能。因此，如果被保险人在向保险公司理赔时，双方已将受害方可能出现残疾因素及后续治疗的内容考虑在内并就今后问题也一并解决的，或者保险公司向被保险人明确说明和告知了后续可能发生的理赔项目，被保险人表示明确放弃后续赔偿要求，被保险人就不能再重新要求赔偿。然而本案中的保险公司无法证实履行说明告知义务，且后续费用数额巨大，第一次赔偿未涉及后续赔偿问题。因此，本案“一次性结案赔偿协议”应属无效。

案例 6-5：车主私自挪动车辆，保险可否免全赔责

杨先生的车在快速路上发生事故后，他将车辆启动后挪至辅路，结果保险公司因此拒赔发动机损坏赔偿。为获理赔，投保人杨先生将保险公司告上法庭。近日，北京市第二中级人民法院终审判决驳回杨先生上诉，维持一审法院驳回其起诉的判决。

杨先生驾驶车辆在行驶中为躲避行人撞上马路牙子，致使车辆严重受损，后其向保险公司提出理赔。经检验车辆底盘受损修理费用 9 784 元，发动机受损修理费用 4 685 元。保险公司认为车撞上马路牙子只是底盘受损，当时杨先生在底盘受损、漏油的情况下启动汽车驶入辅路，才使发动机发生严重损坏。根据保险条款规定，遭受损失后，未经必要修理继续使用保险车辆，致使损失扩大部分保险公司不予赔偿，故保险公司对发动机损坏部分其不予赔偿。

后杨先生起诉至一审法院，要求保险公司对发动机损坏部分予以赔偿。

一审法院经审理判决后，杨先生不服，以当时事故地点位于快速路上，来往车辆很多、速度极快，其启动车辆只是为将车从主路移到辅路，并不是保险条款所称的“继续使用车辆”，保险公司不应免赔为由上诉到北京市第二中级人民法院。

北京市第二中级人民法院经审理认为，杨先生在车底盘受损、发动机缺油情况下启动汽车，从主路开到辅路，该行为虽不是继续使用车辆，但在车辆已受损的情况下采取该方法，并不是保险合同约定的“合理、必要的施救措施”，其应及时报警并采用其他方法将车拖走。杨先生采取措施不当，使车辆遭受更大损害，应由其自行承担责任。据此，做出上述判决。

解析：此案提醒驾驶人员，在不熟悉车辆构造情况下，发生事故后不要擅自发动车辆，应注意保护现场，同时及时报警并与保险公司联系，否则因擅自启动车辆造成的损失保险公司可不予赔偿。

案例 6-6：二次修车难理赔

“我也想汽车完全修复，但事实上当地修理厂没修好，于是我就回上海 4S 店重新修车，那么这笔修理费也应该计入事故理赔款范畴，可保险公司偏偏不肯理赔。”徐先生报怨道。原来徐先生驾车去江苏旅游时，汽车不幸撞到路边护栏，当地保险公司定损查勘后，他就去附近修理厂修车，可他总觉得汽车没有完全修好，制动方面有些迟钝。于是徐先生返沪后又前往 4S 店进行汽车检查养护，再更换几个零部件。可当他索赔时，保险公司却告知他只能按原先定损单与外地修车发票给予理赔，上海 4S 店的汽车二次检修费则不予理赔，但徐先生认为上海 4S 的修车费是由于第一次维修存在着某些漏洞，同样属于汽车事故损失的修车款，保险公司理应理赔。

解析：定损单的维修价格是保险公司根据汽车完全修好所需要支付的维修费用，除非在汽车维修时发现新的零部件故障，需要重新定损，否则定损单的维修价就作为保险公司需要给予车主的理赔款依据。徐先生自行选择当地修理厂，属于车主自身行为，至于这家修理厂是否将汽车完全修好，与保险公司实际理赔无关。徐先生在外地修车没效果，若回到当地修理厂返修的确路途很遥远，选择在上海 4S 店二次修车是情有可原的。但是这不能作为理赔的依据，因为保险公司只能对汽车修复所需费用做出理赔，而未完全修好汽车所导致的修理费增加，属于徐先生与那家修理厂的纠纷，与保险公司给付理赔没有关联性。

同时，徐先生二次返修时所更换的零部件未能经过定损员查勘，无法证实这些零部件或是由于自然老化而需要更换，或是汽车出险后不小心留下的维修漏洞，保险公司也难以理赔。其实车辆异地出险，车主不妨要求当地定损人员推荐一些修理水平高、且与保险公司有合作协议的修理厂家，如果修车过程中发现新故障，便于保险公司及时重新定损，避免修理费用争议。即使车主觉得汽车未能完全修复，也能及时告知当地保险公司，作为协商解决二次修车的理赔依据。

案例 6-7：拖车施救酌情理赔

“明明是汽车施救行为，可保险公司却以施救手法不当为由而拒绝理赔，这不公平，我们施救也是为了减少事故损失，替保险公司省钱，保险公司也不能因此赖掉施救理赔款。”黄先生讲起了事故发生的经历。原来黄先生所参加的车友会组织自驾游，可在一条山路上一辆汽车却抛锚了，当时山路很陡，大家都生怕这辆车可能会倾覆，只能采取“车拖车”的方法，想把这辆故障车脱离险境。最终故障车被拖运到安全地带，但由于山路有斜坡，拖运汽车相互碰撞受损。当保险公司认定私车拖运故障车属于不合理拖运而不予理赔时，黄先生反问：“如果把那辆故障车留在山路原地，就可能导致汽车倾覆，当时一条车轮已经陷入山脚了，那时保险公司就要赔整车损失。现在我们虽然施救不合理，但当时这是唯一的减少事故损失方法，保险公司至少该酌情理赔。”

解析：通常情况下，汽车出险后应当及时报案，等保险公司人员到现场查勘，但如果情况特殊，如本案中因为当汽车在山脚斜坡上出险抛锚，假如不及时拖运施救，汽车可能自然向下滑动，导致更严重的车损。此时车主及时采取私车拖运，尽管通常情况下这种方法不够合理，但保险公司会根据实际情况判定这是否属于减少汽车损失的唯一施救行为，并决定是否承担受损车辆采取施救措施所支出的合理费用，即便车辆在施救过程中再次遭受损失，保险公司也将适当给予理赔。

通常当汽车在斜坡上出险抛锚时，车主可以先在轮胎处垫块石头，暂时阻止汽车在斜坡上自然滑动，及时拨打保险公司的服务热线，说明事故发生状况，要求保险公司派专业拖运车辆尽快赶到出险现场给予施救，这才是最正确的施救方法。如果故障汽车必须通过私车拖运才能脱离险境，车主应及时用相机拍下现场状况，作为私车拖运的理赔依据。

案例 6-8：“盗抢险”：车内物品丢失保险公司不赔

2013 年 10 月初，市民周先生的桑塔纳轿车被小偷撬开了车门，放在车里的 8 万元现金被偷走。随后，周先生以投保了盗抢险为由向保险公司索赔。谁知却换来两个字：拒赔！

解析：保险公司之所以拒赔，理由是车内物品被盗不在车辆盗抢险赔偿的范围内。根据保险合同规定，盗抢险的保险责任一般包括两项：一是保险车辆（含投保的挂车）全车被盗窃、被抢劫、被抢夺，经县级以上公安刑侦部门立案证实，满 3 个月未查明下落；二是保险车辆全车被盗窃、被抢劫、被抢夺后受到损坏或车上零部件、附属设备丢失需要修复的合理费用。与此相对应的是，诸如“非全车遭盗抢，仅车上零部件或附属设备被盗窃”等情形都是属于盗抢险的责任免除事项，是不予赔偿的。因此，所谓盗抢险承保的范围其实仅是车辆本身，像现金、电脑等经常被放置在车内的物品，现在保险公司多数都不予承保。

案例 6-9：收费停车场车辆被划，保险公司不赔应找谁？

拿了驾照已有一年时间但还没怎么开过车的张先生买了一辆高尔夫轿车。每天下班他都把车停在小区的停车场里，而他每个月也要向物业交纳 300 多元停车费。2012 年 10 月，张先生一早去上班时，发现自己的车上出现了两道深深的划痕。由于张先生是新手，所以给车上的是全险，车辆被划后，他向保险公司报案并要求理赔。但保险公司的答复是：凡是在收费停车场中被划或者丢失的车辆，保险公司不能理赔。本来以为上了保险，又给爱车买了车位，这样有了双保险，就不会有任何问题了。但保险公司给出了理由也让张先生觉得难以理解，难道车险理赔也是有条件的么？

解析：按照保险公司的规定，凡是车辆在收费停车场或营业性修理厂中被盗或者是出现损伤，保险公司一概不负责赔偿。因为上述场所对车辆有保管的责任，在保管期间，因保管人保管不善造成车辆损毁、丢失的，保管人应承担责任，保险公司不负责赔偿。因此，无论是车被划了，还是丢了，保险公司一概不承担赔偿责任，张先生只能找停车场索赔。而车主停车时一定要保管好停车费收据，作为理赔的证据。事实上，保险公司的这一规定是不合理的，是单方面的免除自己责任的规定。当收费停车场没有能力赔偿时，车主则不得不自己承担损失，这往往会促使车主报案时隐瞒在停车场遭受损害的事实。当保险公司赔偿这一损失后，依据代位权原则，保险公司还可以向停车场追索。

第七章　汽车保险理赔欺诈的识别与防范

2014 年 5 月，中国保监会发布《关于进一步做好车险反欺诈工作的通知》。通知中指出，当前车险业务已占财产险公司业务的 70%，但车险领域的违法犯罪活动也日益频繁，且呈现团伙化、专业化和职业化等特征，已成为保险犯罪的高发区。开展车险反欺诈工作，对于保护保险消费者的合法权益、严厉打击保险欺诈犯罪、规范车险市场秩序、促进车险市场健康发展具有十分重要的意义。为此，要求各保监局、中国保险行业协会、中国保险学会、各财产保险公司应高度重视，充分认识车险反欺诈工作的重要意义；突出重点，严厉打击车险领域欺诈行为；健全机制，加强反欺诈的行业协作；提升技术，推动车险欺诈信息共享；积极探索，认真总结车险反欺诈的经验做法。本章由四部分组成：一是汽车保险理赔欺诈概述；二是汽车保险理赔欺诈的表现形式；三是汽车保险理赔欺诈的成因分析；四是汽车保险理赔欺诈的防范措施。

第一节　汽车保险理赔欺诈概述

何谓汽车保险理赔欺诈？汽车保险理赔欺诈具有怎样的特征？我国汽车保险理赔欺诈的现状怎样？国外是如何防范汽车保险理赔欺诈的？这些内容是我们学习汽车保险理赔欺诈的识别与防范首先要掌握的。

一、汽车保险理赔欺诈的内涵与特征

（一）汽车保险理赔欺诈的内涵

保险欺诈是指投保人、被保险人或受益人以骗取保险金为目的，以虚构保险标的，编造保险事故或保险事故发生原因，夸大损失程度等手段，致使保险人陷于错误认识而向其支付保险金的行为。汽车保险欺诈，又称为汽车保险理赔欺诈，是指汽车投保人、被保险人以骗取保险金为目的，利用汽车编造保险事故或夸大损失程度，致使保险人陷于错误认识而向其支付保险金的行为，或汽车投保人、被保险人、修理人与保险公司工作人员勾结，骗取汽车保险金的行为。我国至今还没有出台专门的反保险欺诈法律和法规，只是根据《中华人民共和国刑法》第一百九十八条的规定，诈骗保险活动，数额较大的，构成保险诈骗罪。《最高人民法院关于审理诈骗案件具体应用法律的若干问题的解释》中明确指出，个人进行保险诈骗数额在 1 万元以上的或单位进行

保险诈骗数额在5万元以上的属于数额较大。对于骗取数额较小、情节轻微、危害不大的汽车保险诈骗行为，可按一般的违反《保险法》的规定处理。

(二) 汽车保险理赔欺诈的特征

汽车保险理赔欺诈具有以下几个特征：

1. 汽车保险理赔欺诈具有一定程度的广泛性

随着汽车保有量的不断增多，汽车事故的发生率不断增加，由此导致的汽车损失和人员损害，投保人和被保险人总是希望保险公司给予赔偿，且给予尽可能多的赔偿。基于这种心理，再加上整个社会诚信程度不高，个人及单位诚信制度尚未建立，汽车保险欺诈理赔具有一定程度的广泛性。

2. 汽车保险理赔欺诈具有一定程度的隐蔽性

汽车保险理赔欺诈的主要目的是骗取保险金，而骗取保险金所采用的主要手段一般都披上了合法的外衣，具备了完整的资料，形式上均是按照投保和理赔的流程进行的，甚至有的理赔还得到了修理人员或保险公司工作人员的关照。因此，汽车保险欺诈具有一定程度的隐蔽性。

3. 汽车保险理赔欺诈具有一定程度的复杂性

汽车保险欺诈的复杂性主要体现在两个方面：一是表现形式多样，在投保及理赔的各个环节都有可能出现欺诈的情形；二是导致欺诈的原因是多样的，既有投保人、被保险人、修理厂、保险人的原因，也有法律法规不够完善的原因，还有社会舆论、监督、导向及征信制度没有完全建立等诸多原因。

4. 汽车保险理赔欺诈具有一定程度的危害性

汽车保险理赔欺诈是骗取保险人保险金的行为，这一行为严重损害了保险公司的合法权益，也是对其他守法投保人、被保险人权益保障的降低，同时扰乱了我国保险市场经济秩序，阻碍了保险行业的健康发展，具有一定程度的危害性。鉴于此，对于保险欺诈的相关责任人应视骗保数额、欺诈情节、造成后果等因素，分别承担相应的民事责任、行政责任和刑事责任。

二、我国汽车保险理赔欺诈的现状

研究表明，车险赔付率只有控制在60%以内，保险公司的经营才能保本或盈利。然而，实际上目前我国的车险业务的现状是出现大面积的亏损，部分省份的车险综合赔付率竟高达73%。导致车险赔付率高的主要原因之一是汽车保险理赔中的欺诈等非正常因素导致赔付成本较高。据不完全统计，近几年，我国每年汽车保险理赔欺诈金额约占整个理赔金额的20%左右。归纳起来，我国汽车保险理赔欺诈的现状具有以下几个特点：一是与其他保险诈骗相比，车险骗赔具有金额小、数量多、随机性大的特征。二是具有较强隐蔽性，较难被发现，其外在表现往往是符合流程和相关规定的。三是导致保险欺诈和骗赔的原因较为复杂，既有保险公司内部原因，如车险经营管理模式粗放，内部控制不严，赔案信息不畅，反欺诈制度不完善等；又有外部原因，如国家法律法规对汽车保险理赔欺诈规定的处罚力度不够，使得汽车保险理赔欺诈的违法成本不高，一些被保险人及汽车修理企业存在道德风险，将本不属于保险责任的采用欺诈手段骗取赔偿等。四是汽车保险理赔欺诈的表现形式多样。五是一些汽车保险理赔欺诈主要是由第三方导致的，如因“碰瓷”产生的理赔。当前，“碰瓷”的事件发生较为频繁，由“碰瓷”导致的汽车保险理赔金额不断增加。

三、国外防范汽车保险理赔欺诈的措施简介

从 20 世纪中叶开始，以美国为代表的发达国家开始大力打击保险欺诈。其思路大体可以概括为立法先行、政府推动、公司为主、行业联合、部门合作、社会参与、共同治理。

（一）制定和完善法律法规，实现反保险欺诈法治化

在美国，保险欺诈是严重的犯罪行为，立法机构通过《反保险欺诈法》《保险欺诈局法》《车险承保前检查法》《特别调查科法》等众多法案打击保险欺诈行为。这些法案对欺诈警示语、强制报告义务、特别调查科、承保前的车辆检查等事项进行了强制性规定，对从事正常反保险欺诈的保险人给予民事法律责任豁免。在韩国，刑法规定“故意导致保险事故，事故发生后投保，夸大收入及伤残情况，替换驾驶员及车辆”和“事后放置被害者及被害物，为骗取赔款进行长期治疗，虚报治疗费用、零部件，虚报夸大备品使用情况及修理费，伪装不明事故”的犯罪行为都认定为欺诈罪，即保险欺诈处罚适用于欺诈罪。

（二）政府制定具体政策，对反保险欺诈工作进行指导

美国要求大多数保险公司必须建立一个内设部门——特别调查科，作为反保险欺诈的常设机构，专门从事对可疑案件的调查，为公司其他部门员工进行反欺诈培训。在保险监管机构内设立反保险欺诈局，在州政府所在地设立总部，在一些城市设立分部，负责指导各保险公司反欺诈工作、调查重大欺诈案件、教育消费者等，并将涉嫌犯罪的欺诈案件移送检察机关进行审查起诉。韩国在行政部的金融监督院内设有保险调查室，负责鉴定保险机构的保险犯罪预防状态、引导各公司强化特别调查功能和改善法律环境；在警察厅内设调查局智能犯罪科，各地方警察厅及警察署设调查组和机动调查队，除日常对保险犯罪进行调查外，每年计划性组织专项调查 1~2 次。

（三）保险公司发挥反保险欺诈的主体作用，实现工作常规化

在美国，反保险欺诈已经成为保险公司的一种经营文化，是风险管理的重要内容、内部控制制度的重要组成部分，也是保险公司加强客户关系管理、履行社会责任的一项重要措施。英国保险公司内部设立了反保险欺诈部门，建立了基于心理学的保险欺诈计算机监视系统，识别保险欺诈索赔，检查文件的有效性，采用重置赔偿方法抑制保险欺诈行为。

（四）保险行业内部加强联合，实现资源共享

日本设立了非寿险犯罪预防委员会，由警署和非寿险公司代表组成，其分支机构遍及 47 个主要大中型城市和广大农村地区，主要作用是促进城市之间、地区之间及城区之间有关反保险欺诈的信息交换，协助警署对犯罪活动进行调查取证。美国建立了反保险欺诈联盟，由消费者组织、保险公司、执法部门等组成，主要工作是推动有关反欺诈立法，对公众进行反欺诈教育，对行业欺诈数据进行储存、信息交换等。英国

建立了保险人联合会，通过设立反保险欺诈热线、协调保险人和警方联系、组织和管理各种反保险欺诈的数据库和软件等方式推动反保险欺诈工作。韩国的财产险保险协会建立了“黑名单”搜查系统，定期制作保险犯罪嫌疑犯及关系人的事故详情表，供行业查阅。

（五）部门之间加强合作，实现共同监管

英国保险人联合会下设反保险欺诈与犯罪局，作为保险人与警方联系的纽带，要求配备专门警力，加大保险欺诈打击力度；在案件侦查过程中，协助警方调查，向警方提供相关专业知识，加快案件处理进程。日本的非寿险协会与警署定期举行会议，配合对犯罪活动进行调查取证，交流防范保险欺诈的经验教训。

（六）深入宣传教育，营造良好的反保险欺诈氛围

英国通过反保险欺诈热线引导公众积极参与反保险欺诈，对于提供真实有效信息的举报给予一定的物质奖励；引入市场机制，由商务调查公司开展专门调查。美国保险公司经常面向保户、潜在投保人、内部员工等开展多样化的预防性宣传教育活动，向客户传递诸如保险欺诈是犯罪、公众是保险欺诈的最终受害者等观念，从源头上堵住可能出现的各类欺诈活动。通过教育，公众会自觉抵制保险欺诈，也会向保险公司、监管机构提供有关保险欺诈案件的线索和信息。

第二节　汽车保险理赔欺诈的表现形式

汽车保险理赔欺诈的表现形式是多样的，概括起来主要有以下几种：

一、虚假告知，违背诚信

根据保险经营的最大诚信原则，如实告知是投保人必须履行的义务。这一范畴包括与保险标的有关的所有有利与不利的事实，以便保险人确定是否承保和保费与保险金额的高低。但是一些投保人出于某种目的或在较低的缴费水平上获得较高的保障程度，往往采取虚报，“漏”报或“错”报等手段提供假的证明资料欺诈保险人。虚假告知的行为包括投保时虚假告知、变更时虚假告知、出险后虚假告知、理赔时虚假告知等几种情形。

二、出险在先，投保在后

该种情形是指汽车出险时尚未投保，出险后才予以投保，然后伪装成在合同期内出的险，以达到获取汽车保险赔款的目的。其具体操作方法通常有两种：一是倒签单投保日期。通常表现为投保人利用特殊关系，与保险公司业务人员内外串通，补办虚假日期的保险合同。二是更改出险日期。通常表现为与鉴定人员合谋，将出险日期往后更改，这种保险骗赔行为的特点是出险时间与保险起保日或终止日较为接近，通过对出险日期的更改使得原本不能理赔的得到理赔，或得到更多的理赔。

三、改变用途，出险索赔

该种情形是指当汽车用途改变后，往往增加了风险，但没有及时通知保险人办理批改手续，也没有补交保费。如汽车起初是按照非营运属性投保的，但在经过一段时间之后，却改变了汽车的用途，开始从事营运工作，在运营过程中发生保险事故后，谎称是从事非营运导致的，向保险公司索赔。

四、无中生有，谎报出险

该种情形是指投保人、被保险人或受益人在保险期限内对并未发生的损失向保险公司提出索赔的行为。被保险人通过“制造”虚假事故、更换报废零部件、单方事故后再重新伪造双方事故，将本不属于保险索赔范围事后制造事故骗取修理费等手段实施欺诈。

五、报案不实，夸大损失

该种情形是指出险车辆的实际损失较小，但被保险人却故意夸大损失程度或损失项目，或扩大损失，骗取保险赔款的行为。夸大损失是指保险标的发生保险事故后，被保险人制造伪证，虚报损失。有些被保险人为了获得保险人的赔偿，不惜故意制造单方面责任的交通事故，如将车故意撞到电线杆、桥栏、树木等，造成车辆损坏而向保险公司索赔，这类案件较多集中在夜间或在较难取证的地方发生，这类故意单方肇事由于没有相关证人，保险公司赔案调查时有一定的难度。甚至有的被保险人是因为本来车辆就有些小问题需要维修，故意制造单方事故损坏车辆，让保险公司一并“买单”支付其所有需要维修的费用。

六、二次撞击，扩大损失

该种情形是指保险事故发生后，投保人或被保险人为了获得更多的保险赔偿，放任损失的继续扩大，甚至故意扩大标的的损失程度，导致一些本来可以制止的事件发生，如发生火灾不进行抢救、发现盗窃不及时报警等。

七、移花接木，以假乱真

该种情形的具体表现如下：一是套用保险车辆号牌。保险标的应该是唯一的、特定的，实践中有的骗赔者为了骗取保险赔偿金，常用另外投保车辆予以顶替。当未投保车辆肇事后，将其换上已投保车辆号牌，再向交警部门和保险人报案，一车投保，多车受益。二是把除外责任事故伪造成保险责任内的事故。机动车辆保险条款规定了多项除外责任，当被保险车辆肇事是因除外责任引起时，投保人会想方设法，不择手段，将其“转化”为保险责任范围内的损失。例如，无证或酒后驾车人员出险后由他人顶替报案；未投保自燃险的车辆发生火灾后伪造火灾起因；车辆撞伤被保险人家庭成员则虚报为非家庭成员等。三是故意混淆事故责任比率，改变保险公司承担事故责任的比率。四是正常维修的车辆，被换上损坏了的旧件，假冒原车损坏件向保险公司索赔。

八、一次事故，重复索赔

该种情形是指一次事故出险后重复多次向保险人索赔。一辆投保车辆多次出险，一个出车祸“被撞死”的人多次“死而复活”的现象在机动车辆保险赔案中时有发生。在一次事故中，先由事故责任者给予赔偿，然后再向保险公司索赔，也属于重复索赔的情形。

九、顶替他人，冒充索赔

该种情形是指汽车出险后，造成了财产损失或人身伤亡。由于某些原因，被保险人没有资格向保险公司索赔，但在索赔时，却隐瞒了这些真实的原因，而是改换成为了有资格索取赔款的人，以骗取保险公司赔付的行为。

十、内外勾结，骗取保险金

该种情形是指保险从业人员和被保险人之间、投保人及其代理人（汽车修理厂）与一些社会相关部门之间相互勾结起来，伪造证据，伪造理赔证明资料，以骗取保险赔款的行为。行骗者通常以技术手段伪造交警事故处理证明，或疏通有关部门伪造证明，从而获取保险赔偿金。例如，北京市曾破获一个专业车险诈骗团伙，共诈骗保险200多起，涉及8家保险公司，诈骗总金额300余万元。在这个专业车险诈骗团伙中有的是保险公司内部的从业人员，有的是汽车修理厂的工作人员。投保人和这些相关人员串通一气，共同实施系列的保险骗赔行为。

十一、肇事逃逸，事后索赔

该种情形是指交通事故发生后，当事人明知自己发生了交通事故，但由于属于保险免责事由，或为逃避事故责任，故意逃离事故现场，事后再向公安机关报案或投案自首的一种违法行为。例如，某驾驶人醉酒驾驶，将他人撞伤，由于知晓醉酒驾驶不仅保险公司不予赔偿，且要承担相应的刑事责任，于是逃逸，并于第二天主动向公安机关投案并向保险公司报案，该驾驶人隐瞒醉酒驾驶，向保险公司提出索赔。

此外，需加以说明的是，以上十一种情形并非汽车保险理赔欺诈表现形式的全部，有些表现形式，如一险多投，在出险后向两个及以上保险公司进行索赔；出现“碰瓷”，“碰瓷”损失由保险公司承担等均是汽车保险理赔欺诈的表现形式。对汽车保险理赔欺诈表现形式的把握，不仅是对保险公司防范汽车保险理赔欺诈的提示，更是社会建立和完善诚信体系的必然要求。诚信需法制保障，更需人们自觉遵循。

第三节　汽车保险理赔欺诈的成因分析

导致汽车保险理赔欺诈的原因也是多方面的，归纳起来主要有以下三个方面：

一、投保人和被保险人的原因

就汽车保险理赔欺诈的目的而言，大致可以分成以下两种情形：

第一，弥补损失。这一损失本不应当由保险人承担，然而为弥补投保人、被保险人及肇事者损失，通过诈骗行为使保险人承担这一损失。

第二，骗取利益。这主要是指投保人、被保险人、第三人通过汽车保险理赔骗取利益，其本身没有损失或骗取超过实际损失的利益。无论哪种情形均构成了投保人、被保险人进行汽车保险理赔欺诈的内因。此外，就投保人和被保险人而言，对汽车保险的某些错误认识也是导致欺诈的原因，如认为进行了汽车投保，则无论出现何种事故，保险公司均需理赔，交纳保费，出现事故找保险公司索赔是应当的，保险公司不赔或不完全赔，则“吃亏”了；汽车保险合同是格式合同，条款都是保险公司制定的，本身对投保人和被保险人就不利，出现事故，钻其空子，获取赔偿也不是什么大事。经初步调查，持有这些错误认识的人并不在少数。

二、保险公司的原因

就保险公司而言，导致汽车保险理赔欺诈发生主要有以下几方面的原因：

第一，保险公司内部管理机制不完善。一些保险公司在保险理赔流程上缺乏相应的制度，或者虽然有制度但不够完善或没有按照制度执行，也缺乏监管，甚至出现个别汽车保险理赔案件一人查勘、一人定损、一人核赔、一人查案的情形。

第二，保险公司人员素质不高，没有认真审核把关，甚至出现与他人相勾结，骗取保险金行为。一些保险公司在承保时不对机动车辆保险的投保业务做认真审核，甚至对投保车辆根本不进行检查验车，轻信投保人的表述，而核保人员又没有按流程核保，或虽核保，却并不认真，没有发现其中的错误和漏洞。少数保险现场查勘人员、定损人员、理赔人员为了满足个人私利，与第三人相互勾结，共同骗取额外保险金，从中取利，不仅违反保险公司内部规定，还可能构成违法犯罪，要承担相应的法律责任。

第三，缺乏对事故原因的分析。保险公司的不少工作人员过于重视汽车保险理赔中的形式内容，对导致保险事故发生的原因缺乏分析。事实上，保险公司对代位权的行使力度不够，效果不佳，有些事故究其原因应当是由汽车厂家承担的，在保险公司理赔后没有向汽车生产厂家行使代位权，从而增加了赔付率。

第四，没有建立相应的反欺诈制度。对出现的欺诈行为缺乏处理措施，各保险公司间缺乏信息共享，对欺诈人没有提高其再次投保的费用。

第五，没有将汽车保险理赔与汽车鉴定评估相分离。汽车保险公司同时承担着查勘、定损、鉴定的职能，缺乏相应的精力从事反欺诈调查研究。

三、社会的原因

就社会环境而言，下列原因助长了汽车保险理赔的欺诈：

（一）相应的法律法规不健全

我国至今还没有出台专门的反保险欺诈法律和法规，根据我国《刑法》第一百九十八条的规定，有下列情形之一，进行保险诈骗活动，数额较大的，处5年以下有期徒刑或者拘役，并处1万元以上10万元以下罚金；数额巨大或者有其他严重情节的，处5年以上10年以下有期徒刑，并处2万元以上20万元以下罚金；数额特别巨大或者有其他特别严重情节的，处10年以上有期徒刑，并处2万元以上20万元以下罚金或者没收财产：

（1）投保人故意虚构保险标的，骗取保险金的；

（2）投保人、被保险人或者受益人对发生的保险事故编造虚假的原因或者夸大损失的程度，骗取保险金的；

（3）投保人、被保险人或者受益人编造未曾发生的保险事故，骗取保险金的；

（4）投保人、被保险人故意造成财产损失的保险事故，骗取保险金的；

（5）投保人、受益人故意造成被保险人死亡、伤残或者疾病，骗取保险金的。

有以上（4）和（5）项所列行为，同时构成其他犯罪的，依照数罪并罚的规定处罚。单位构成保险诈骗罪的，对单位判处罚金，并对其直接负责的主管人员和其他直接责任人员，处5年以下有期徒刑或者拘役；数额巨大或者有其他严重情节的，处5年以上10年以下有期徒刑；数额特别巨大或者有其他特别严重情节的，处10年以上有期徒刑。保险事故的鉴定人、证明人、财产评估人故意提供虚假的证明文件，为他人诈骗提供条件的，以保险诈骗的共犯论处。

最高人民法院《关于审理诈骗案件具体应用法律的若干问题的解释》中明确指出，个人进行保险诈骗数额在1万元以上的，属于“数额较大”；个人进行保险诈骗数额在5万元以上的，属于“数额巨大”；个人进行保险诈骗数额在20万元以上的，属于“数额特别巨大”。单位进行保险诈骗数额在5万元以上的，属于“数额较大”；单位进行保险诈骗数额在25万元以上的，属于“数额巨大”；单位进行保险诈骗数额在100万元以上的，属于“数额特别巨大”。

与其他诈骗罪相比较，保险诈骗罪追究刑事责任的起步数额较大，如普通诈骗罪个人诈骗公私财物2 000元以上的，即属于“数额较大”，需追究刑事责任，票据诈骗、信用卡诈骗，诈骗数额在5 000元以上的，属于“数额较大”，需追究刑事责任。这些均小于保险诈骗罪的起步数额。对于骗取数额较小、情节轻微、危害不大的行为，可按一般的违反《保险法》的规定处理。由于有诈骗数额的限制，相当一部分诈骗行为不能得到有效的刑事制裁，保险公司不可能对其实施行政制裁，只能追究民事责任，通常情况是保险人追回被骗保险金而已，即使达到了追究刑事责任的数额，出于其他方面考虑，保险公司也较少对骗赔者依法提起诉讼，不少保险诈骗者没有受到罚款或依法追究刑事责任。

（二）诚信体系缺失

当前，整个社会尚未建立个人及单位的诚信体系，一些骗赔者可以通过各种途径得到车险理赔所需的证明材料，如事故证明、医疗费用证明等。这些虚假证明增加了保险公司理赔的支出。此外，社会上制假造假现象泛滥，也为一些不法分子利用假发票、假公章、假证明材料进行汽车保险欺诈大开方便之门，使得汽车保险骗赔行为屡禁不止。

（三）汽车保险制度不够完善

当前，我国汽车保险制度不够完善，主要体现在以下几个方面：

第一，汽车保险市场竞争不够充分。外资汽车保险公司在中国的经营仍受到一些限制，国内各保险公司推出的汽车保险产品大同小异，保险公司之间形成默契的垄断，缺乏竞争。

第二，汽车保险公司经营成本过高，保险公司普遍盈利不高或大部分亏损，但保险公司工作人员收入普遍较高，特别是高管人员收入更高，这两种情形的并存使得保险公司和汽车保险业务发展前景令人担忧。

第三，汽车商业保险和理赔的各项制度均由保险公司制定，对投保人、被保险人利益的考虑不够，就汽车保险合同当事人主体地位而言，并不平等，从事汽车保险业务的保险公司处于绝对的强势地位。

第四，国家和政府对汽车保险市场控制的过严，没有充分发挥市场调节的功能，对汽车保险的违法犯罪行为制裁力度不够，没有形成合力，违法成本较低，汽车保险理赔欺诈的发生较为平常。

第四节　汽车保险理赔欺诈的防范措施

针对当前我国汽车保险理赔欺诈的表现形式和产生的原因的分析，借鉴国外的一些做法，特提出如下防范措施：

一、尽快建立社会、单位及个人的诚信体系

汽车保险既是一种合同，更是一种制度，合同之履行和制度之运行必须以最大诚信为基础。汽车保险双方当事人必须遵循最大诚信原则，全面履行自己应尽的义务，互不欺骗和隐瞒。唯有如此，汽车保险才能得以规范运行。保险骗赔行为破坏了最大诚信基础，危及保险机制的运行。因此，应加强社会诚信建设，尽快建立社会、单位及个人的诚信体系。就单位及个人而言，其构成诚信体系的主体，诚信级别越高，在保险、金融、经济等民商事活动中就越具有优势。若有汽车保险理赔欺诈等违反诚信的行为，则所有市场主体均能够获取这一信息，违反诚信者将在民商事活动中受到限制或增加成本。就社会而言，需整合各主体的诚信体系，形成诚信体系网络，不仅诚信信息互通和共享，还应当向社会公布，建立动态管理更新机制。

二、不断完善相关汽车保险法律法规和制度

第一，可以考虑出台专门的反保险欺诈的法律，将反汽车保险理赔欺诈作为专门的一章进行规定。

第二，可将汽车保险理赔欺诈承担刑事责任的标准降低，与票据诈骗、信用卡诈骗追究刑事责任标准相同，即个人诈骗数额在 5 000 元以上的，就属于“数额较大”，需追究刑事责任。

第三，出台保险欺诈（含汽车保险）行政处罚法规，对违反保险法律法规，又没有构成犯罪的单位及个人进行行政处罚。

第四，出台国家宏观管理汽车保险理赔，防范汽车保险理赔欺诈的制度，充分发挥宏观管理与市场竞争的作用，规范保险市场，增强汽车保险的竞争性，惠及投保人和被保险人。

第五，各保险公司应不断完善内部制度，健全风险管控体系。探索建立和推行车险投保、索赔的反欺诈提示制度，研究建立举报奖励制度，探索建立行业内黑名单共享制度，各保险公司利用车险信息平台建立并完善车险欺诈信息数据库，强化平台反欺诈功能，探索推动行业内欺诈信息共享，各地保险行业协会应积极搭建反欺诈工作平台，及时发布案情通报和风险提示。

三、深化保险公司改革，最大限度防范汽车保险理赔欺诈

通过深化保险公司改革，不断完善保险公司经营管理机制，需做好以下几方面的工作：

（一）严把投保关

防范汽车保险理赔欺诈应当从源头做起，即从投保时就严格把关，应制定相应考核制度引导保险公司代理人及工作人员对被保险人资信情况进行核实，提高责任意识，严格执行验车承保制度。代理渠道业务流程应与核保验车流程相结合，对于老旧车型车承保严格按二手车市场价格约定最高赔偿金额，避免被保险人超额投保引发欺诈行为。杜绝为招揽或扩大业务，不对投保险人资信情况调查，不对车辆信息审核就予以投保的现象发生。

（二）严把核保关

保险关系的确立是从投保人要约申请开始的，在投保人向保险人发出要约之后，并不意味着汽车保险合同关系自然形成，必须经保险公司的承诺——核保通过，同意承保，汽车保险合同关系才能成立。保险公司通过核保可以防止投保人的逆向选择，排除经营中的道德风险，减少保险欺诈的发生，从而提高保险公司的业务质量。因此，保险公司应严格规范核保流程，对所要承保的业务严格按程序对风险进行识别、评估和筛选，有效控制责任，防范汽车保险骗赔行为的发生。

（三）严把理赔关

保险公司在进行汽车保险理赔过程中应制定完善的理赔制度，严格实行接受报案人、查勘定损人、理算人、核赔人、审批人岗位分离制度和双人查勘制度，层层把关，

相互监督。严格按审查流程进行理赔，确保理赔质量，提高理赔效率。尤其注重提高第一现场查勘率，加强赔款透明度和及时性，受理报案时对保险合同的有效期限、责任范围、事故发生原因、时间、地点尽量了解详细，对保险骗赔行为防患于未然。现场查勘过程中对事发现场进行细致查勘，了解事故发生的真实原因及经过，尽可能搜集并谨慎审核有关事故的证明材料。可借鉴国际治理保险欺诈的经验，推行了保险调查人制度，配备专职人员，负责疑难案件的调查，对重大疑难案件委托商业调查公司调查，通过制度与流程的完善，全面控制经营活动中汽车保险理赔欺诈隐患。

（四）严把培训关

保险公司应高度重视汽车保险理赔各环节工作人员的业务知识培训、工作能力培训和职业道德培训。通过培训，提高保险从业人员的素质，提高汽车保险展业人员风险评估和风险筛选的能力，要求其对隐含道德风险的投保申请进行排除或提供风险报告，提高汽车保险查勘、鉴定、定损人员的能力，要求其能够鉴别事故发生的真实原因，识别是否有欺诈行为发生。

（五）严把追责关

保险公司应建立责任追究制度，对保险代理人、查勘人员和其他的保险理赔人员进行严格的管理，一旦发现保险企业员工在汽车保险销售、勘查、估损、赔付的环节上有欺骗行为，应立即进行处理，绝不姑息，追究其责任。加大对保险公司各业务环节中相关人员的监督管理，防止保险代理人、修理人员和其他工作人员利用保险公司管理及制度上的漏洞进行汽车保险理赔诈骗行为。

四、建立全国统一的反汽车保险理赔欺诈机构

建立全国统一的反汽车保险理赔欺诈机构，有利于促进全国统一的反汽车保险理赔欺诈平台的建设，实现保险公司之间的信息共享和技术合作，也有利于准确地评估整个汽车保险业的欺诈成本，有利于有针对性的采取措施。在全国统一的反汽车保险理赔欺诈机构的领导下，协调各保险公司和汽车修理厂建立信息数据库，实施黑名单通报和共享，形成反汽车保险理赔欺诈的合力。同时，加强宣传，纠正一些错误观念，在提高公众认识水平的基础上，发挥公众的监督作用，建立全国免费反欺诈热线，建立汽车保险欺诈举报奖励和保护制度。

案例解析

案例 7-1：奥迪被“折腾”两次 骗保不成反落网

不小心将自己的奥迪轿车开到田里，车辆受损严重，需要 20 多万元修理费用，但车主陈某接下来的举动不是掏钱修车，而是换个地点请人将车推下了陡坡。原来，陈某在将车开到田里时，车辆并没有购置车辆保险。事后陈某与一修理厂老板商量后，先购买保险，然后伪造事故现场骗保。2013 年 4 月，陈某在上海花数十万元过户了一台红色奥迪轿车。同年 8 月，该车车辆保险到期，陈某当时比较忙就没去续交保险。8

月底，陈某开着这部小车与朋友由于返回长沙，由于疲劳，在一个转弯路段陈某反应不及冲到路下面去了，当时车子四轮朝天地翻在了田里。所幸的是，陈某与朋友并没有受伤。陈某请朋友将奥迪车拖到罗某开的修理店，一打听，修理费要 20 万元。这时罗某为陈某提供了一个“妙计”：“去买个保险，再制造个假的事故现场，找保险公司负责出钱算了。人保电话车险是不看车的。”同时，罗某要求陈某事成后给他提供好处费。陈某答应了罗某，当天就去中国人保交钱买了保险。11 月 10 日晚 12 点多，陈某接到罗某电话后得知“车祸现场已经做好”，陈某赶到现场后发现路边下方数米深的田里，自己的车正四轮朝上“躺”着，地面有车辆翻滚痕迹。随后，罗某告诉陈某：“交警已经来了，还打了保险公司电话。”陈某说：“11 月 19 日，保险公司疑案组的打电话给我，要我到公司去做个笔录了解情况。”原来，在 11 月 10 日晚陈某离开后，保险公司工作人员从现场一些细节发现了破绽，如现场没有刹车痕迹，安全气囊爆开时间与事发当日不符，而最不容质疑的证据是，工作人员通过现场监控，看到一部拖车拖来了一辆红色奥迪轿车。不久，罗某打电话给陈某，要陈某赶紧撤案。“我拨打了保险公司电话撤案，而他们说我的索赔额度较大，不能电话撤案，要我在 2 个工作日内到保险公司疑案处理组当面签订撤案文书。”但陈某并没去。11 月 23 日下午，陈某到奥迪 4S 店询问维修事宜时，被公安民警带走。当月，罗某落网。

解析：这是一起典型的“出险在先，投保在后”的汽车保险理赔诈骗案例，案件并不复杂，只需保险公司查勘和理赔人员认真仔细调查核对，就发现了问题，车主陈某和修理厂罗某的小聪明反而导致其要承担相应的刑事责任。好在，陈某与罗某的诈骗目的没有实现，陈某也有撤案行为，可以考虑从轻处理。

事实上，车险欺诈行为形式多样，“先出险后投保”只是其中一种。其他情形还有：发生交通事故后，车主想从保险公司获得更大额度赔偿的；已经获得赔偿，想多次索赔的；自己是某次事故的第三者，已经从事故另一方获得经济赔偿，之后又想从己方保险公司再次索赔的……这些欺诈行为的特征是：主要发生在个人身上，体现为道德风险，属于“机会型欺诈”。相比“机会型欺诈”，部分汽修厂有组织的“职业型欺诈”危害性更大。2013 年 5 月，山西保监局透露，该局联合公安部门，在太原查处了一起车险欺诈案。涉案单位为一家汽修厂，老板、员工多次重复利用自有车辆和客户车辆，通过制造虚假事故现场、虚假交通责任认定书、更换配件、扩大损失等手段，在长达 2 年时间内，制造了 100 多个虚假理赔案，疯狂敛取保险赔款 100 多万元。其中，一辆涉案机动车居然在一年之内出险 30 多次。此外，较常见的车险诈骗案还有第三方主导型，通常为车辆维修方“自导自演”假车祸，利用客户车辆故意造成车辆相撞，放任或故意扩大车辆损坏程度，向保险公司申请理赔。还有汽修厂事先将车主没有损坏或新的部件拆卸下来，用破旧或已经损坏的同型号部件替换，欺骗保险公司，待维修时，再将车主原部件换上，虚报更换部件的维修费用。事实上，车险欺诈形成的虚假赔案最终将由消费者承担。因为车险欺诈带来保险公司运营成本增加，最终将体现为保险费率的提高和赔付水平的降低。同时，利润下降会影响保险公司服务投入，理赔流程难以进一步简化，这也会导致保险服务难以让消费者满意。

案例 7-2：“离奇”保险诈骗暴露保险公司理赔漏洞

自己把汽车卖掉了半年以后，出租车司机张某竟然以汽车被盗为名，以车主身份成功办理了汽车保险，骗走近 11 万元的保险金。这起看似“不可思议”的保险诈骗案通过北京市通州区人民法院开庭审理，被告人张某被当庭判处有期徒刑 6 年，罚金人民币 12 万元。

“其实车根本就没丢，而是在半年就被我卖了，我这么做是为了从保险公司骗取保险金。”在法庭上，曾因盗窃被判过 3 年 6 个月有期徒刑，期间又因从监狱脱逃被再判刑 2 年的张某老实地说。

根据张某的交代，2003 年 8 月 30 日，张某在河北三河市某机动车交易市场将自己的捷达轿车以 4 万元的价格卖给了曾和他一起做过生意的王某。“我妈要做心脏搭桥手术，急需要钱。前几天我们家着火了，买车手续都给烧了，现在没法给你。”因为是熟人，王某相信了张某的话，在明知汽车无法过户的情况下，仍买下了这辆旧车。

“行驶证我给王某了，其他所有买车手续都在银行。”在张某将汽车卖掉了半年后，他来到中国人民保险公司崇文支公司保险公司，“不可思议”地办下了汽车保险手续。办完保险手续一个月后，张某来到通州公安分局，一本正经地向民警报案车辆丢失，然后拿着公安机关的情况说明到保险公司拿到了近 11 万元的保险金。“这些钱我一部分用来看病了，剩下的钱我又买了一辆桑塔纳。”

而王某买下捷达车后，又将车转卖给了河北的一个书商，书商后来又把车折抵欠款给了一个内蒙古的债主。这位债主在内蒙古验车时，检车厂发现这辆车是被盗车，后报案至公安机关，才使得真相大白。

庭审后，通州检察院公诉人认为这起“离奇”的保险诈骗已经暴露出保险公司在办理保险过程中的严重漏洞，呼吁保险公司应该对此进一步加以重视。

解析：就有关法律规定而言，如果按照法律办事，本案骗保是不可能成功的。在车辆手续如此不全，又不办理保险批改手续的情况下，车辆几经易手实属匪夷所思。在没有任何凭证，仅凭只言片语就办理了车辆保险也是令人难以置信。

案例 7-3：“碰瓷”案发：案犯一年制造 300 余起交通事故

开着车四处寻找“猎物”，利用前车变道，频繁制造碰擦事故骗取保费。2007 年上海虹口警方成功抓获了 2 名以“碰瓷”手法频频制造交通事故骗取保费的犯罪嫌疑人。目前，两人已交代一年内作案 300 多起，涉案金额高达 30 万元。据悉，这是上海市警方侦破的汽车保险理赔诈骗案中骗保频率最高、金额最大的一起。2007 年 4 月 19 日，虹口交警支队事故审理科民警杨奇源接到报警，在周家嘴路靠近高杨路附近，两车发生轻微追尾事故。杨奇源迅速赶到现场，原来是一辆车牌为苏 DJK387 的黑色轿车被另一辆轿车追尾，对方负主要责任。

杨奇源快速处理了事故，随后准备给黑色轿车司机开出事故责任书。就在司机拿出驾照的时候，“袁鸣晓”这个名字引起了杨奇源的警觉，名字很熟，脸也是张老面孔。再仔细一回忆，原来就在半个月前，同一辆车、同一名司机在附近也曾发生过追尾事故，同样是对方负主要责任。究竟是巧合？是技术不过关？还是另有玄机？

回到虹口交警支队后，杨奇源立即把有关情况向分局领导进行了汇报，随后调取了这辆车的所有交通事故记录。一搜索不要紧，搜索出来的结果让民警吃了一惊。自2006 年 2 月份以来，该车共发生事故 170 多起，驾驶该车的司机除了袁鸣晓之外，还有一名叫吴苛青的男子。接着对杨奇源又调出了吴苛青的事故记录，这时另一辆车牌为苏 DJK820 的车跟着也浮出了水面，这辆车一年内居然也有 170 多起交通事故的记录。

2006 年 1 月以来，两名男子驾驶着两辆轿车频频在全市各区发生交通事故，一年内共发生 300 多起交通事故，少则一月五六次，多则一天两次，且 95%以上都是对方负主要责任。警方据此判断，这很可能是一起专门利用机动车故意制造交通事故进行保险诈骗的犯罪案件。

虹口警方随即依法传唤袁鸣晓和吴苛青进行调查。在证据面前，吴苛青交代了制造交通事故进行诈骗的犯罪事实。2006 年 1 月，他和袁鸣晓以每辆 2 万多的价格购买了两辆二手轿车。从 2006 年开始，两人从制造假事故骗赔中尝到了甜头。几乎每天制造一起车祸，最多的时候，一天内制造两起事故。有时候获赔几千元，少的时候获赔几百元。而这 300 多起交通事故中还不包括“私了”的，吴苛青承认，有时候对方怕麻烦，放下几百元钱，私下了结。

通过故意制造交通事故骗赔者可以得到相应的赔偿，可毕竟每次车都是真的撞了，出去维修的话，零件费和修理费也是一笔不小的开支，那他们又怎么能从中赚到钱呢?通常制造事故后，他们会到相应的保险公司要求索赔，获取高额的保险金。事实上，他们只是把车送到路边一些三无汽修厂，花点小钱进行修理，剩下的保险理赔费就都装进了自己的钱包，从中赚取差价。在吴苛青的车子后备箱内，备着七八个大光灯，如果撞得不严重，两人索性就自己换个灯泡，接着寻找“猎物”。

但按照有关规定，事故车必须在二级以上资质的修理厂维修，也只有这样的修理厂开出的修车费发票，保险公司才给报销。吴苛青交代，他以 8%的税金到一些正规的汽修厂购买了大量的加盖了正规汽修厂的发票，从而获取高额利润。

据吴苛青介绍，这种作案方法几乎是百发百中，他们一般都是挑别人的茬，比方说利用随便变道，闯红灯之类的交通违规行为来制造交通事故，因此 95%以上都是对方负全责，交警或者保险公司的人来现场查看，都看不出有什么问题，赔偿金也很快就批下来了。

解析：2007 年，我国车险保费收入达到 1 107.87 亿元，占财产险公司业务比重为 70%，稳居财产保险业第一大险种。但是，各家保险公司在抢占车险市场的同时，确实也一直被各式各样的车险骗赔行为所困扰。据保险公司有关人士介绍，骗保情况各种各样，对于保险公司资深的查案专员来讲，有些一眼能被识破，但有些因为手段高明或者联合了修理公司、理赔人员等在内，情况就比较复杂。

最简单的车险骗保方式，就是依靠在保险公司或修理点有亲戚或朋友，利用一次小事故大规模更换一些老旧的零件，比如汽车只撞了个凹槽，理赔人员因为是朋友关系却答应车主把发动机也可以换新的，这样的情况最没技术含量，但是保险公司却很难杜绝。另外一种情况也在骗保过程中屡次发生，比如两车对撞，某驾驶员负全责，私了情况下该驾驶员为能在保险公司获得更高比例的赔偿，往往会开着车故意去撞桥墩，然后报案理赔。这种情况下，如果理赔人员不是特别专业或车主比较高明清理干净对撞痕迹，一般骗保也能成功。

保险公司更为头痛的是修理点或4S店的故意行为，一般而言，保险公司为节省人力成本，会指定一些修理厂或4S店的工作人员进行现场定损，但如果一些修理点或4S店比较黑心，往往会在车主要求下故意换掉一些根本没有损坏的零件，以增加自己的生意机会。更有甚者，一些口碑不太好的4S店还会故意弄坏一些零件，强制修理。在这样的情况下，有的保险公司为业务考虑很多时候只能睁只眼闭只眼。因为保险公司的一部分车险保单要依靠4S店销售出去，即使发现一些“猫腻”行为，有时也不敢直接制止，怕影响到保单销售。专业的骗保人员则更为猖狂，据透露，一般的做法是购买一辆旧车，然后同时向几个公司购买车险，然后毫不心疼地到处撞，撞完联合修理点“合作”，由修理点虚报一个修理费用给保险公司，最后分成，通过骗保牟利。更有甚者，甚至出现修理点伪造撞车场面“贼喊捉贼”的情况，通过虚拟销售大量的汽配零件达到非法牟利目的。

据保险行业专家介绍，目前社会上的骗保案越来越复杂，取证越来越困难，骗保者钻保险公司空子的情况也越来越多。据太平洋保险公司一位负责人解释，每次出险的时候，保险公司的人并不在现场，很难判断人家是不是在骗保，因此给社会上那些心术不正的人创造了可乘之机。据了解，目前一些保险公司已经推行联网的“黑名单”制度，全力预防骗保现象。据一家保险公司的理赔客户服务中心负责人介绍，现在部分保险公司都实行联网，一些骗保的客户已经被报到了保监会，列入了黑名单。而列入黑名单的人，即使投保，也会被纳入监控重点。

此外，就各保险公司内部管理而言，基于种种考虑，部分公司并没有很好地利用车险数据库这个信息平台。这主要涉及客户资料的保密、定损工时的差别、在人情关系影响下的不规范理赔甚至个别条款的细节等问题。一旦被发布在信息平台上为其他各家保险公司所知，不仅自己的优势可能保不住，更可能会把自己的劣势公之于众，这些都是部分保险公司极不愿见到的。最终的结果只能是给某些骗保者“今年骗这家，明年换一家”留下了机会。因此，应提升保险公司的内部管理，利用好车险数据库这个信息平台，不给骗保者以可乘之机。

案例7-4：修理厂老板盗用客户信息，虚构保险事故，骗取高额保金

2006年1月至2008年11月，张某在负责经营汽车修理有限公司期间，利用客户留下的行驶证、驾驶证、身份证复印件，指使他人开具或伪造事故认定书，冒用40余名被保险人的名义，先后48次向保险公司提出理赔，骗取保险理赔款79.37万元。2007年12月至2009年6月，许某在经营汽车服务有限公司期间，采取上述相同方式，指使他人伪造车辆碰撞现场，冒用被保险人的名义，先后90次向保险公司提出理赔，骗取保险理赔款77.82万元。两家公司因保险诈骗罪被判处罚金，张某和许某也因保险诈骗罪被判刑。

解析：这是两起典型的汽车修理企业进行汽车保险理赔欺诈的案例，这类案件欺诈的主体不是保险人和被保险人，而是汽车修理企业，其进行汽车保险理赔的欺诈更具有隐蔽性、职业性、团伙性和危害性，也是当前进行反汽车保险理赔欺诈的重点。这就要求保险公司在选择汽车修理企业时需尽到谨慎的义务，应进行实地的考察和资信的评估；在定损、核赔与修理的过程中，保险公司相关人员应全过程参与其中，避免出现由修理企业全权负责的现象。

案例 7-5：酒后驾车互撞，合谋顶包骗保

2012 年 4 月 12 日晚，张某酒后驾驶车主廖某的丰田轿车与蒋某酒后驾驶其本人的奥迪轿车发生追尾事故，两车受损。事后，两位驾驶员未报案即驶离现场。当晚，经张某等人商量后，找人顶替并将涉案车辆开回事发地点，伪造追尾事故现场，欲骗取 3. 6 万元保险金。张某、蒋某等涉案人员分别被判处刑罚。

解析：本案虽然简单，但却时有发生，尤其是在酒驾和醉驾后发生此类事件，肇事者往往现场逃匿，找人顶包，或待酒醒后主动投案“自首”，这种找人顶包或所谓的主动投案“自首”行为，实质上不仅使自己逃避了法律的制裁，也骗取了保险公司的保险金，也属于汽车保险理赔诈骗行为。这里还需要指明一点的是，酒驾与醉驾的区别。在机动车驾驶人的每 100 毫升血液中，酒精含量达到 20 毫克为饮酒驾车，大致相当于饮用一杯啤酒；每 100 毫升血液中酒精含量达到和超过 80 毫克可以认定为醉酒驾车，相当于饮用 3 两低度白酒或者两瓶啤酒。这是国家质量监督检验检疫总局正式发布并实施的中华人民共和国《车辆驾驶人员血液、呼气酒精含量阈值与检验》国家标准（GB19522-2004）（以下简称《标准》）规定的。饮酒驾驶属于违法行为，醉酒驾驶属于犯罪行为。饮酒驾驶机动车辆，罚款 1 000~2 000 元，记 12 分，并暂扣驾照 6 个月；饮酒驾驶营运机动车，罚款 5 000 元，记 12 分，处以 15 日以下拘留，并且 5 年内不得重新获得驾照。醉酒驾驶机动车辆，吊销驾照，5 年内不得重新获取驾照，经过判决后处以拘役，并处罚金；醉酒驾驶营运机动车辆，吊销驾照，10 年内不得重新获取驾照，终生不得驾驶营运车辆，经过判决后处以拘役，并处罚金。饮酒后或者醉酒驾驶机动车发生重大交通事故，构成犯罪的，依法追究刑事责任，并由公安机关交通管理部门吊销机动车驾驶证，终生不得重新取得机动车驾驶证。

案例 7-6：重复投保“交强险”，法院判保险公司埋单损失

2012 年 10 月，建湖县人民法院依法判决原告陈某某等 8 人诉被告吴某某、陈某、保险公司交通肇事一案，判令两被告保险公司在交强险范围内各半承担保险责任，至此这起重复投保“交强险”案件顺利得到解决。

事情还要从 2011 年 9 月 1 日说起。当天凌晨，被告人吴某某驾驶苏 1317×××号三轮变型拖拉机（车主为被告人陈某）沿 S234 线在建湖县建阳镇境内由西向东行驶，行至 60 千米路段处，车辆右前部与由北向南步行横过公路的被害人陆某某相撞。被害人陆某某被撞受伤，送往医院后死亡。经调解，被告人吴某某、陈某与被害人近亲属陈某某等 8 人达成经济赔偿协议，被害人近亲属因被害人死亡造成的损失合计 183 000 元，其中由两被告人负担的 73 000 元已经付清，其余 11 万元由被害人近亲属向肇事车辆投保交强险的保险公司主张。于是被害人近亲属就在本案刑事案件审理期间提起了附带民事诉讼。

本来这是很简单的一起民事案件，不巧的是，出车祸的这辆车投了两份“交强险”。2010 年 8 月 20 日，苏 1317×××号三轮变型拖拉机在附带民事诉讼被告人长安保险公司投保了机动车交通事故责任强制保险，保险期间自 2010 年 9 月 4 日起至 2011 年 9 月 3 日止；2011 年 8 月 6 日，苏 1317×××号三轮变型拖拉机在附带民事诉讼被告人鼎和保险公司投保了机动车交通事故责任强制保险，保险期间自 2011 年 8 月 7 日起至 2012 年 8 月 6 日止。两保险公司相互之间扯皮，书面答辩也都有让对方承担责任的想法。

建湖法院经审理后认为，附带民事诉讼原告人陈某某等 8 人因其近亲属陆某某由于被告人吴某某交通肇事而死亡，依法有权获得赔偿。肇事车辆已向附带民事诉讼被告人鼎和保险公司、长安保险公司投保了交强险，被告人吴某某驾驶该车在保险期间内发生交通事故，保险公司应当承担相应的赔偿责任。重复保险的，各保险人应当按照其保险金额与保险金额总和的比例承担赔偿保险金的责任，故附带民事诉讼被告人鼎和保险公司、长安保险公司均应依法在交强险限额内按照其保险金额与保险金额总和的比例进行赔偿，即两保险公司各半承担保险责任。被告人吴某某、陈某在本案审理前与附带民事诉讼原告人就交强险以外的部分已达成赔偿协议并已履行完毕，故本案中被告人吴某某、陈某不应再承担责任。据此，法院做出上述判决。

解析：严格意义上而言，本案不是一起汽车保险理赔的诈骗案件，而是一险多投，责任分担的问题。法院对这一案件的处理无疑是符合保险法相关规定和汽车保险原则的。事实上，各保险公司只需建立保险理赔的信息共享平台，想要通过一险多投骗取保险金是很难的。这也给我们带来启示，即信息与技术的发展也可以减少保险诈骗的发生或发生的成功率。

案例 7-7：出险后利用三者车进行诈骗

2012 年 3 月 23 日，太平洋产险湖北分公司随州中支公司（以下简称该公司）成功拒赔的一起骗保案，当事人所索赔的不是标的车，而是神秘的“第三者”。

某日 17 时 33 分，该公司理赔值班人员接到报案调度，由该公司承保的一辆标的车在随县万和镇青苔村矿山上拉石材途中，因车上的石材与停放在路边的一辆货车发生碰撞，致使货车摔下悬崖，其损坏已达报废程度，报损 14 万余元，标的车无损。当事人已向交警部门报案。

该公司随即联想到了三天前和一位出险客户交谈时获得的信息：一台新货车在矿山上拉石头不慎摔下悬崖，车已报废，且车没买保险。这辆车会不会是几天前出事没买保险的那辆车呢？该公司当即安排两名查勘人员迅速赶赴现场，仔细查勘调查，做好询问笔录。

在取得第一手查勘资料后，该公司及时进行了专题分析，案件疑点一层层显现：第一，标的车投保时间与出险时间间隔不过 5 天，起保到出险时间短；第二，报案时间选择在下班后，而且事故现场距城区较远；第三，报案称三者车重载停在悬崖边检修被标的车撞上，不合常理，重载车辆从安全的角度出发，应该是靠山边停放检修；第四，三者车受损部位出现锈迹，说明出事时间应早于报案出险时间；第五，经分别询问两个当事人，两人对事故经过的描述惊人的相似，有明显的串供迹象。

经调查核实，事故真相渐渐浮出水面。原来，三者车发生事故后，因未购买商业车损险，且损失巨大，便萌生保险诈骗想法。车主于是找到自己的表兄弟（标的车司机）商量，让标的车在该公司购买 20 万元商业三者保险，然后谎称是标的车将三者车撞下山，造成车辆报废，并向交警部门报案，利用合法的索赔手续来向该公司骗赔。

解析：本案告知我们，为防范汽车保险理赔的欺诈，现场查勘、核赔等保险公司内部的流程尤为重要，大量的欺诈行为是诈骗者一厢情愿的导演行为，只需保险公司工作人员认真审核就可以发现问题所在。此外，这一案件也产生一个问题，即目前，司法机关只对已经构成事实诈骗的行为进行处罚，对于诈骗未遂以及被保险公司或公估机构及时阻止的诈骗行为没有相关的处罚。这是需要从法律和制度两个层面加以完善的。

案例 7-8：与交警、经侦密切合作反汽车保险欺诈

2008 年 9 月 27 日，佘某驾驶浙 HE2762 号车（自卸车）从龙游驶往城北开发区工地，途径龙游石窟路口与电瓶车发生碰撞，造成一死一重伤重大伤亡事故。上午 7 时许，保险公司接到报案后，马上派人赶到事故现场调查取证。当时，肇事车辆被扣在交警大队。然而，出险当天下午，车主就向交警大队预交了 20 万元事故押金，傍晚就将肇事车开走了。次日，当保险公司获悉此消息后，认为该做法不符合事故处理常规，一是事故车辆必须进行车况的技术鉴定，方可放车；二是肇事车主当天交事故押金，急切将肇事车开回，有违常理。于是，保险公司立即决定与车主联系对肇事车进行实时跟踪。但连续两天都联系不上车主。第三天联系上车主后却发现，该车完好无损地停放工地里。经查，车架识别码、发动机号与承保车辆完全一致，找不到一丝破绽。虽然保险公司领导和相关查勘人员觉得此案可能存在问题，但始终没有找到有力证据。

正在保险公司将要支付赔款之时，有人反映肇事车辆在出险后已进行改装，并告诉改装地点。获此消息，保险公司决定立即重新调查此案，但考虑到时间较久，取证工作难度较大，便马上与县公安局经侦大队取得联系。由于保险公司多年来与经侦大队建立了良好的合作关系，当日经侦大队就派员来到保险公司，双方共同分析案件的事故现场照片及工地里车辆照片，经过仔细比对，发现车辆的确有改装的痕迹。县经侦大队通过讨论，立即派办案民警与保险公司人员前往江西、建德等地查抄肇事车辆，核对痕迹。赶回龙游后，当晚就对外围人员进行传讯。

次日，经侦大队结合照片、相关调查笔录传讯车主，面对法律威慑力，车主终于承认出险车辆是辆报废车，并非是保险车辆，当时因考虑赔偿数额较大，因此连夜对出险车辆进行改装，再套牌，以达到向保险公司骗取赔款目的。至此，仅两天时间，这起改装、套牌骗赔案就告破。

解析：本案是一起“移花接木”的汽车理赔欺诈案件，出险车辆本身是没有保险的报废车，出险后却对出险车辆进行改装，再套牌，以达到向保险公司骗取赔款目的。

就保险公司而言，由于骗赔没有成功，所以保险公司没有损失，但就该案件本身而言，在事故车辆没有进行车况技术鉴定和责任认定的情况下，仅凭交些押金就提车显然不妥当，也不合法，这也为肇事者进行“移花接木”提供了便利。因此，有些汽车保险理赔欺诈的发生也是由于其他部门管理漏洞所致，为减少汽车保险欺诈的发生，还需要全社会的共同努力，照章办事。此外，还需注意的是，不少汽车保险欺诈事件被识破主要得益于第三人的举报，仅靠保险公司内部人员的力量往往难以找出蛛丝马迹，相应举报奖励制度的建立也是必要的。

案例 7-9：车主与修理厂勾结的汽车保险欺诈

2014 年 5 月，张某驾驶一辆帕萨特轿车在甬金高速公路上与一辆宝来车发生追尾，事故发生后，交警赶到现场进行责任认定，经过对双方的询问，确认是后者张某负主要责任。张某的车被拖回汽车修理厂，进行了初步定损后，修理厂为该车更换了保险杠、玻璃水箱等项目，估计实际维修费用在 5 000 元左右。保险公司两名理赔员接到报案来到修理厂定损，由于张某和修理厂老板本是朋友关系，通过夸大损失、伪造照片等手段，最终将维修费用定为 10 000 元。

解析：本案是一起被保险人与修理厂相互勾结，夸大损失的汽车理赔诈骗案件。该案有两点需要引起注意：一是被保险人与修理厂相互勾结，由修理厂提供定损证据，保险人容易相信，具有较强的隐蔽性；二是就被保险人心里而言，觉得交了保费就要得到保险公司补偿是应当的，补偿越多越好。实际上，本案中，现场查勘人员已经及时查勘了现场，掌握了第一手资料，各种物证收集齐备，诈骗没有得逞。这也提醒保险公司应规范理赔流程，杜绝修理厂介入理赔，车险理赔应由被保险人、保险人、修理厂共同参与，建立对修理厂的有效防范机制，针对曾经骗保的修理厂建立黑名单，由各保险公司共享。

附录 1　中国保险行业协会机动车损失保险（IACJQL0001）示范条款

总　则

第一条　本保险合同中的被保险机动车是指在中华人民共和国境内（不含港、澳、台地区）行驶的个人所有，不以直接或间接方式收取运费或租金的乘用车（以下简称被保险机动车）。

第二条　本保险合同中的各方权利和义务，由保险人、投保人遵循公平原则协商确定。保险人、投保人自愿订立本保险合同。

除本保险合同另有约定外，投保人应在保险合同成立时一次交清保险费。保险费未交清前，本保险合同不生效。

保险责任

第三条　保险期间内，被保险人或其允许的驾驶人在使用被保险机动车的过程中，因自然灾害、意外事故造成被保险机动车及已列明并投保的新增加设备的直接损失，且不属于免除保险人责任的范围，保险人依照本保险合同的约定负责赔偿。

第四条　发生保险事故时，被保险人或其允许的驾驶人为防止或者减少被保险机动车的损失所支付的必要的、合理的施救费用，由保险人承担；施救费用数额在被保险机动车损失赔偿金额以外另行计算，最高不超过保险金额的数额。

责任免除

第五条　在上述保险责任范围内，下列情况下，不论任何原因造成被保险机动车和已投保的新增加设备的任何损失和费用，保险人均不负责赔偿：

（一）有下列违反法律、法规的情形之一者：

（1）事故发生后，被保险人或其允许的驾驶人故意破坏、伪造现场、毁灭证据；

（2）被保险人或其允许的驾驶人故意或重大过失，导致被保险机动车被利用从事犯罪行为；

（3）事故发生后，在未依法采取措施的情况下驾驶被保险机动车或者遗弃被保险机动车离开事故现场；

（4）驾驶人饮酒、吸食或注射毒品、服用国家管制的精神药品或者麻醉药品；

（5）驾驶人无驾驶证，驾驶证被依法扣留、暂扣、吊销、注销期间；

（6）驾驶人驾驶与驾驶证载明的准驾车型不相符合的机动车；

（7）发生保险事故时被保险机动车行驶证、号牌被注销；

（8）被保险人或其允许的驾驶人的故意行为；

（二）被保险机动车在营业性场所维修、保养、改装期间。

第六条　下列损失和费用，保险人不负责赔偿：

（一）被保险机动车和已投保的新增加设备因市场价格变动造成的贬值损失，修理后因价值降低引起的减值损失；

（二）被保险机动车和已投保的新增设备自然磨损、朽蚀、腐蚀、故障、本身质量缺陷；

（三）被保险机动车全车被盗窃、被抢劫、被抢夺、下落不明，以及在此期间受到的损坏，或被盗窃、被抢劫、被抢夺未遂受到的损坏，或车上零部件、附属设备丢失。

保险金额

第七条　保险金额按投保时被保险机动车的实际价值确定。

投保时被保险机动车的实际价值由投保人与保险人根据投保时的新车购置价减去折旧金额后的价格协商确定或其他市场公允价值协商确定。

投保新增加设备的，新增加设备的保险金额根据投保时的实际价值确定。新增加设备的实际价值是指投保时新增加设备的购置价减去折旧金额后的金额。

被保险机动车及新增加设备的折旧金额可按月计算，月折旧系数为0.6%，不足一个月的部分，不计折旧。被保险机动车最高折旧金额不超过投保时被保险机动车新车购置价的80%，新增加设备最高折旧金额不超过投保时新增加设备购置价的80%。

被保险机动车折旧金额=新车购置价×被保险机动车已使用月数×月折旧系数

新增加设备折旧金额=新增加设备购置价×新增加设备已使用月数×月折旧系数

赔偿处理

第八条　被保险人索赔时，应当向保险人提供与确认保险事故的性质、原因、损失程度等有关的证明和资料。

第九条　被保险机动车遭受损失后的残余部分由被保险人选择处理方式，如折归被保险人的，由双方协商确定其价值并在赔款中扣除。

第十条　机动车损失赔款按以下方法计算：

（一）全部损失

赔款=保险金额-被保险人已从第三方获得的赔偿金额

（二）部分损失

被保险机动车发生部分损失，保险人按实际修复费用在保险金额内计算赔偿：

赔款=实际修复费用-被保险人已从第三方获得的赔偿金额

（三）施救费

施救的财产中，含有本保险合同未保险的财产，应按本保险合同保险财产的实际价值占总施救财产的实际价值比例分摊施救费用。

第十一条　被保险机动车发生本保险事故，导致全部损失，或一次赔款金额（不含施救费）达到保险金额，保险人按本保险合同约定支付赔款后，本保险责任终止，保险人不退还机动车损失保险的保险费。

保险期间

第十二条　保险期间为一年，以保险单载明的起讫时间为准。

其他事项

第十三条　保险责任开始前，投保人要求解除本保险合同的，应当向保险人支付应交保险费金额 3%的退保手续费，保险人应当退还保险费。

第十四条　因履行本保险合同发生的争议，由当事人协商解决或委托第三方进行调解，协商或调解不成的，由当事人从下列两种合同争议解决方式中选择一种，并在本保险合同中载明：

（一）提交保险单载明的仲裁委员会仲裁；

（二）依法向人民法院起诉。

本保险合同适用中华人民共和国（不含港、澳、台地区）法律。

第十五条　在投保机动车损失保险的基础上，投保人可投保附加险。

附加险条款未尽事宜，以本条款为准。

附加险

附加险条款的法律效力优于主险条款。附加险条款未尽事宜，以主险条款为准。除附加险条款另有约定外，主险中的责任免除、免赔规则、双方义务同样适用于附加险。

（1）附加绝对免赔率特约（IACJQL0101）条款

（2）附加车轮单独损坏除外特约（IACJQL0201）条款

（3）附加绝对免赔率特约（IACJQL0101）条款

绝对免赔率为 5%、10%、15%、20%，由投保人和保险人在投保时协商确定，具体以保险单载明为准。

被保险机动车发生主险约定的保险事故，保险人按照主险的约定计算赔款后，扣减本特约条款约定的免赔。即：

实际赔款 = 按主险约定计算的赔款×（1-绝对免赔率）

附加车轮单独损坏除外特约（IACJQL0201）条款

被保险机动车车轮单独损坏的损失，保险人不负责赔偿。

释义

【乘用车】指主要用于载运乘客及其随身行李或临时物品的汽车，包括驾驶员座位在内最多不超过 9 个座位。

【自然灾害】指对人类以及人类赖以生存的环境造成破坏性影响的自然现象，包括雷击、暴风、暴雨、洪水、龙卷风、冰雹、台风、热带风暴、地陷、崖崩、滑坡、泥石流、雪崩、冰陷、暴雪、冰凌、沙尘暴、地震及其次生灾害等。

【意外事故】指被保险人不可预料、无法控制并造成车辆损失的突发性事件，包括火灾、爆炸、自燃、碰撞、倾覆、坠落、外界物体坠落、倒塌、战争、军事冲突、恐怖活动、暴乱、污染（含放射性污染）、核反应、核辐射等。

【新增加设备】指被保险机动车出厂时原有设备以外的，另外加装的设备和设施。

【车轮单独损坏】指未发生被保险机动车其他部位的损坏，仅发生轮胎、轮辋、轮毂罩的分别单独损坏，或上述三者之中任意二者的共同损坏，或三者的共同损坏。

附录 2 反保险欺诈指引

第一章 总则

第一条 为提升保险业全面风险管理能力，防范和化解保险欺诈风险，根据《中华人民共和国保险法》《中华人民共和国刑法》等法律法规，制定本指引。

第二条 本指引所称保险机构，是指经中国保险监督管理委员会（以下简称保监会）及其派出机构（以下简称派出机构）批准设立的保险集团（控股）公司、保险公司及其分支机构。保险专业中介机构、再保险公司和其他具有反保险欺诈职能的机构参照本指引开展反欺诈相关工作。

第三条 保险欺诈（以下简称欺诈）是指假借保险名义或利用保险合同谋取非法利益的行为，主要包括保险金诈骗类欺诈行为、非法经营保险业务类欺诈行为和保险合同诈骗类欺诈行为等。除特别说明，本指引所称欺诈仅指保险金诈骗类欺诈行为，主要包括故意虚构保险标的，骗取保险金；编造未曾发生的保险事故、编造虚假的事故原因或者夸大损失程度，骗取保险金；故意造成保险事故，骗取保险金的行为等。

本指引所称保险欺诈风险（以下简称欺诈风险）是指欺诈实施者进行欺诈活动，给保险行业、保险消费者及社会公众造成经济损失或其他损失的风险。

第四条 反欺诈工作以保护保险消费者合法权益，维护保险市场秩序，促进保险行业健康发展为目标。

第五条 保监会及其派出机构依法对保险机构的欺诈风险管理工作实施监管。

第二章 保险机构欺诈风险管理

第六条 保险机构应当承担欺诈风险管理的主体责任，建立健全欺诈风险管理制度和机制，规范操作流程，妥善处置欺诈风险，履行报告义务。

第七条 保险机构欺诈风险管理体系应包括以下基本要素：

（一）董事会、监事会、管理层的有效监督和管理；

（二）与业务性质、规模和风险特征相适应的制度机制；

（三）欺诈风险管理组织架构和流程设置；

（四）职责、权限划分和考核问责机制；

（五）欺诈风险识别、计量、评估、监测和处置程序；

（六）内部控制和监督机制；

（七）欺诈风险管理信息系统；

（八）报告和危机处理机制。

第一节 制度体系与组织架构

第八条 保险机构应制定欺诈风险管理制度，以明确董事会及其专门委员会、监事会（监事）、管理层、相关部门在欺诈风险管理中的作用、职责及报告路径，规范操作流程，严格考核、问责制度执行。

第九条 保险机构董事会承担欺诈风险管理的最终责任，董事会主要职责包括：

（一）确定欺诈风险管理战略规划和总体政策；

（二）审定欺诈风险管理的基本制度；

（三）监督欺诈风险管理制度执行有效性；

（四）审议管理层或风险管理委员会提交的欺诈风险管理报告；

（五）根据内部审计结果调整和完善欺诈风险管理政策，监督管理层整改；

（六）审议涉及欺诈风险管理的其他重大事项；

（七）法律、法规规定的其他职责。

董事会根据公司章程和董事会议事规则，可以授权其下设的风险管理委员会履行其欺诈风险管理的部分职责。

第十条 保险机构管理层承担欺诈风险管理的实施责任，主要职责包括：

（一）制定欺诈风险管理制度，报董事会批准后执行；

（二）建立欺诈风险管理组织架构，明确职能部门、业务部门以及其他部门的职责分工和权限，确定欺诈风险报告路径；

（三）对重大欺诈风险事件或项目，根据董事会授权进行处置，必要时提交董事会审议；

（四）定期评估欺诈风险管理的总体状况并向董事会提交报告；

（五）建立和实施欺诈风险管理考核和问责机制；

（六）法律、法规规定的或董事会授予的其他职责。

第十一条 监事会（监事）应对董事会及管理层在欺诈风险管理中的履职情况进行监督评价。

第十二条 保险机构应当指定欺诈风险管理负责人（以下简称负责人），并以书面形式告知保监会。负责人应由能够承担欺诈风险管理责任的高级管理人员担任，职责包括：

（一）分解欺诈风险管理责任，明晰风险责任链条；

（二）组织落实风险管理措施与内控建设措施；

（三）监督欺诈风险管理制度和程序的实施；

（四）为保险机构欺诈风险管理战略、规划、政策和程序提出建议；

（五）审核反欺诈职能部门出具的欺诈风险年度报告等文件；

（六）向保监会报告，接受监管质询等。

保险机构应当为负责人履行职责提供必要的条件。负责人未能履行职责或者在履行职责过程中遇到困难的，应当向保监会提供书面说明。负责人因岗位或者工作变动不能继续履行职责的，保险机构应在10个工作日内另行指定负责人并向保监会报告变更。

第十三条 保险机构应在总部指定内设机构作为反欺诈职能部门，并设立专职的反欺诈管理岗位，负责欺诈风险管理措施的执行。反欺诈职能部门应当履行下列职责：

（一）拟定欺诈风险管理的具体政策、操作规程和操作标准，报董事会或管理层批准后执行；

（二）建立并组织实施欺诈风险识别、计量、评估、监测和报告流程；

（三）建立并管理反欺诈信息系统；

（四）组织开展反欺诈调查和风险排查；

（五）协调其他部门执行反欺诈操作规程；

（六）监测和分析欺诈风险管理情况，定期向公司管理层、董事会和保监会提交欺诈风险报告；

（七）提供反欺诈培训，开展反欺诈经验交流，建设欺诈风险管理文化，进行反欺诈宣传和教育；

（八）与欺诈风险管理相关的其他工作。

第十四条　保险机构应保障欺诈风险管理工作的有效开展，并配备适当的资源，包括但不限于提供必要的经费、设置必要的岗位、配备适当的人员、提供培训、赋予欺诈风险管理人员履行职务所必需的权限等。保险机构的其他部门应在职责范围内为反欺诈职能部门提供支持。

第十五条　保险省级机构应指定内设机构作为反欺诈职能部门，负责本地区欺诈风险管理措施的执行，并按照赔案数量、保费规模、风险特征、机构数量等指标配备一定比例的专职工作人员。保险省级机构应以书面形式将反欺诈组织架构和负责人告知所在地派出机构。

第十六条　保险机构应建立重大欺诈风险监测预警、报告、应急处置工作机制，明确不同层级的应急响应措施。

第十七条　保险机构应在综合考虑业务发展、技术更新及市场变化等因素的基础上对欺诈风险管理策略、制度和程序及时进行评估，并根据评估结果判断相关策略、制度和程序是否需要更新和修订。评估工作每年最少进行一次。

第二节　内部控制与信息系统

第十八条　保险机构应基于全面风险管理框架构建反欺诈管理体系，合理确定各项业务活动和管理活动的欺诈风险控制点，明确欺诈风险管理相关事项的审核部门和审批权限，执行标准统一的业务流程和管理流程，将欺诈风险管控覆盖到机构设立、产品开发、承保和核保、理赔管理、资金收付、单证管理、人员管理、中介及第三方外包服务等关键业务单元。

第十九条　保险机构在开发新产品、引入新技术手段、设立新机构和新业务部门前，应在可行性研究中充分评估其对欺诈风险产生的影响，制定相应欺诈风险管理措施，并根据需要及时进行调整。

第二十条　保险机构应将员工道德风险可能引发的职务欺诈作为欺诈风险管理的重要部分，营造诚信的企业文化，健全人员选任和在岗履职检查机制，明确岗位责任，设置内部控制和监督措施等。

第二十一条　保险机构应审慎选择中介业务合作对象或与保险业务相关的第三方外包服务商，重点关注对方的资质、财务状况、内部反欺诈制度和流程等。

第二十二条　保险机构应将欺诈风险管理纳入内部审计范围。内审部门应定期审查和评价欺诈风险管理体系的充分性和有效性，并向董事会报告评估结果。内部审计应涵盖欺诈风险管理的所有环节，包括但不限于以下内容：

（一）管理体系、内部控制制度和实施程序是否足以识别、计量、监测和控制欺诈风险；

（二）欺诈风险管理的信息系统是否完善；

（三）欺诈风险管理报告是否准确、及时、有效；

（四）相关机构、部门和人员是否严格执行既定的欺诈风险管理政策和程序。

审计工作每年应至少进行一次。鼓励业务复杂程度较高和规模较大的保险机构委托专业机构对其欺诈风险管理体系定期进行审计和评价。

第二十三条　保险机构应当为有效地识别、计量、评估、监测、控制和报告欺诈风险建立信息系统或将现有信息系统嵌入相关功能，其功能至少应当包括：

（一）记录和处理与欺诈风险相关的数据；

（二）识别并报告疑似欺诈客户及交易；

（三）支持不同业务领域、业务类型欺诈风险的计量；

（四）采用定量标准和定性标准评估欺诈风险并进行风险评级，监测欺诈风险管理执行情况；

（五）为行业反欺诈共享平台和保险业征信系统提供有效数据和信息支持；

（六）提供欺诈风险信息，满足内部管理、监管报告、信息披露和共享要求。

第二十四条　保险机构应对欺诈案件信息或疑似欺诈信息实行严格管理，保证数据安全性和完备性。反欺诈职能部门应制定欺诈或疑似欺诈信息的标准、信息类型，根据数据类型进行分级保存和管理，并准确传递给核保、核赔、审计等部门。

第二十五条　保险机构应依据保险业标准化和保险业务要素数据规范等规定的要求，建立基础数据质量管理和数据报送责任机制，确保欺诈风险管理相关数据的真实、完整、准确、规范。

第三节　欺诈风险识别、评估与应对

第二十六条　保险机构应建立欺诈风险识别机制，对关键业务单元面临的欺诈风险进行收集、发现、辨识和描述，形成风险清单。欺诈风险识别流程包括：

（一）监测关键的欺诈风险指标，收集风险信息；

（二）通过欺诈因子筛选、要素分析、风险调查等方法，发现风险因素；

（三）对识别出的风险因素按照损失事件、业务类别、风险成因、损失形态和后果严重程度等进行合理归类，形成风险清单，为风险分析提供依据。

第二十七条　保险机构应在风险识别的基础上，对欺诈风险发生的可能性和危害程度进行评估。欺诈风险评估基本流程包括：

（一）对识别出的欺诈风险的发生概率、频率、损失程度等因素进行综合分析；

（二）对应欺诈风险威胁，对公司制度、流程、内部控制中存在的薄弱点进行分析与评价；

（三）对公司已采取的风险控制措施进行分析与评价；

（四）依据欺诈风险计量的方法及风险等级评价原则，结合行业标准，确定风险的

大小与等级；

（五）确定公司承受风险的能力；

（六）对公司欺诈管理投入的资源、经济效益做出总体评估，决定是否需要采取控制、缓释等相应措施。

第二十八条　保险机构应针对欺诈风险事件，综合考虑欺诈风险性质和危害程度、经营目标、风险承受能力和风险管理能力、法律法规规定及对保险行业的影响，选择合适的风险处置策略和工具，控制事件发展态势、弥补资产损失，妥善化解风险。

第二十九条　保险机构发现风险线索可能涉及多个案件或团伙欺诈的，应对线索进行串并，必要时应提请上级机构或总公司在全系统范围内进行审核与串并。涉及其他机构或其他地区的，应报请各地保险行业协会或反欺诈中心、中国保险行业协会对风险线索进行审核与串并。针对发现的趋势性、苗头性问题，各保险机构应积极组织开展风险排查，做好风险预警。

第三十条　各保险机构发现违法事实涉嫌犯罪需要依法追究刑事责任的，应及时向公安机关报案。保监会及其派出机构发现违法事实涉嫌犯罪需要依法追究刑事责任的，应依据案件线索移送的相关规定，及时向公安司法机关移送。

第三十一条　保险机构应当建立欺诈风险管理报告制度，明确报告的内容、频率、路径。保险机构应及时报送欺诈风险信息和报告，包括：

（一）欺诈案件和重大欺诈风险事件报告。对于已经由公安、司法机关接受处理的欺诈案件或危害特别大、影响范围特别广的欺诈事件，应根据保险案件相关的监管规定向保监会及其派出机构进行报告。

（二）欺诈线索报告。保险机构通过风险识别发现欺诈风险和线索，可能引发保险欺诈案件的，应依据相关规定及时向上级机构或保监会及其派出机构进行报告。

（三）欺诈风险定期报告。保险机构应定期分析、评估本机构的欺诈风险情况、风险管理状况及工作效果。保险法人机构应当于每年 1 月 31 日前向保监会报送上一年度欺诈风险报告。报告内容应包括但不限于以下内容：公司反欺诈风险管理设置和董事会、经营管理层履职情况；公司反欺诈制度、流程建设情况；反欺诈自主评估和审计结果；重大欺诈风险处置结果；其他相关情况等。保险分支机构按照派出机构的要求报送欺诈风险定期报告。

（四）涉及重大突发事件的，保险机构应当根据重大突发事件应急管理相关规定进行报告。

第三十二条　保险机构应定期分析欺诈风险趋势、欺诈手法、异动指标等，指标分析应包括：

（一）总体情况指标。反映在公司制度、流程、内部控制等方面欺诈风险应对能力的总体情况指标，包括欺诈案件占比、欺诈金额占比、欺诈案件的追诉率、反欺诈挽损比率等，用以衡量公司欺诈整体状况。

（二）分布特征指标。主要包括行为分布特征、险种分布特征、人员分布特征、地区分布特征、金额分布特征等，用以更好地制定欺诈风险的防范和识别措施，提升欺诈风险管理的经济效果。

（三）趋势性指标。将不同时期同类指标的历史数据进行比较，从而综合、直观地呈现欺诈风险的变化趋势和变化规律。

统计分析至少应每季度进行一次。

第三十三条 保险机构在依法合规前提下，可适当借助公估公司等机构力量开展反欺诈工作。

第四节 考核、宣传教育及举报

第三十四条 保险机构应针对欺诈风险管理建立明确的内部评价考核机制。

第三十五条 保险机构应当通过开展案例通报和警示宣传、发布风险提示等方式，提高保险消费者对欺诈的认识，增强保险消费者防范欺诈的意识和能力。

第三十六条 保险机构反欺诈职能部门应定期向公司管理人员和员工提供反欺诈培训，培训内容应包括公司内部反欺诈制度、操作流程、职业操守等，针对承担反欺诈职能的员工还应进行欺诈监测方法、欺诈手法、关键指标、内部报告等培训。

第三十七条 保险机构应当建立欺诈举报制度，向社会公众公布欺诈举报渠道、方式等，并采取保密措施保证举报信息不被泄露。

第三章 反欺诈监督管理与行业协作

第三十八条 保监会及其派出机构应当在行业反欺诈工作中承担以下职责：

（一）建立反欺诈监管框架，制定反欺诈监管制度；

（二）指导保险机构和行业组织防范和应对欺诈风险；

（三）审查和评估保险机构反欺诈工作；

（四）依据保险公司偿付能力监管规则中的风险综合评级规则，对保险机构欺诈风险进行评价和监管；

（五）通报欺诈案件、发布风险信息，定期对行业整体欺诈风险状况进行评估；

（六）推动建立行业合作平台，促进反欺诈协作；

（七）加强与其他行业主管部门、司法机关的合作、协调和信息交流；

（八）普及反欺诈知识，提高消费者对欺诈的认识。

第三十九条 保监会及其派出机构应定期对保险机构欺诈风险管理体系的健全性和有效性进行检查和评估，包括但不限于：

（一）对反欺诈监管规定的执行情况；

（二）内部欺诈风险管理制度的制定情况；

（三）欺诈风险管理组织架构的建立和人员履职情况；

（四）欺诈风险管理流程的完备性、可操作性和运行情况；

（五）反欺诈系统的建设和运行情况；

（六）欺诈风险报告情况；

（七）风险应对和处置情况。

保监会及其派出机构通过监管评级、风险提示、通报、约谈等方式对保险机构欺诈风险管理进行持续监管。

第四十条 保监会及其派出机构应致力于完善反欺诈协作配合机制，包括但不限于：

（一）健全与公安部门和司法机关的案件移交、联合执法机制，深化案件联合督办机制；

（二）将欺诈行政处罚、刑事处罚记录纳入企业个人信用记录和诚信档案，实行失信联合惩戒，提高打击欺诈行为的震慑力；

（三）完善与公安、司法、人民银行、工商等部门的案件信息和执法信息通报制度，加强信息共享和交流互训；

（四）会同有关部委推动反欺诈立法，协同司法机关完善惩治欺诈犯罪的司法解释，明确欺诈的认定标准和处理规范；

（五）探索建立与其他行业主管部门共同打击欺诈案件的联动机制；

（六）构建与港、澳、台地区的反欺诈合作机制，在信息查询通报、组织委托调查、调查程序与文书认证标准、开展技术交流等领域进行协作，并建立反欺诈工作的日常联络机制；

（七）推动国际合作。建立健全国际交流与合作的框架体系，指导行业组织加强与国际反欺诈组织的沟通联络，在跨境委托调查、提供司法协助、交流互访等方面开展反欺诈合作，形成打击跨境欺诈的工作机制。

第四十一条　保监会及其派出机构应指导保险机构、保险行业协会和保险学会深入开展行业合作，构建数据共享和欺诈风险信息互通机制，联合开展打击欺诈的行业行动，深化理论研究和学术交流，强化风险处置协作，协同推进反欺诈工作。

第四十二条　保险行业协会应在保监会及其派出机构的指导下，发挥行业自律作用，开展以下工作：

（一）建立反欺诈联席会议制度；

（二）建立欺诈风险警戒线标准和欺诈风险关键指标；

（三）组织欺诈案件协查和风险排查；

（四）通报欺诈案件、发布风险信息；

（五）推动行业数据及信息共享，组织建立反欺诈警示名单及不良记录清单等；

（六）加强与国际反保险欺诈组织的沟通联络；

（七）开展反欺诈培训、专题教育和公益宣传活动等。

第四十三条　派出机构应在保监会的领导下，指导辖区行业协会、保险分支机构根据实际情况健全反欺诈组织，如设立或与公安机关共同成立反欺诈中心、反保险欺诈办公室等，完善案件调查、移交立案、证据调取等机制。

第四十四条　中国保险信息技术有限公司应在保监会的指导下，探索建立多险种的反欺诈信息管理平台，充分发挥大数据平台集中管理优势，为保险行业欺诈风险的分析和预警监测提供支持。

第四章　附则

第四十五条　本指引的配套应用指引另行制定。

第四十六条　本指引由保监会负责解释、修订。

第四十七条　本指引自 2018 年 4 月 1 日起施行。

参考文献

[1] 祈翠琴. 汽车保险与理赔 [M]. 北京：机械工业出版社，2011.

[2] 张晓明. 欧阳鲁生. 机动车辆保险定损员培训教程 [M]. 北京：首都经济贸易大学出版社，2007.

[3] 李景芝. 赵长利. 汽车保险理赔 [M]. 北京：机械工业出版社，2009.

[4] 李景芝. 赵长利. 汽车碰撞事故查勘与定损实务 [M]. 北京：人民交通出版社，2009.

[5] 李景芝. 赵长利. 汽车保险典型案例析 [M]. 北京：国防工业出版社，2010.

[6] 冯宪民. 汽车保险与理赔一点通 [M]. 北京：国防工业出版社，2006.

[7] 李劲松、朱春侠. 汽车保险与理赔 [M]. 北京：清华大学出版社，2010.

[8] 张俊岩. 保险法热点问题讲座 [M]. 北京：中国法制出版社，2009.

[9] 史卫进. 保险法案例教程 [M]. 北京：北京大学出版社，2010.

[10] 刘建勋. 新保险法经典、疑难案例判解 [M]. 北京：法律出版社，2010.

[11] 李显东. 保险纠纷法律解决指南 [M]. 北京：机械工业出版社，2004.

[12] 张庆洪，何清堃. 机动车辆保险 [M]. 北京：机械工业出版社，2005.

[13] 隗海林，李仲兴. 汽车保险与理赔 [M]. 北京：人民交通出版社，2006.

[14] 肖俊涛. 中国汽车产业自主品牌与自主创新研究 [M]. 武汉：中国地质大学出版社，2009.

[15] 肖俊涛. 汽车营销政策与法规研究 [M]. 北京：知识产权出版社，2011.

[16] 肖俊涛. 我国新能源汽车产业政策研究 [M]. 成都：西南财经大学出版社，2016.

[17] 黄东杰. 汽车保险的起源和发展 [J]. 汽车与保险，2007 (4)：70-73.

[18] 王祺. 法国车险经营简介 [J]. 上海保险，2004 (5)：46-47.

[19] 袁东升. 汽车保险理赔中查勘定损模式研究 [J]. 佳木斯教育学院学报，2014 (1)：439.

[20] 陈力华，杜建耀. 汽车保险制度的国际比较研究 [J]. 特区经济，2008 (10)：131-132.

[21] 赵长利，施玉民. 汽车保险欺诈骗赔特征与预防研究 [J]. 山东社会科学，2006 (11)：155-157.

[22] 常兴华. 机动车辆保险骗赔行为分析及防范措施 [J]. 吉林工商学院学报，2011 (9)：56-59.

［23］龙洋. 论保险诈骗罪的着手［J］. 法学评论，2009（5）：134-141.

［24］周夏静. 汽车保险诈骗及防骗策略研究［J］. 法制与社会，2013（4）：295-296.

［25］王超. 我国机动车辆保险理赔问题研究［D］. 济南：山东大学，2013.

［26］肖俊涛. 新常态下工业 4.0 对我国汽车产业转型升级的启示［J］. 湖北汽车工业学院学报，2015（2）：64-69.

［27］李琳. 基于风险管控视角的机动车辆保险承保精细化管理研究［D］. 成都：西南财经大学，2012.

［28］王佳来. 我国车险费率市场化改革研究［D］. 上海：复旦大学，2008.

［29］刘宏龙. 发动机、传动系统、制动系统三大部件牵连汽车召回总量的 3/4［N］. 中国汽车报，2014-03-17.